高职高专工学结合课程改革规划教材

Jidongche Baoxian Zhuanyong Ruanjian Shiyong

机动车保险专用软件使用

（汽车运用技术专业用）

交通职业教育教学指导委员会
汽车运用与维修专业指导委员会 组织编写

彭晓艳　廖　明　主　编
刘　璘　主　审

人民交通出版社

内容提要

本书是高职高专工学结合课程改革规划教材,是在各高等职业院校积极践行和创新先进职业教育思想和理念,深入推进"校企合作、工学结合"人才培养模式的大背景下,由交通职业教育教学指导委员会汽车运用与维修专业指导委员会根据新的教学标准和课程标准组织编写而成。

本教材以汽车保险承保与理赔工作过程为主线,内容主要包括车辆投保、核保、保单制作、保单批改、费率管理、事故报案、案件委托、案件调度、案件查勘、立案、事故定损、核损、赔款理算、核赔、结案处理等,共分13个学习任务。

本书主要供高职高专院校汽车运用技术、汽车检测与维修专业教学使用。

图书在版编目(CIP)数据

机动车保险专用软件使用/彭晓艳,廖明主编. —北京:人民交通出版社,2011.8
ISBN 978-7-114-09254-1

Ⅰ. ①机… Ⅱ.①彭… ②廖… Ⅲ.①汽车保险—应用软件—高等职业教育—教材 Ⅳ.①F840.63-39

中国版本图书馆CIP数据核字(2011)第136927号

高职高专工学结合课程改革规划教材

书　　名:机动车保险专用软件使用
著 作 者:彭晓艳　廖　明
责任编辑:翁志新
出版发行:人民交通出版社
地　　址:(100011)北京市朝阳区安定门外外馆斜街3号
网　　址:http://www.ccpress.com.cn
销售电话:(010)59757969,59757973
总 经 销:人民交通出版社发行部
经　　销:各地新华书店
印　　刷:北京牛山世兴印刷厂
开　　本:787×1092　1/16
印　　张:15.75
字　　数:365千
版　　次:2011年8月　第1版
印　　次:2011年8月　第1次印刷
书　　号:ISBN 978-7-114-09254-1
印　　数:0001～1500册
定　　价:40.00元

交通职业教育教学指导委员会
汽车运用与维修专业指导委员会

编审委员会

前言

为落实《国家中长期教育改革和发展规划纲要(2010—2020年)》精神,深化职业教育教学改革,积极推进课程改革和教材建设,满足职业教育发展的新需求,交通职业教育教学指导委员会汽车运用与维修专业指导委员会按照工学结合一体化课程的开发程序和方法编制完成了《高职汽车运用技术专业教学标准和课程标准》,在此基础上组织全国交通职业技术院校汽车运用技术专业的骨干教师及相关企业的专业技术人员,编写了本套规划教材,供高职高专院校汽车运用技术、汽车检测与维修专业教学使用。

本套教材在启动之初,交通职业教育教学指导委员会汽车运用与维修专业指导委员会又邀请了国内著名职业教育专家赵志群教授为主编人员进行了关于课程开发方法的系统培训。初稿完成后,根据课程的特点,分别邀请了企业专家、本科院校的教授和高职院校的教师进行了主审,之后又专门召开了两次审稿会,对稿件进行了集中审定后才定稿,实现了对稿件的全过程监控和严格把关。

本套教材在编写过程中,主要编写人员认真总结了全国交通职业院校多年来的教学成果,结合了企业职业岗位的客观需求,吸收了发达国家先进的职教理念,教材成稿后,形成了以下特色:

1. 强调"校企合作、工学结合"。汽车运用技术专业建设,从市场调研、职业分析,到教学标准、课程标准开发,再到教材编写的全过程,都是职业院校的教师与相关企业的专业人员一起合作完成的,真正实现了学校和企业的紧密结合。本专业核心课程采用学习领域的课程模式,基于职业典型工作任务进行课程内容选择和组织,体现了工学结合的本质特征——"学习的内容是工作,通过工作实现学习",突出学生的综合职业能力培养。

2. 强调"课程体系创新,编写模式创新"。按照整体化的职业资格分析方法,通过召开来自企业一线的实践专家研讨会分析得出职业典型工作任务,在专业教师和行业专家、教育专家共同努力下进行教学分析和设计,形成了汽车运用技术专业新的课程体系。本套教材的编写,也打破了传统教材的章节体例,以具有代表性的工作任务为一个相对完整的学习过程,围绕工作任务聚焦知识和技能,体现行动导向的教学观,提升学生学习的主动性和成就感。

前言

《机动车保险专用软件使用》是本套教材中的一本，在汽车运用技术专业中尚属新开课程。本教材紧跟市场上车险理赔自动化办公需求，依托新开发的车险理赔教学软件，将车险承保与理赔工作中需运用计算机与网络完成的工作通过13个工作任务完整体现。本书的突出特点是易学易用，在每一工作任务中将具体的操作方法与车险实例相结合，理论联系实际，内容翔实、图文并茂。每个工作任务后附有实操训练项目，便于学生在熟悉车险理赔办公软件操作过程的同时，获得实际应用的经验与技巧。

本书中的工作人员、客户姓名均为虚构，如有雷同，纯属巧合。

参加本书编写工作的有：湖南交通职业技术学院的彭晓艳（编写学习任务1到学习任务8）、阳小良（编写学习任务9、10），北京运华天地科技有限公司的廖明（编写学习任务11、12）、蒋振亚（编写学习任务13）。天津职业技术师范大学的黄玮、台晓虹、高婷婷、成英老师对本书的编写提供了帮助，广西交通职业技术学院的林明松老师提出了许多有益的修改意见，在此表示感谢。全书由湖南交通职业技术学院的彭晓艳和北京运华天地科技有限公司的廖明担任主编，甘肃交通职业技术学院的刘璘担任主审。

限于编者经历和水平，教材内容难以覆盖全国各地的实际情况，希望各教学单位在积极选用和推广本系列教材的同时，注重总结经验，及时提出修改意见和建议，以便再版修订时补充完善。

交通职业教育教学指导委员会
汽车运用与维修专业指导委员会
2011年6月

目录

目录

目录

目录

学习任务1 投保平台操作

工作情境描述

客户张明先生购买了一辆福特翼虎汽车，为家庭自用。2009 年 11 月 28 日上午 9 时，张明先生到某保险公司为新车投保，展业人员江枫接待了他。江枫在了解了张明先生的投保意愿及车辆相关情况后，在车辆保险承保系统承保平台上进行投保人、被保险人、车辆、约定驾驶员、投保险种等投保单相关信息录入操作。

学习目标

1. 能够使用软件新建投保单；
2. 能够使用软件修改投保信息；
3. 能够使用软件进行投保查询。

学习时间

8 学时。

学习引导

本学习任务沿着以下脉络进行学习：

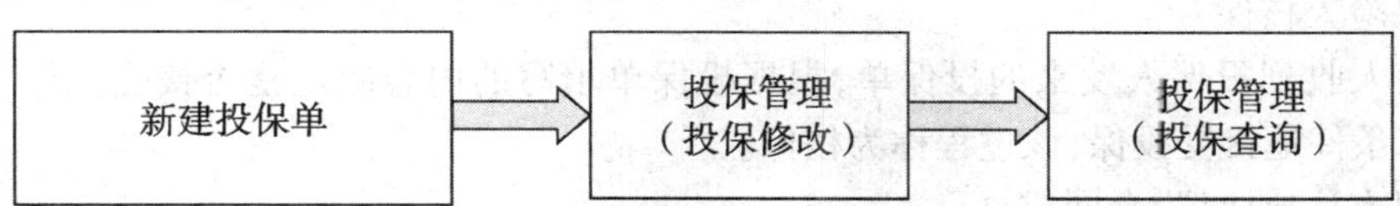

教学组织建议

学生两人一组(教师可根据实训条件自行安排分组人数)，其中：一个人进行软件操作，另一个人对操作过程进行记录与分析。完成后学生交换角色练习，教师对全过程进行把控。

一、知 识 准 备

1 基本概念

保险合同:机动车辆投保人和机动车辆保险人之间关于保险权利义务的协议。投保人和保险人双方协商后在合同中约定,投保人向保险人支付保险费,保险人在保险标的遭受约定的保险事故时承担经济补偿责任。合同是保险关系得以设立、变更、终止的根本依据。

保险当事人:保险合同权利和义务的直接享有者和承担者,他们的行为使保险合同得以产生,包括保险人、投保人、被保险人、受益人。

保险标的:保险合同权利与义务指向的对象,是保险利益的载体。机动车辆保险的基本险种是车辆损失险和第三者责任险。车辆损失险的保险标的是机动车辆;第三者责任险的保险标的是被保险人或其允许的驾驶员在使用保险车辆过程中给他人造成财产损失或人身伤害,依照有关法律法规及保险合同应当承担的经济赔偿责任。

保险期间:保险责任开始到保险责任终止的期间,保险人对保险期间内发生的保险事故承担责任。

保险金额:是指保险合同约定的保险人承担赔偿的最高限额。一般的财产保险中,保险金额由投保人与保险人协商,以保险价值为基础确定。由于机动车辆损失保险是不定值保险,所以机动车辆损失保险金额可以由投保人和保险人协商确定,但不能超过机动车辆的实际价值。由于第三者责任险中可能涉及人身伤害事故赔偿的处理,而人的生命价值其实无法用货币度量,因此只能由投保人与保险人在订立第三者责任险合同时协商确定保险责任限额,作为发生保险事故时保险人赔偿的限额。

2 机动车辆保险合同的订立流程

1)投保人填写投保单

投保人先了解各保险公司机动车辆保险的条款和费率,在比较后确定在某一保险公司投保,向该保险人索要投保单,将投保单所列事项逐一填写后,把填好的投保单交给保险人,完成投保要约的过程。

2)保险人核保

保险人收到投保人发来的投保单,根据投保单填写的内容决定是否接受投保,或者决定是否有条件地接受投保,该过程称为核保。

3)双方达成协议,合同成立

保险人完成核保工作并且核保通过后,与投保人确认合同内容并正式签署合同。

4)保险人出具保险单以及其他凭证

从法律的角度看,保险合同的订立过程包括要约和承诺两个步骤。投保人填写投保单并发给保险人的步骤是提出要约;当保险人同意承保,出具保险单,即构成承诺,保险合同成立。

二、任务实施

1 操作要求

(1)录入信息时,必须按照规定的字符格式进行;
(2)录入信息后进行核对,确保正确无误。

2 设备器材

(1)机动车保险承保仿真模拟实训室;
(2)车险承保系统。

3 作业准备

(1)检查实训室电源是否打开; □ 任务完成
(2)检查局域网是否连通; □ 任务完成
(3)检查电脑是否可以正常运行; □ 任务完成
(4)检查车险承保系统是否正常运行; □ 任务完成
(5)确认是否可以成功登录车险承保系统; □ 任务完成
(6)确认投保操作的投保人、被保险人、投保车辆、投保险种等信息。 □ 任务完成

提示:以上1~5项为“检查车险承保系统是否正常工作”内容,本书以下的“车险承保任务”中其他项目“作业准备”中存在这5项要求的,都会简写为“检查车险承保系统是否正常工作”。

项目1　新建投保单

1 项目说明

当展业人员接到客户的投保申请,了解投保意愿及车辆情况后,应依据客户真实信息与要求,将有关信息(投保人、被保险人、投保车辆、约定驾驶员、投保险种等)录入到车险承保系统当中,其他工作人员(如核保人员)可以在此数据的基础上,借助系统平台完成自己的工作。

本项目结合学习任务1设计的情境,对客户张明先生的车辆进行新建投保单操作。

2 操作步骤

1)第一步　进入新建投保单界面

在系统主界面中点击“投保平台”按钮,系统会自动展开投保平台下的功能菜单(见图1-1)。

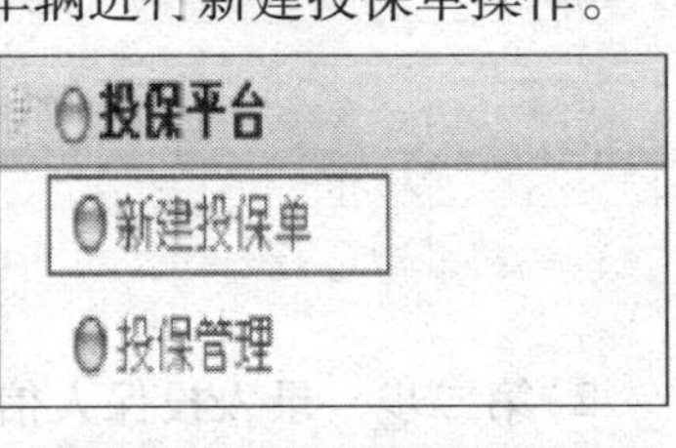

图1-1　投保平台功能菜单

选择功能菜单中的“新建投保单”选项,即可在系统操作界面中显示出一个空白的投保单(见图1-2)。

投保人信息

投保人姓名	联系人姓名	联系人固定电话	联系人移动电话	邮政编码
投保人住所				

被保险人信息

被保险人类型	自然人名称	身份证号码	联系人姓名
自然人			

固定电话	移动电话	被保险人住所	邮政编码
被保险人单位性质	○党政机关、团体 ○事业单位 ○军队（武警） ○使（领）馆 ⊙个体、私营企业 ○其他企业 ○其他		

投保车辆信息

号牌号码	厂牌型号	发动机号	VIN码	核定载客(人)
核定载重(KG)	排量(L)	新车购价(元)	已用年限(年)	已行驶里程(公里)

被保险人与车辆的关系	⊙所有 ○使用 ○管理　车主
号牌底色	⊙蓝 ○黑 ○黄 ○白 ○白蓝 ○其他颜色　车辆登记日期
车身颜色	⊙黑 ○白 ○红 ○灰 ○蓝 ○黄 ○绿 ○紫 ○粉 ○棕 ○其他颜色
车辆种类	⊙客车 ○货车 ○客货两用车 ○挂车 ○摩托车 ○拖拉机 ○农用运输车 ○特种车
车辆使用性质	家庭自用汽车
汽车安全性能	☑防盗系统 ☐ABS ☐安全气囊
固定停放地点	⊙固定车位 ○固定车库 ○其他
行驶区域	○跨省行驶 ⊙省内行驶 ○固定营业路线
上年赔款次数	车损险及其附加险赔款次数：　次；　三者险及其附加险赔款次数：　次；
是否在我公司投保车辆保证保险	⊙是 ○否
车损险与车身划痕险选择汽车专修厂	

约定驾驶员信息

姓名	驾驶证号	初次领证日期	准驾车型	主/从属性	添加

投保险种

强制保险

险种名称	投保车辆总类	车辆明细分类	保险费	
交强险	家庭自用车	家庭自用车6座以下	950	删除

商业险种

险种名称	保险金额/责任限额	投保费	备注	计算公式	添加保险

业务信息

车辆验证情况	业务员姓名	代理人名称	上年度是否在本公司承保	处理时间
○已验车 ⊙未验车			⊙是 ○否	
业务来源	⊙直接业务 ○个人代理 ○专业代理 ○兼业代理 ○经纪人 ○网上/电话业务			

综合信息

投保车辆上年交通违法情况	轻微违法次数　次；严重违法次数　次；
投保主险名称	
保险费合计	0.0　元
保险期间	零时起至　二十四时止
特别约定	
争议解决方式	⊙诉讼 ○提交仲裁委员会仲裁
	处理人 jy001

暂存投保　结束投保

图 1-2　投保单信息录入界面

2)第二步　录入投保人信息

在“投保人信息”栏录入投保人姓名、联系人姓名、联系人固定电话等,并确认录入信息无误(见图 1-3)。

投保人信息				
投保人姓名	联系人姓名	联系人固定电话	联系人移动电话	邮政编码
张明	张明	010-6291××××	1580123××××	1001××
投保人住所	北京市海淀区中关村××家园			

图1-3　投保人信息

3)第三步　录入被保险人信息

录入被保险人类型、自然人名称、身份证号码等被保险人信息,确认录入信息无误(见图1-4)。

被保险人信息				
被保险人类型	自然人名称	身份证号码		联系人姓名
自然人	张明	11010119580818××××		张明
固定电话	移动电话	被保险人住所		邮政编码
010-6291××××	1580123××××	北京市海淀区中关村××家园		1001××
被保险人单位性质	○党政机关、团体 ⊙事业单位 ○军队(武警) ○使(领)馆 ○个体、私营企业 ○其他企业 ○其他			

图1-4　被保险人信息

4)第四步　录入投保车辆信息

录入号牌号码、厂牌型号、发动机号、VIN码等投保车辆信息,确认录入信息无误(见图1-5)。

投保车辆信息				
号牌号码	厂牌型号	发动机号	VIN码	核定载客(人)
京N5××××	福特翼虎3.0L M1	012345	LGWEF3A517B012345	5
核定载重(KG)	排量(L)	新车购价(元)	已用年限(年)	已行驶里程(公里)
1500.0	3.0	280000.0	0	5.0
被保险人与车辆的关系		⊙所有 ○使用 ○管理	车主	张明
号牌底色	⊙蓝 ○黑 ○黄 ○白 ○白蓝 ○其他颜色		车辆登记日期	2009-11-25
车身颜色	○黑 ○白 ○红 ⊙灰 ○蓝 ○黄 ○绿 ○紫 ○粉 ○棕 ○其他颜色			
车辆种类	⊙客车 ○货车 ○客货两用车 ○挂车 ○摩托车 ○拖拉机 ○农用运输车 ○特种车			
车辆使用性质	家庭自用汽车			
汽车安全性能	☑防盗系统 ☑ABS ☑安全气囊			
固定停放地点	⊙固定车位 ○固定车库 ○其他			
行驶区域	⊙跨省行驶 ○省内行驶 ○固定营业路线			
上年赔款次数	车损险及其附加险赔款次数: 0 次;　三者险及其附加险赔款次数: 0 次;			
是否在我公司投保车辆保证保险			○是 ⊙否	
车损险与车身划痕险选择汽车专修厂			××汽车销售服务有限公司	

图1-5　投保车辆信息

提示:本系统提供了专用的日期录入工具,系统中凡是要求录入日期信息的项目,都可以通过单击该文本框,在弹出的日期界面中进行选择录入操作(见图1-6)。

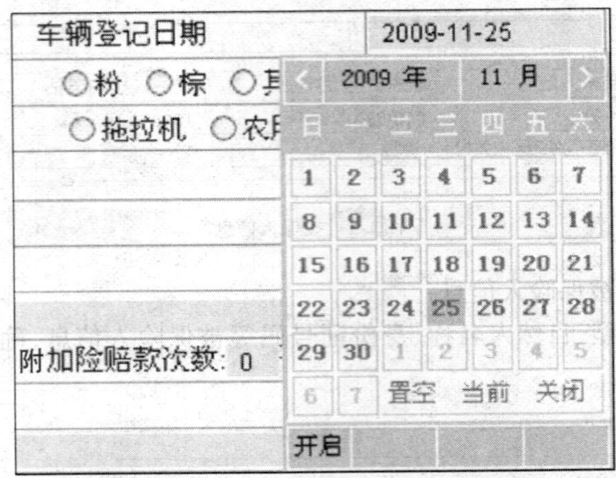

图 1-6　日期录入工具

5)第五步　录入约定驾驶员信息

点击“添加”按钮，增加一条驾驶员信息录入行，在其中录入驾驶员信息，并确认录入信息无误(见图 1-7)。

约定驾驶员信息

姓名	驾驶证号	初次领证日期	准驾车型	主/从属性	添加
张明	11010119580818XXXX	2007-08-01	C1:小型汽车	主	删除

图 1-7　约定驾驶员信息

6)第六步　录入投保险种信息

(1)添加交强险。交强险是交通事故责任强制保险的简称。投保时可根据车辆使用性质以及实际投保车辆相关信息，选择相对应的交强险保险费(见图 1-8)。

强制保险

险种名称	投保车辆总类	车辆明细分类	保险费	
交强险	家庭自用车	家庭自用车6座以下	950	删除

图 1-8　交强险保险费

提示：当投保人不需要选择交强险时，可单击“删除”按钮，删除此条险种信息。当操作员误删此条数据后，可通过点击“添加强险”按钮，来重新添加交强险信息(见图1-9)。

(2)添加机动车损失险。在商业险种信息栏中，点击“添加保险”按钮，系统会弹出商业险种录入界面。

①在商业险种录入界面中，依次选择险种类别、险种选项、条件选项信息，屏幕上会出现该险种对应的保费计算公式(见图1-10)。

强制保险				
险种名称	投保车辆总类	车辆明细分类	保险费	添加强险

图 1-9　重新添加交强险

险种类别:	机动车损失险
险种选项:	常规车投保
条件选项:	足额投保

计算公式:

基础保险费+实际新车购置价*费率(%)

0 +0 *0 确定

关闭

图 1-10　机动车损失险录入

②双击"基础保险费"对应的输入框,在弹出"机动车商业保险行业基本费率查询"界面后,可根据投保车辆实际情况,在该界面中依次选择相应信息,系统自动显示该车辆的基本保费是539.0元(见图1-11)。

机动车商业保险行业基本费率查询

A款

北京

家庭自用汽车与非营业用车

家庭自用车

6座以下

机动车损失保险

车龄:1年以下

基础保费

539.0

图 1-11　机动车损失险基础保费查询结果

提示:"机动车商业保险行业基本费率查询"界面中的条件选项,会根据用户的选择动态添加。

③在“机动车商业保险行业基本费率查询”界面中，双击“539.0”文本框，即可关闭该界面，同时将该数据返回到险种信息录入界面。

④双击“费率”对应的输入框，弹出“机动车商业保险行业基本费率查询”界面后，可根据投保车辆实际情况，在该界面中依次选择相应信息，系统会自动设定该车辆的费率是1.28%（见图1-12）。

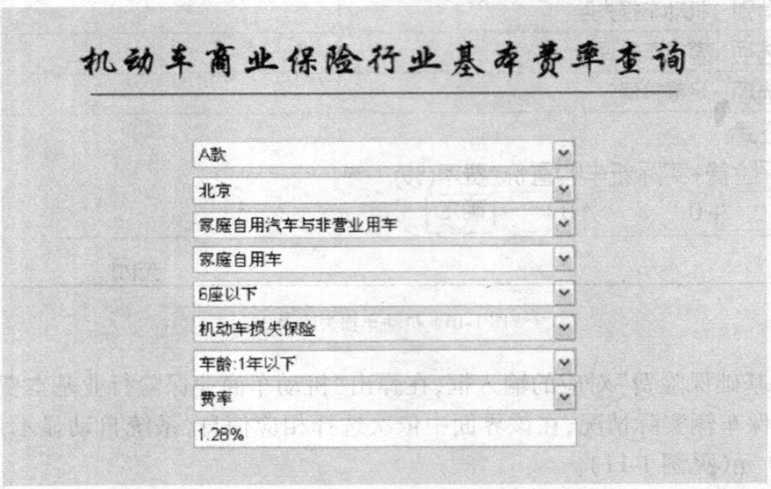

机动车商业保险行业基本费率查询

A款
北京
家庭自用汽车与非营业用车
家庭自用车
6座以下
机动车损失保险
车龄:1年以下
费率
1.28%

图1-12　机动车损失险数据信息

⑤在“机动车商业保险行业基本费率查询”界面中，双击“1.28%”文本框，即可关闭该界面，同时将该数据返回到险种信息录入界面，然后在“实际新车购置价”对应的输入框中录入车辆实际价格（见图1-13）。

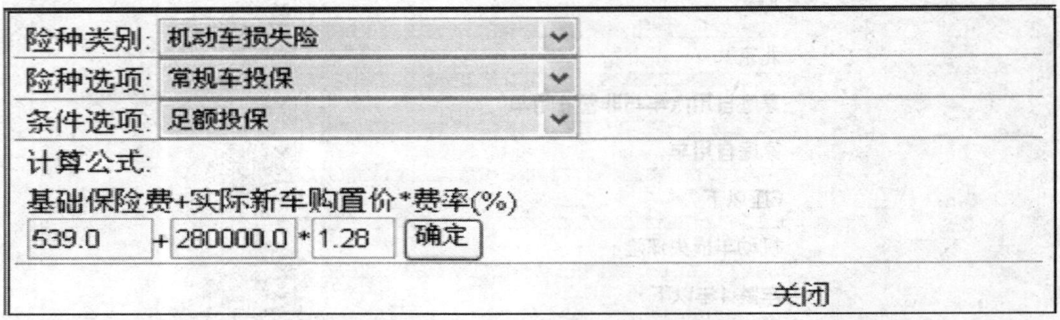

险种类别: 机动车损失险
险种选项: 常规车投保
条件选项: 足额投保
计算公式:
基础保险费+实际新车购置价*费率(%)
539.0 + 280000.0 * 1.28 确定
关闭

图1-13　完整的机动车损失险计算数据

⑥点击“确认”按钮，关闭险种信息录入界面后，选择的险种信息会动态添加到商业险种栏位中（见图1-14）。

⑦在该险种信息中录入“保险金额/责任限额”和备注信息（见图1-15）。

提示：在商业险种信息录入界面中，基础保险费与费率可通过双击其对应文本框调取“费率查询”来获取其对应的数据。

商业险种					
险种名称	保险金额/责任限额	投保费	备注	计算公式	添加保险
机动车损失险		4123		选择公式	删除

图1-14　录入机动车损失险后返回的商业险种信息

商业险种					
险种名称	保险金额/责任限额	投保费	备注	计算公式	添加保险
机动车损失险	280000	4123		选择公式	删除

图1-15　完善后机动车损失险信息

添加第三者责任险、车上人员责任险、玻璃单独破碎险、盗抢险、自燃损失险的方法与车损险类似。

另外，要注意的还有：

①“玻璃单独破碎险”信息不涉及“保险金额/责任限额”信息。

②点击“暂存投保”按钮，可将当前投保数据暂时存储，展业员可对该数据继续进行修改，此时核保人员不能操作该数据。

项目2　投保管理（投保修改）

1　项目说明

展业员完成新建投保单后，考虑到一些信息尚未确定，不能提交核保人员进行核保操作，就可选择暂存投保，此时展业员可以对前期操作的投保信息进行修改，以使其符合条件。修改完成后，将投保状态修改为结束投保，核保人员就可以进行核保操作。

本项目结合本学习任务设计的情境，对客户张明先生的车辆进行投保单修改操作。

2　操作步骤

1）第一步　进入投保管理界面

（1）在系统主界面中点击“投保平台”按钮，系统会自动展开投保平台下的功能菜单。

（2）选择功能菜单中的“投保管理”选项，即可在系统操作界面中显示出投保管理搜索界面（见图1-16）。

提示：

①“投保状态”用了描述投保单据所处状态。

②“------”表示搜索所有的投保数据。

③“投保暂存”表示搜索进行投保暂存操作的投保数据。搜索到的数据可以进行查看和修改操作。

④“投保结束”表示搜索已经结束投保并且尚未进行核保审核的数据。搜索到的数据

保单编号	被保人名称	号牌号码	车架号	投保状态	操作
				------------	搜索

投保状态下拉选项：

投保暂存
投保结束
投保锁定
审核后投保暂存
审核后投保结束
投保终止

图1-16　投保管理搜索界面

只可以进行查看操作。

⑤“投保锁定”表示搜索已经进入核保或核保通过的数据。搜索到的数据只可以进行查看操作。

⑥“审核后投保暂存”表示搜索已经被核保平台退回可以进行再次修改的数据。搜索到的数据可以进行查看和修改操作。

⑦“审核后投保结束”表示搜索被核保平台退回并且已经修改完毕但尚未进行再次核保的数据。搜索到的数据可以进行查看操作。

⑧“投保终止”表示搜索核保已经失败的投保数据。搜索到的数据可以进行查看操作。

2)第二步　搜索投保单

在投保管理搜索界面中录入相应的检索信息，例如保单编号、被保人名称等，点击“搜索”按钮，即可返回相应的可进行修改操作的投保单信息列表(见图1-17)，如不录入任何信息，即为搜索所有的投保单信息。

保单编号	被保人名称	号牌号码	车架号	投保状态	操作
YHVI20100818BJ00001	张明	京N5XXXX	LGWEF3A517B012345	投保暂存	搜索

保单编号	被保人名称	号牌号码	车架号	投保状态	操作
YHVI20100818BJ00001	张明	京N5XXXX	LGWEF3A517B012345	投保暂存	详细　修改

查看投保单详细信息
修改投保单信息

图1-17　投保管理搜索结果

3)第三步　修改投保单信息

(1)在需要进行修改操作的投保单信息中，点击“修改”按钮，即可进入该投保单的信息更新界面(见图1-18)。

(2)在“商业险种”栏下的“自燃损失险”信息中点击“选择公式”按钮，即可打开之前录入的自燃损失险投保费计算信息(见图1-19)。

(3)对其费率做出相应修改的结果如图1-20所示。

(4)点击“确定”按钮，关闭该界面，即可返回商业险种信息界面(见图1-21)。

点击“结束投保”按钮后，即可返回修改操作结果界面。

更新投保单内容

投保人信息

投保人姓名	联系人姓名	联系人固定电话	联系人移动电话	邮政编码
张明	张明	010-6291××××	1580123××××	1001××
投保人住所	北京市海淀区中关村××家园			

被保险人信息

被保险人类型	自然人名称	身份证号码		联系人姓名
自然人	张明	11010119580818××××		张明
固定电话	移动电话	被保险人住所	邮政编码	
010-6291××××	1580123××××	北京市海淀区中关村××家园	1001××	
被保险人单位性质	○党政机关、团体 ⊙事业单位 ○军队（武警） ○使（领）馆 ○个体、私营企业 ○其他企业 ○其他			

投保车辆信息

号牌号码	厂牌型号	发动机号	VIN码	核定载客(人)
京N5××××	福特翼虎3.0L M1	012345	LGWEF3A517B012345	5
核定载重(KG)	排量(L)	新车购价(元)	已用年限(年)	已行驶里程(公里)
1500.0	3.0	280000.0	0	5.0
被保险人与车辆的关系		⊙所有 ○使用 ○管理	车主	张明
号牌底色	⊙蓝 ○黑 ○黄 ○白 ○白蓝 ○其他颜色		车辆登记日期	2009-11-25
车身颜色	○黑 ○白 ○红 ⊙灰 ○蓝 ○黄 ○绿 ○紫 ○粉 ○棕 ○其他颜色			
车辆种类	⊙客车 ○货车 ○客货两用车 ○挂车 ○摩托车 ○拖拉机 ○农用运输车 ○特种车			
车辆使用性质	家庭自用汽车			
汽车安全性能	☑防盗系统 ☑ABS ☑安全气囊			
固定停放地点	⊙固定车位 ○固定车库 ○其他			
行驶区域	⊙跨省行驶 ○省内行驶 ○固定营业路线			
上年赔款次数	车损险及其附加险赔款次数: 0 次； 三者险及其附加险赔款次数: 0 次；			
是否在我公司投保车辆保证保险			○是 ⊙否	
车损险与车身划痕险选择汽车专修厂			××汽车销售服务有限公司	

约定驾驶员信息

姓名	驾驶证号	初次领证日期	准驾车型	主/从属性	添加
张明	11010119580818XXXX	2007-08-01	C1:小型汽车	主	删除

图 1-18

投保险种

强制保险

险种名称	投保车辆总类	车辆明细分类	保险费	
交强险	家庭自用车	家庭自用车6座以下	950	删除

商业险种

险种名称	保险金额/责任限额	投保费	备注	计算公式	添加保险
机动车损失险	280000	4123.0		选择公式	删除
第三者责任险	150000	1060.0		选择公式	删除
车上人员责任险（驾驶员）	1*10000	41.0		选择公式	删除
车上人员责任险（乘客）	4*10000	104.0		选择公式	删除
玻璃单独破碎险（国产玻璃）		532.0		选择公式	删除
盗抢险	280000	1604.0		选择公式	删除
自燃损失险	280000	840.0		选择公式	删除

查看并修改投保费计算公式数据

业务信息

车辆验证情况	业务员姓名	代理人名称	上年度是否在本公司承保	处理时间
○已验车 ⊙未验车	江枫	江枫	○是 ⊙否	2009-11-28 12:20:44
业务来源	⊙直接业务 ○个人代理 ○专业代理 ○兼业代理 ○经纪人 ○网上/电话业务			

综合信息

投保车辆上年交通违章情况	轻微违章次数：0 次；严重违章次数：0 次；
投保主险名称	商业保险A款
保险费合计	8304.0 元
保险期间	2009-12-05 零时起至 2010-12-04 二十四时止
特别约定	
争议解决方式	⊙诉讼 ○提交仲裁委员会仲裁

保险单编号 YHVI20100818BJ00001 处理人 jy001 处理时间 2010-8-19 12:35:23

返 回　暂存投保　结束投保

图 1-18　投保单信息更新界面

险种类别：附加险

险种选项：自燃损失险

条件选项：选定

计算公式：

保险金额*费率(%)

280000.0 * 0.3　确定

关闭

图 1-19　自燃损失险投保费计算信息

险种类别:	附加险
险种选项:	自燃损失险
条件选项:	选定
计算公式: 保险金额*费率(%) 280000.0 * 0.32 确定	
	关闭

图1-20　修改后的自燃损失险投保费计算信息

商业险种

险种名称	保险金额/责任限额	投保费	备注	计算公式	添加保险
机动车损失险	280000	4123.0		选择公式	删除
第三者责任险	150000	1060.0		选择公式	删除
车上人员责任险（驾驶员）	1*10000	41.0		选择公式	删除
车上人员责任险（乘客）	4*10000	104.0		选择公式	删除
玻璃单独破碎险（国产玻璃）		532.0		选择公式	删除
盗抢险	280000	1604.0	修改后的投保费	选择公式	删除
自燃损失险	280000	896		选择公式	删除

图1-21　修改后的商业险种信息

项目3　投保管理(投保查询)

1　项目说明

投保查询功能用于对投保记录的查询,再现投保单内容,以利于对历史投保单的管理。本项目结合本学习任务设计的情境,对客户张明先生的车辆进行投保查询。

2　操作步骤

1)第一步　进入投保管理界面

(1)在系统主界面中点击“投保平台”按钮,系统会自动展开投保平台下的功能菜单。

(2)选择功能菜单中的“投保管理”选项,即可在系统操作界面中显示投保管理搜索界面(见图1-16)。

2)第二步　搜索投保单

在投保管理搜索界面中录入相应的检索信息,例如保险编号、被保人名称等,点击“搜索”按钮,即可返回相应的可进行查看操作的投保单信息列表(见图1-22)。

3)第三步　查看投保单

(1)点击“详细”按钮,即可进入该投保单的信息查看界面(见图1-23)。

(2)在商业险种信息中,点击"查看公式"按钮,可打开与之相对应的险种投保费计算信息(见图1-24)。

保单编号	被保人名称	号牌号码	车架号	投保状态	操作
YHVI20100818BJ00001				-----------	搜索

保单编号	被保人名称	号牌号码	车架号	投保状态	操作
YHVI20100818BJ00001	张明	京N5XXXX	LGWEF3A517B012345	投保结束	详细

查看详细的投保单信息

图1-22 投保管理搜索返回信息

查看投保单内容

投保人信息

投保人姓名	联系人姓名	联系人固定电话	联系人移动电话	邮政编码
张明	张明	010-6291XXXX	1580123XXXX	100192
投保人住所	北京市海淀区中关村XX家园			

被保险人信息

被保险人类型	自然人名称	身份证号码	联系人姓名
自然人	张明	11010119580818XXXX	张明

固定电话	移动电话	被保险人住所	邮政编码
010-6291XXXX	1580123XXXX	北京市海淀区中关村XX家园	100192
被保险人单位性质	○党政机关、团体 ◉事业单位 ○军队(武警) ○使(领)馆 ○个体、私营企业 ○其他企业 ○其他		

投保车辆信息

号牌号码	厂牌型号	发动机号	VIN码	核定载客(人)
京N54321	福特翼虎3.0L M1	012345	LGWEF3A517B012345	5
核定载重(KG)	排量(L)	新车购价(元)	已用年限(年)	已行驶里程(公里)
1500.0	3.0	280000.0	0	5.0
被保险人与车辆的关系		◉所有 ○使用 ○管理	车主	张明
号牌底色	◉蓝 ○黑 ○黄 ○白 ○白蓝 ○其他颜色		车辆登记日期	2009-11-25
车身颜色	○黑 ○白 ○红 ◉灰 ○蓝 ○黄 ○绿 ○紫 ○粉 ○棕 ○其他颜色			
车辆种类	◉客车 ○货车 ○客货两用车 ○挂车 ○摩托车 ○拖拉机 ○农用运输车 ○特种车			
车辆使用性质	家庭自用汽车			
汽车安全性能	☑防盗系统 ☑ABS ☑安全气囊			
固定停放地点	◉固定车位 ○固定车库 ○其他			
行驶区域	◉跨省行驶 ○省内行驶 ○固定营业路线			
上年赔款次数	车损险及其附加险赔款次数: 0 次; 三者险及其附加险赔款次数: 0 次;			
是否在我公司投保车辆保证保险		○是 ◉否		
车损险与车身划痕险选择汽车专修厂		XX汽车销售服务有限公司		

图 1-23

约定驾驶员信息

姓名	驾驶证号	初次领证日期	准驾车型	主/从属性
张明	11010119580818XXXX	2007-08-01	01:小型汽车	主

投保险种

强制保险

险种名称	投保车辆总类	车辆明细分类	保险费
交强险	家庭自用车	家庭自用车6座以下	950

商业险种

险种名称	保险金额/责任限额	投保费	备注 可查看对应的投保费计算数据	计算公式
机动车损失险	280000	4123.0		查看公式
第三者责任险	150000	1060.0		查看公式
车上人员责任险（驾驶员）	1*10000	41.0		查看公式
车上人员责任险（乘客）	4*10000	104.0		查看公式
玻璃单独破碎险（国产玻璃）		532.0		查看公式
盗抢险	280000	1604.0		查看公式
自燃损失险	280000	896.0		查看公式

业务信息

车辆验证情况	业务员姓名	代理人名称	上年度是否在本公司承保	处理时间
○已验车 ⊙未验车	江枫	江枫	○是 ⊙否	2009-11-28 12:20:44
业务来源	⊙直接业务 ○个人代理 ○专业代理 ○兼业代理 ○经纪人 ○网上/电话业务			

综合信息

投保车辆上年交通违法情况	轻微违法次数：0 次； 严重违法次数：0 次；
投保主险名称	商业保险A款
保险费合计	8360.0 元
保险期间	2009-12-05 零时起至 2010-12-04 二十四时止
特别约定	
争议解决方式	⊙诉讼 ○提交仲裁委员会仲裁
处理状态	投保结束 ← 当前投保单的状态
	保险单编号 YHVI20100818BJ00001 处理人 jy001 处理时间 2010-8-20 9:17:49

返回

图1-23 查看投保单详细信息

险种类别：机动车损失险

险种选项：常规车投保

条件选项：足额投保

计算公式：

基础保险费+实际新车购置价*费率(%)

539.0 + 280000.0 * 1.28

关闭当前面板

关闭

图1-24 查看机动车损失险投保费计算信息

三、学 习 评 价

1 理论考核

1)选择题

(1)有(　　)种状态的投保单可以进入核保环节。

A.1　　B.2　　C.3　　D.4

(2)在新建投保单操作中,对于约定驾驶员信息,哪种描述是错误的?(　　)

A.必须录入约定驾驶员信息　　B.可以录入多条驾驶员信息

C.主驾驶员信息可以录入多条　　D.可以录入多条从驾驶员信息

(3)在机动车车险承保系统中,投保单内容分为哪几部分?(　　)

A.被保险人信息、投保车辆信息、投保险种信息、业务信息及综合信息

B.投保人信息、被保险人信息、投保车辆信息、约定驾驶员信息、投保险种信息、业务信息及综合信息

C.投保人信息、被保险人信息、投保车辆信息、业务信息、约定驾驶员信息、投保期限信息

D.投保车辆信息、约定驾驶员信息、投保人信息、被保险人信息、商业险种信息

(4)在被保险人信息中,哪种说法是错误的?(　　)

A.被保人类型分为:"自然人"、"法人或组织机构"两种

B.选择被保人类型为"自然人"后,不可以填写"法人或组织机构名称"、"组织机构代码"信息

C.被保人单位性质分为:"党政机关、团体"、"事业单位"、"军队(武警)"、"使(领)馆"、"个体、私营企业"、"其他企业"、"其他"

D.被保人单位性质共有6种

(5)对于投保车辆信息哪些描述或操作是错误的?(　　)

A.被保险人与车辆的关系分为3种,包含"所有"、"使用"和"管理"

B.车辆登记日期信息可以通过日期选择界面录入

C.车辆种类可以分为:"客车"、"货车"、"挂车"、"摩托车"、"拖拉机"、"特种车"6种

D.录入行驶区域信息时,可以选择"固定营业路线"并录入特定的信息

(6)投保单的投保状态有哪些?(　　)

A.投保暂存,投保结束、投保锁定

B.审核后投保暂存、审核后投保结束、投保锁定

C.投保暂存、投保结束、投保锁定、审核后投保暂存、审核后投保结束、审核后投保锁定

D.投保暂存、投保结束、投保锁定、审核后投保暂存、审核后投保结束、投保终止

(7)展业人员可以对处于哪种投保状态的投保单进行修改操作?(　　)

A. 投保暂存、审核后投保暂存　　　　B. 投保结束、审核后投保结束
C. 审核后投保暂存、投保终止　　　　D. 投保暂存、投保终止

(8)业务信息中业务来源的种类有哪些？(　　)

A. 直接业务、个人代理、专业代理、兼业代理、经纪人、内部业务
B. 直接业务、个人代理、专业代理、兼业代理、网上/电话业务、内部业务
C. 直接业务、个人代理、专业代理、兼业代理、网上/电话业务、银行业务
D. 直接业务、个人代理、专业代理、兼业代理、经纪人、网上/电话业务

(9)添加商业险种的操作步骤正确的是(　　)。

A. 点击“添加险种”按钮、选择险种类别、选择条件选项、选择险种选项、查询并获取基础保险费或费率、完善险种计算信息、点击“确定”按钮、录入保险金额/责任限额与备注
B. 点击添加险种按钮、选择条件选项、选择险种类别、选择险种选项、查询并获取基础保险费或费率、完善险种计算信息、点击“确定”按钮、录入保险金额/责任限额与备注
C. 录入保险金额/责任限额与备注、点击“添加险种”按钮、选择条件选项、选择险种类别、选择险种选项、查询并获取基础保险费或费率、完善险种计算信息、点击确定按钮
D. 点击“添加险种”按钮、选择险种类别、选择险种选项、选择条件选项、查询并获取基础保险费或费率、完善险种计算信息、点击“确定”按钮、录入保险金额/责任限额与备注

(10)下列说法哪个是错误的？(　　)

A. 处于投保暂存状态下的投保单信息不可以被核保人员操作
B. 投保单可以不录入交强险信息
C. 投保单中投保费合计是所选商业险种投保费的合计
D. 投保单中投保费合计可以直接修改

2)思考题

(1)在新建投保单或修改投保单操作中,对于录入或修改的单项投保费计算公式详细信息,应该如何查看？

(2)当展业人员和核保人员对于投保费价格出现分歧时,该如何处理？

2 技能考核

1)考核项目1

请根据表1-1中投保数据进行新建投保单操作。

投保信息表　　　　表1-1

投保人基本信息:
投保人:陈锋　联系人姓名:陈锋　联系人固定电话:010-6296××××　联系人移动电话:1580126××××
投保人住所:北京市海淀区中关村××家园　邮编:10××××

续上表

被保人基本信息： 被保人姓名：陈锋 身份证号：110101 19580919 ×××× 联系人姓名：陈锋 固定电话：010-6296×××× 移动电话：1580126×××× 被保险人住所：北京市海淀区中关村××家园 邮编：10×××× 被保险人单位性质：事业单位
车辆基本信息 号牌号码：京A7×××× 厂牌型号：福特翼虎3.0L M1 VIN：LGQEF 4A517B78×××× 核定载客：5人 核定载质量：1500kg 排量：3.0L 新车购置价：300000元 已用年限：0年 已行驶公里数：6km 被保险人与车辆的关系：所有 车主：陈锋 初次登记日期：2009年11月28日 号牌底色：蓝色 车身颜色：灰色 车辆种类：客车 车辆使用性质：家庭自用汽车 汽车安全性能：防盗系统、ABS、安全气囊 固定停放地点：固定车位 行驶区域：跨省行驶 车损险以及附加险理赔次数：0次 三者险以及其附加险赔款次数：0次 是否在我公司投保：否 车损险选择汽车专修厂：××汽车销售服务有限公司
约定驾驶员信息 姓名：陈锋 驾驶证号：110101 19580919 ×××× 初次领证日期：2008年9月1日 准驾车型：C1 驾驶员属性：主驾驶员
投保险种信息 交通事故责任强制保险； 全额车辆损失险； 25万第三者责任险； 车上人员责任险（驾驶员）1人； 车上人员责任险（乘客）4人； 玻璃单独破碎险； 全车盗抢险； 自燃损失险；
车辆验车情况：未验车 业务员姓名：江枫 代理人名称：江枫 上年度是否在本公司承保：否 处理时间：2009年12月1日 业务来源：直接业务 投保车辆上年交通违法情况：无违法记录 投保主险名称：商业保险A款 保险期间：2009年12月8日0时至2010年12月7日24时 特别约定：无 争议解决方式：诉讼

2)考核项目2

针对考核项目1单据进行如下(表1-2)修改:

修改信息表

表1-2

被保人基本信息: 被保人姓名:陈锋 身份证号:110101 19580919 ×××× 联系人姓名:陈锋 固定电话:010-6296×××× 移动电话:1580126×××× 被保险人住所:北京市海淀区中关村××家园 邮编:10×××× 被保险人单位性质:个体、私营企业
被保险人与车辆的关系:使用 车主:张明 车辆使用性质:企业非营业用车
并修改相关险种保费信息 其他条件不变

3 考核评价表

考核评价表如表1-3所示。

投保平台操作项目评分表

表1-3

基本信息	姓名		学号		班级		组别	
	规定时间		完成时间		考核日期		总评成绩	

	序号	步骤	标准分	评分标准	评分
任务工单	1	考核准备: 成功启动电脑 成功启动车险承保系统 正确登录车险承保系统	3	确保承保操作正常进行,根据实际情况酌情扣分	
	2	进入新建投保单界面	3	没有正确打开操作界面,扣3分	
	3	录入投保人信息	3	投保人信息录入错误,一处扣1分,扣完为止	
	4	录入被保人信息	5	被保人信息录入错误,一处扣1分,扣完为止	
	5	录入投保车辆信息	10	投保车辆信息录入错误,一处扣1分,扣完为止	
	6	录入约定驾驶员信息	5	驾驶员信息录入错误,一处扣1分	
	7	录入投保险种信息	40	没有录入险种信息扣40分;险种选择错误,一个险种信息扣5分;保险金额信息录入错误,一处扣1分;投保费错误,一处扣1分;计算公式选择错误,一处扣1分;计算数据错误,一处扣1分;扣完为止	
	8	录入业务信息	3	业务信息录入错误一处扣1分	
	9	录入综合信息	5	综合信息录入错误一处扣1分	
	10	提交投保信息	3	根据实际情况酌情扣分	

续上表

	序号	步　　骤	标准分	评 分 标 准	评分
任务工单	11	进入投保管理界面	2	没有正确打开操作界面,扣2分	
	12	修改投保单信息	2	信息修改错误,扣2分	
	13	结束投保	2	未结束投保,扣2分	
	14	进入投保管理界面	2	没有正确打开操作界面,扣2分	
	15	搜索投保单	2	没有完成搜索操作,扣2分	
	16	查看投保单	2	没有完成查看操作,扣2分	
团队协作			8	根据实际情况酌情扣分	
总分合计			100		评分合计

学习任务2 核保平台操作

工作情境描述

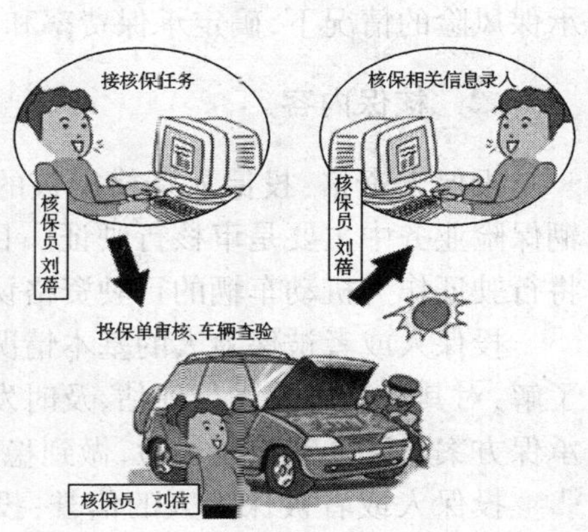

2009年11月29日上午9时，某保险公司核保员刘蓓接到对张明的投保单进行核保的任务。刘蓓组织相关人员进行投保单审核、车辆查验、险种核费等操作并最终确认综合审查结果后，回到保险公司在车险承保系统的核保平台上进行审核投保单、查验车辆、保险核费、综合审查等核保相关信息的录入操作。

学习目标

1. 了解核保平台的基本功能；
2. 能够使用软件进行核保。

学习时间

6学时。

学习引导

本学习任务沿着以下脉络进行学习：

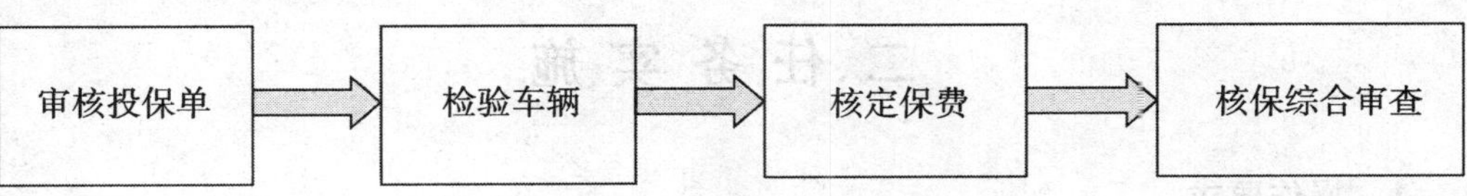

教学组织建议

学生两人一组（教师可根据实训条件自行安排分组人数），其中：一个人进行平台操作，另一个人对操作过程进行记录与分析。完成后学生交换角色练习，教师对全过程进行把控。

一、知 识 准 备

1 基本概念

核保:保险人对于投保人的投保申请进行审核,决定是否接受承保这一风险,并在接受承保风险的情况下,确定承保费率和条件的过程。

2 核保内容

投保人资格:投保人资格审核的核心是认定投保人对保险标的拥有保险利益,机动车辆保险业务中主要是审核行驶证。目前,我国对于车辆的管理是采用"二合一"的方式,即将行驶证作为机动车辆的行驶资格认定凭证,同时作为机动车辆所有权的证明。

投保人或者被保险人的基本情况:车队业务需通过对投保人或者被保险人基本情况的了解,对其经营风险进行评估,及时发现可能存在的经营管理风险,以便制订相应的措施或承保方案来降低和控制风险,做到稳健经营。

投保人或者被保险人的信誉:投保人或者被保险人的信誉是核保工作的重点之一,通过对投保人或者被保险人以往损失和赔付情况以及投保情况的了解,选择良好的客户,降低保险经营风险。

保险标的:车辆损失险及其附加险的保险标的是车辆本身。由于安全性能、车辆零配件的价格水准不同,车辆风险有大小之分,承保方案应有区别。如高档车辆和跑车具有特殊风险,一般会采取"验车承保"的方式。

保险金额:保险金额的确定是机动车辆保险核保中的一个重要内容。目前各家保险公司均按照自行制定的机动车辆市场指导价来确定保险金额,或者与投保人协商确定机动车辆保险金额。对投保人要求按照低于市场指导价投保的,保险公司应当向投保人明确告知后果,并要求投保人对于自己的要求进行确认,然后在保险的批注栏上注明保险金额投保比例不足。

保险费:核保人员对于保险费的审核主要分为费率、适用调整因子的审核和计算结果审核。核保人员主要是根据投保人、被保险人的不同风险程度,来选择恰当的费率及调整因子。计算结果审核目前一般由计算机完成。

二、任 务 实 施

1 操作要求

(1)录入信息时,必须按照规定的字符格式进行;
(2)录入信息后进行核对,确保正确无误。

2 设备器材

同"学习任务 1"。

3 作业准备

检查车险承保系统是否正常工作(具体要求参见“学习任务1”)。 □ 任务完成

项目1 审核投保单

1 项目说明

保单审核员接到需要进行核保操作的投保业务后,应审核投保单相关信息的正确性。保单审核员将投保单相关信息的审核结果录入系统后,其他工作人员(如综审员)可以在此数据的基础上,借助系统平台完成自己的工作。

本项目结合本学习任务设计的情境,对张明的投保业务进行投保单审核操作。

2 操作步骤

1)第一步 打开审核投保单搜索界面

(1)在系统主界面中点击“核保平台”按钮,系统会自动展开核保平台下的功能菜单(见图2-1)。

(2)选择功能菜单中的“审核投保单”选项,系统操作界面上则显示出审核投保单搜索界面(见图2-2)。

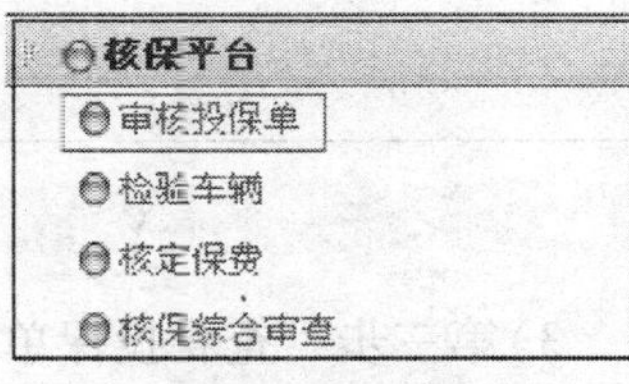

图2-1 核保平台功能菜单

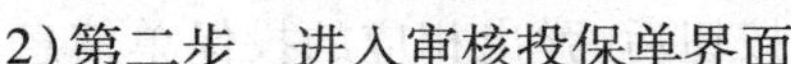

2)第二步 进入审核投保单界面

(1)在审核投保单搜索界面中录入相应的检索信息(如:保单编号、被保人名称等),点击“搜索”按钮,返回可进行审核操作的投保单信息列表(见图2-3)。

保单编号	被保人名称	号牌号码	车架号	审核状态	操作
				---------- (等待审核 / 审核暂存 / 审核结束 / 审核锁定)	搜索

图2-2 审核投保单搜索界面

保单编号	被保人名称	号牌号码	车架号	审核状态	操作
YHVI20100818BJ00001				等待审核	搜索

单击进入审核投保单界面

保单编号	被保人名称	号牌号码	车架号	审核状态	操作
YHVI20100818BJ00001	张明	京N5XXXX	LGWEF3A517B012345	等待审核	审核

图2-3 审核投保单搜索结果

(2)在需要进行审核操作的投保单信息中，点击“审核”按钮，进入相应的审核投保单界面(见图2-4)。

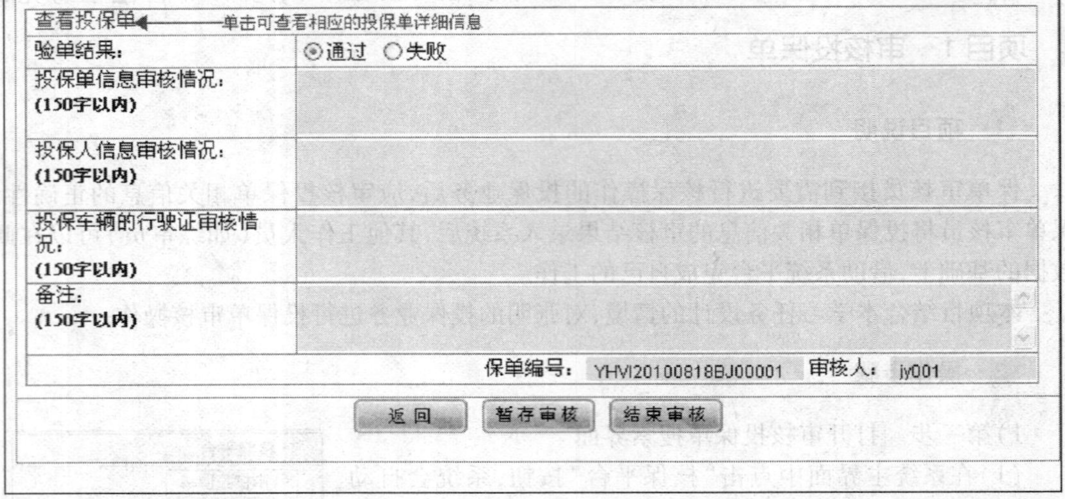

查看投保单 ←单击可查看相应的投保单详细信息	
验单结果:	⊙通过 ○失败
投保单信息审核情况: **(150字以内)**	
投保人信息审核情况: **(150字以内)**	
投保车辆的行驶证审核情况: **(150字以内)**	
备注: **(150字以内)**	
	保单编号: YHVI20100818BJ00001 审核人: jy001

返回　暂存审核　结束审核

图2-4　审核投保单界面

3)第三步　查看投保单

在打开的审核投保单界面中，点击“查看投保单”按钮后，弹出相应的投保单信息查看界面如图1-23所示(其中自燃损失险的保费已经修改为952元)。

4)第四步　录入审核结果

对相应投保单信息进行审核后，录入结果如图2-5所示。

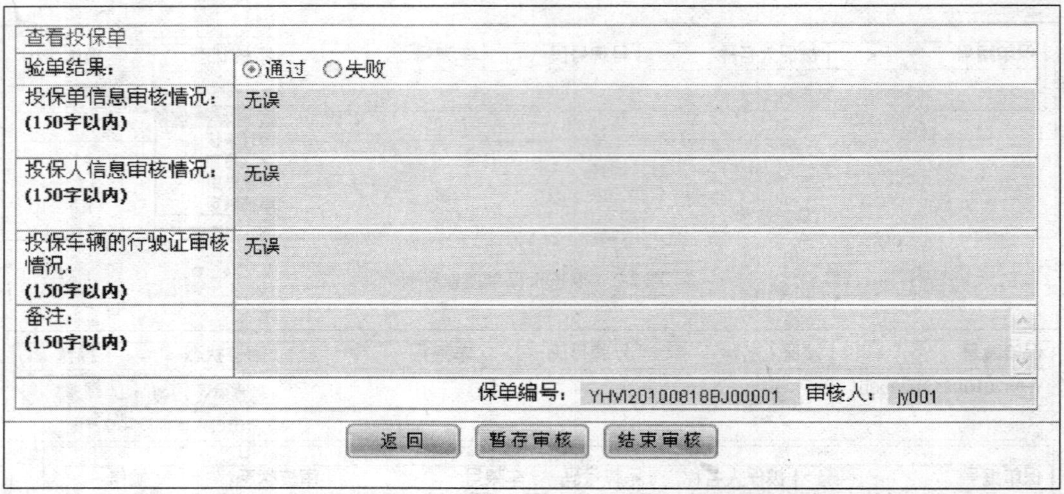

查看投保单	
验单结果:	⊙通过 ○失败
投保单信息审核情况: **(150字以内)**	无误
投保人信息审核情况: **(150字以内)**	无误
投保车辆的行驶证审核情况: **(150字以内)**	无误
备注: **(150字以内)**	
	保单编号: YHVI20100818BJ00001 审核人: jy001

返回　暂存审核　结束审核

图2-5　投保单信息审核结果

5)第五步　提交审核结果

在审核信息录入完毕并检查无误后，即可提交审核信息。如果保单审核员确认该投保单审核信息可以进入下一步操作环节，点击“结束审核”按钮；如果保单审核员确认该投保单审核信息仍需要进行修改操作，点击“暂存审核”按钮，二者都可将投保单审核信息进行提交，并返回操作结果界面。

项目2　检验车辆

1　项目说明

验车员接到需要进行验车操作的投保业务后，应对投保单投保车辆信息进行检验。验车员对投保车辆进行检验后，将相关车辆检验信息录入系统。其他工作人员（如综审员）可以在此数据的基础上，借助系统平台完成各自的工作。

本项目结合本学习任务设计的情境，对张明的投保业务进行车辆检验信息的录入。

2　操作步骤

1）第一步　打开检验车辆搜索界面

在系统的核保平台下选择功能菜单中的“检验车辆”选项，系统操作界面上则显示出检验车辆搜索界面（见图2-6）。

保单编号	被保人名称	号牌号码	车架号	验车状态	操作
				-----------	搜索

等待验车
验车暂存
验车结束
验车锁定

图2-6　检验车辆搜索界面

2）第二步　进入检验车辆界面

（1）在检验车辆搜索界面中录入相应的检索信息（如：保单编号、被保人名称等），点击“搜索”按钮，返回可进行验车操作的投保单信息列表（见图2-7）。

保单编号	被保人名称	号牌号码	车架号	验车状态	操作
YHVI20100818BJ00001				等待验车	搜索

保单编号	被保人名称	号牌号码	车架号	验车状态	操作
YHVI20100818BJ00001	张明	京N5XXXX	LGWEF3A517B012345	等待验车	验车

点击进入验车操作界面

图2-7　检验车辆搜索结果

（2）在需要进行验车操作的投保单信息中，点击“验车”按钮，进入相应的检验车辆界面（见图2-8）。

查看投保单 ←点击查看投保单详情	点击显示验车信息录入详单		
验车需求	○需验车 ⊙免验车	验车结果	⊙通过 ○失败
免验车原因	○按期续保 ○单保第三责任险 ○新车 ○其他原因		
验车情况			
备注			
验车地点			
	投保编号 YHVI20100818BJ00001	验车人	jy001

返回　暂存验车　结束验车

图 2-8　检验车辆界面

3）第三步　查看投保单

在打开的检验车辆界面中，点击“查看投保单”按钮，进入相应的投保单信息查看界面（见图 1-23）。

4）第四步　录入验车结果

依据投保车辆的实际检验信息，录入检验结果（见图 2-9）。

查看投保单			
验车需求	○需验车 ⊙免验车	验车结果	⊙通过 ○失败
免验车原因	○按期续保 ○单保第三责任险 ⊙新车 ○其他原因		
验车情况	免验车		
备注			
验车地点			
	投保编号 YHVI20100818BJ00001	验车人	jy001

返回　暂存验车　结束验车

图 2-9　检验车辆结果

提示：如果所检验的车辆需要验车，可在“验车需求”中点选“需验车”选项，打开验车详单，录入“号牌号码”、“机动车照片”、“车架号拓印模”、“车辆检验项目”等信息（见图 2-10）。

5）第五步　提交验车结果

在验车信息录入完毕并检查无误后，即可提交验车信息。如果验车员确认该投保车辆检验信息可以进入下一步操作环节，点击“结束验车”按钮；如果验车员确认该投保车辆检验信息仍需要进行修改操作，点击“暂存验车”按钮，二者都可将投保车辆检验信息进行提交，并返回操作结果界面。

查看投保单

验车需求	⊙需验车 ○免验车	验车结果	⊙通过 ○失败
验车情况	免验车		
备注			
验车地点			

验车详单　投保编号 YHM2C100818BJ00001 验车人 jy001

号牌号码			
机动车照片	浏览	车架号拓印模	浏览
业务类型	○注册登记 ○转入 ○转移登记 ○变更迁出 ○变更车身颜色 ○核发检验合格标志 ○变更车身或车架 ○更换发动机 ○更换使用性质 ○重新打刻VIN ○重新打刻发动机号 ○更换整车 ○申请登记证书 ○补领登记证书 ○监销 ⊙其他		
检验结论			
	检验员	检验时间	检验是否通过 ⊙通过 ○失败
复检结论			
	复检员	复检时间	复检是否通过 ⊙通过 ○失败
备注			

车辆检验项目

类别	检验项目	判定	添加项目

返回　暂存验车　结束验车

图2-10 验车详单

项目3 核定保费

1 项目说明

核费员接到需要进行保费核定的投保业务后，应依次对各投保险种保费进行核定。核定完成后，将核费信息录入系统。其他工作人员（如综审员）可以在此数据的基础上，借助系统平台完成核定工作。

本项目结合本学习任务设计的情境，对张明的投保业务进行核定保费操作。

2 操作步骤

1）第一步　打开核定保费搜索界面

在核保平台下的功能菜单中选择“核定保费”选项，在系统操作界面中显示出核定保费搜索界面（见图2-11）。

2）第二步　进入核定保费界面

（1）在核定保费搜索界面中录入相应的检索信息（如：保单编号、被保人名称等），点击“搜索”按钮，返回可进行核费操作的投保单信息列表（见图2-12）。

（2）在需要进行核定保费操作的投保单信息中，点击“核费”按钮，进入相应的核定保费界面（见图2-13）。

保单编号	被保人名称	号牌号码	车架号	核费状态	操作
				------------	搜索

等待核费
核费暂存
核费结束
核费锁定

图 2-11 核定保费搜索界面

保单编号	被保人名称	号牌号码	车架号	核费状态	操作
YHVI20100818BJ00001				等待核费	搜索

保单编号	被保人名称	号牌号码	车架号	核费状态	操作
YHVI20100818BJ00001	张明	京N5XXXX	LGWEF3A517B012345	等待核费	核费

点击进入核定保费界面

图 2-12 核定保费搜索结果

3)第三步 查看投保单

在打开的核定保费界面中,点击“查看投保单”按钮,进入该投保单的信息查看界面。

4)第四步 核定商业险保险费信息

(1)录入“机动车损失险”核定保费信息。

①在“机动车损失险”保险信息项目中点击“选择公式”按钮,进入核定保险费计算界面(默认为核费前的该投保险种保险费计算信息)(见图 1-13)。

②在打开的核定保险费计算界面中,双击“基础保险费”及“费率”对应的文本框,打开“机动车商业保险行业基本费率查询”界面,依据“所选保险条款类别”、“适用地域”、“投保车辆类型”及“投保险种”等信息,获取相应数据(见图 1-11、图 1-12)。

③在“机动车商业保险行业基本费率查询”界面,双击“539.0”及“1.28%”所对应的文本框,将相应结果返回到核定费率计算界面,并确认“实际新车购置价”(见图 1-13)。

④点击“确定”按钮,将核定保费计算信息录入到“机动车损失险”对应的“核定保险费”、“核定费率”项目中(见图 2-14)。

(2)录入其他险种的核定保费信息。依次对“第三者责任险”、“车上人员责任险(驾驶员)”、“车上人员责任险(乘客)”、“玻璃单独破碎险(国产玻璃)”、“盗抢险”及“自燃损失险”进行核费操作(见图 2-15)。

5)第五步 核定交强险保险费信息

依据投保车辆信息对交强险进行核费操作(见图 2-16)。

6)第六步 录入核定保险费结果

将所有险种保险费的核定前后信息进行对比后,选定“核费结果”,录入“备注”(见图 2-17)。

查看投保单

核费结果：	⊙通过 ○失败
备注：	
	保单编号： YHVI20100818BJ00001　核费人： jy001

核定商业险保险费

点击打开核定保险费计算界面　点击查看原投保费计算信息

险种名称	保险金额/责任限额	投保费	费率(%)	备注	投保公式
机动车损失险	280000	4123.0	1.28		查看公式
		核定投保费	核保费率(%)	核保备注	核保公式
		4123.0	1.28		选择公式

险种名称	保险金额/责任限额	投保费	费率(%)	备注	投保公式
第三者责任险	150000	1060.0			查看公式
		核定投保费	核保费率(%)	核保备注	核保公式
		1060.0			选择公式

险种名称	保险金额/责任限额	投保费	费率(%)	备注	投保公式
车上人员责任险（驾驶员）	1*10000	41.0	0.41		查看公式
		核定投保费	核保费率(%)	核保备注	核保公式
		41.0	0.41		选择公式

险种名称	保险金额/责任限额	投保费	费率(%)	备注	投保公式
车上人员责任险（乘客）	4*10000	104.0	0.26		查看公式
		核定投保费	核保费率(%)	核保备注	核保公式
		104.0	0.26		选择公式

险种名称	保险金额/责任限额	投保费	费率(%)	备注	投保公式
玻璃单独破碎险（国产玻璃）		532.0	0.19		查看公式
		核定投保费	核保费率(%)	核保备注	核保公式
		532.0	0.19		选择公式

险种名称	保险金额/责任限额	投保费	费率(%)	备注	投保公式
盗抢险	280000	1604.0	0.53		查看公式
		核定投保费	核保费率(%)	核保备注	核保公式
		1604.0	0.53		选择公式

险种名称	保险金额/责任限额	投保费	费率(%)	备注	投保公式
自燃损失险	280000	896.0	0.32		查看公式
		核定投保费	核保费率(%)	核保备注	核保公式
		896.0	0.32		选择公式

核定交强险保险费

险种名称	投保车辆总类	车辆明细分类	保险费
交强险	家庭自用车	家庭自用车6座以下	950
	核定投保车辆总类	核定车辆明细分类	核定保险费
	家庭自用车	家庭自用车6座以下	950

返回　暂存核费　结束核费

图2-13　核定保费界面

险种名称	保险金额/责任限额	投保费	费率(%)	备注	计算公式
机动车损失险	280000	4123.0	1.28		查看公式
		核定投保费	核保费率(%)	核保备注	核保公式
		4123.0	1.28		选择公式

图 2-14 “机动车损失险”保险费核定信息

险种名称	保险金额/责任限额	投保费	费率(%)	备注	投保公式
第三者责任险	150000	1060.0			查看公式
		核定投保费	核保费率(%)	核保备注	核保公式
		1060			选择公式

险种名称	保险金额/责任限额	投保费	费率(%)	备注	投保公式
车上人员责任险（驾驶员）	1*10000	41.0	0.41		查看公式
		核定投保费	核保费率(%)	核保备注	核保公式
		41	0.41		选择公式

险种名称	保险金额/责任限额	投保费	费率(%)	备注	投保公式
车上人员责任险（乘客）	4*10000	104.0	0.26		查看公式
		核定投保费	核保费率(%)	核保备注	核保公式
		104	0.26		选择公式

险种名称	保险金额/责任限额	投保费	费率(%)	备注	投保公式
玻璃单独破碎险（国产玻璃）		532.0	0.19		查看公式
		核定投保费	核保费率(%)	核保备注	核保公式
		532	0.19		选择公式

险种名称	保险金额/责任限额	投保费	费率(%)	备注	投保公式
盗抢险	280000	1604.0	0.53		查看公式
		核定投保费	核保费率(%)	核保备注	核保公式
		1604	0.53		选择公式

险种名称	保险金额/责任限额	投保费	费率(%)	备注	投保公式
自燃损失险	280000	896.0	0.32		查看公式
		核定投保费	核保费率(%)	核保备注	核保公式
		896	0.32		选择公式

图 2-15 其他商业险种保险费核定信息

核定交强险保险费

险种名称	投保车辆总类	车辆明细分类	保险费
交强险	家庭自用车	家庭自用车6座以下	950
	核定投保车辆总类	核定车辆明细分类	核定保险费
	家庭自用车	家庭自用车6座以下	950

图 2-16 交强险保险核费信息

查看投保单	
核费结果:	⊙通过 ○失败
备注:	

图 2-17 核费结果

7)第七步 提交核定保险费结果

在核费信息录入完毕并检查无误后,即可提交核费信息,点击“结束核费”按钮即可。如果核费员确认该核费信息仍需要进行修改操作,点击“暂存核费”按钮即可,这两个操作都可将核费信息进行提交,并返回操作结果界面。

项目4 核保综合审查

1 项目说明

综审员接到需要进行核保综合审查操作的投保业务后,应对投保单审核信息、检验车辆信息、核定保费信息进行确认,出示最后的核保结果信息,确认该投保单是否通过核保。

本项目结合本学习任务设计的情境,对张明的投保业务进行核保综合审查。

2 操作步骤

1)第一步 打开核保综合审查搜索界面

在核保平台下的功能菜单中选择“核保综合审查”选项,在系统操作界面中显示出核保综合审查搜索界面(见图 2-18)。

保单编号	被保人名称	号牌号码	车架号	核保状态	操作
				------------ (等待核保 / 核保暂存 / 核保结束 / 核保锁定 / 核保待退 / 核保退回 / 核保失败)	搜索

图 2-18 核保综合审查搜索界面

2)第二步 进入核保综合审查界面

(1)在核保综合审查搜索界面中录入相应的检索信息(如:保单编号、被保人名称等),点击“搜索”按钮,返回可进行核保综合审查操作的投保单信息列表(见图 2-19)。

(2)在需要进行核保综合审查操作的投保单信息中,点击“核保”按钮,进入相应的核保综合审查界面(见图 2-20)。

保单编号	被保人名称	号牌号码	车架号	核保状态	操作
YHVI20100818BJ00001				等待核保	搜索

保单编号	被保人名称	号牌号码	车架号	核保状态	操作
YHVI20100818BJ00001	张明	京N5XXXX	LGWEF3A517B012345	等待核保	核保

点击进入核保综合审查界面

图 2-19 核保综合审查搜索结果

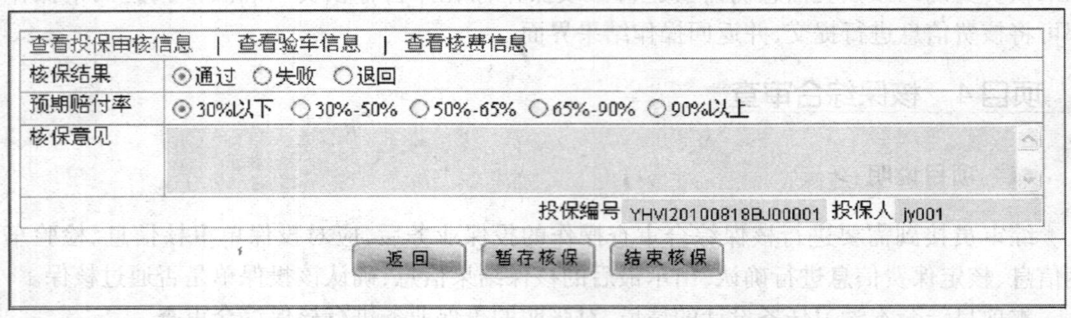

图 2-20 核保综合审查界面

3)第三步 查看各项审核信息

依次点击“查看投保审核信息”按钮，打开相应的投保审核信息；点击“查看验车信息”按钮，打开相应的验车信息；点击“查看核费信息”按钮，打开相应的核费信息。对前面的审核工作进行检查。

4)第四步 录入综合审查结果

依据投保审核信息、验车信息、核费信息确定核保结果及预期赔付率，录入核保意见(见图 2-21)。

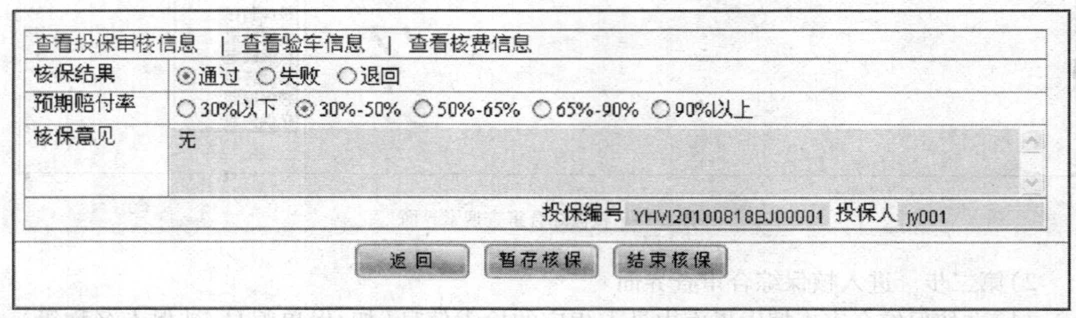

图 2-21 综合审查结果

5)第五步 提交核保综合审查结果

在核保综合审查信息录入完毕并检查无误后，提交核保综合审查信息，点击“结束核保”按钮即可。如果综审员确认该核保综合审查信息仍需要进行修改操作，点击“暂存核保”按钮即可，这两个操作都可将核保综合审查信息进行提交，并返回操作结果界面。

三、学习评价

1 理论考核

1）选择题

（1）核保综合审查时有几种处理方式？（ ）

A. 2　B. 3　C. 4　D. 5

（2）在审核投保单中，下列哪项可以不录入？（ ）

A. 备注　B. 投保单信息审核情况

C. 投保人信息审核情况　D. 投保车辆行驶证审核情况

（3）在机动车车险承保系统中，核保平台的操作步骤可以描述为（ ）。

A. 核保综合审查、审核投保单、检验车辆、核定保费

B. 审核投保单、核保综合审查、检验车辆、核定保费

C. 审核投保单、检验车辆、核保综合审查、核定保费

D. 核定保费、审核投保单、检验车辆、核保综合审查

（4）在机动车车险承保系统中，审核投保单的操作步骤可以描述为（ ）。

A. 进入审核投保单界面、打开审核投保单搜索界面、查看投保单、录入审核结果、提交审核结果

B. 打开审核投保单搜索界面、进入审核投保单界面、录入审核结果、查看投保单、提交审核结果

C. 查看投保单、打开审核投保单搜索界面、进入审核投保单界面、录入审核结果、提交审核结果

D. 打开审核投保单搜索界面、进入审核投保单界面、查看投保单、录入审核结果、提交审核结果

（5）在机动车车险承保系统中，检验车辆的操作步骤可以描述为（ ）。

A. 进入检验车辆界面、打开检验车辆搜索界面、查看投保单、录入检验车辆结果、提交检验车辆结果

B. 打开检验车辆搜索界面、进入检验车辆界面、录入检验车辆结果、查看投保单、提交检验车辆结果

C. 打开检验车辆搜索界面、进入检验车辆界面、查看投保单、录入检验车辆结果、提交检验车辆结果

D. 查看投保单、打开检验车辆搜索界面、进入检验车辆界面、录入检验车辆结果、提交检验车辆结果

（6）在机动车车险承保系统中，核定保费的操作步骤可以描述为（ ）。

A. 打开核定保费搜索界面、进入核定保费界面、录入核定商业险保险费信息、录入

核定交强险保险费信息、查看投保单、录入核定保险费结果、提交核定保险费结果

B. 打开核定保费搜索界面、进入核定保费界面、查看投保单、录入核定商业险保险费信息、录入核定交强险保险费信息、录入核定保险费结果、提交核定保险费结果

C. 查看投保单、打开核定保费搜索界面、进入核定保费界面、录入核定商业险保险费信息、录入核定交强险保险费信息、录入核定保险费结果、提交核定保险费结果

D. 打开核定保费搜索界面、进入核定保费界面、录入核定保险费结果、查看投保单、录入核定商业险保险费信息、录入核定交强险保险费信息、提交核定保险费结果

(7) 在机动车车险承保系统中,核保综合审查的操作步骤可以描述为(　　)。

A. 查看投保审核信息、查看验车信息、查看核费信息、录入综合审查结果、打开核保综合审查搜索界面、进入核保综合审查界面、提交核保综合审查结果

B. 打开核保综合审查搜索界面、进入核保综合审查界面、查看投保审核信息、查看验车信息、查看核费信息、录入综合审查结果、提交核保综合审查结果

C. 打开核保综合审查搜索界面、进入核保综合审查界面、录入综合审查结果、查看投保审核信息、查看验车信息、查看核费信息、提交核保综合审查结果

D. 打开核保综合审查搜索界面、进入核保综合审查界面、查看投保审核信息、录入综合审查结果、查看验车信息、查看核费信息、提交核保综合审查结果

(8) 下列哪项不是免验车的原因?(　　)

A. 新车

B. 单保第三者责任险

C. 按期续保

D. 首次在本公司投保

(9) 下列哪些说法是正确的?(　　)

A. 只有投保单审核结束后才能进行检验车辆操作

B. 只有检验车辆结束后才能进行核定保费操作

C. 只有核定保费结束后才可能进行核保综合审查操作

D. 只有投保单审核结束后才能进行核定保费操作

(10) 下列哪个描述是错误的?(　　)

A. 进行核保退回操作时,应该填写“不通过的原因”

B. 进行核保失败操作时,应该填写“不通过的原因”

C. 预期赔付率分为 5 个阶段

D. 车辆检验项目分为 3 个类别

2) 思考题

(1) 对于未通过核保的投保单,该如何处理?

(2) 对于需要进行验车的投保单,该如何操作?

2 技能考核

1) 考核项目 1

请对学习任务 1 中技能考核项目 1 结果进行核保操作,相关信息见表 2-1。

核 保 信 息 表　　表 2-1

审核投保单信息: 验单结果:通过　投保单信息审核情况:无误　投保人信息审核情况: 无误　投保车辆的行驶证审核情况: 无误 备注:无
验车信息: 验车需求:免验车 验车结果:通过 免验车原因:新车
核费信息: 自燃损失险核定费率:0.34% 其余不变
依据以上信息进行综合核保操作。

2) 考核项目 2

请对考核项目 1 进行二次核保操作,相关信息见表 2-2。

二次核保信息表　　表 2-2

审核投保单信息: 验单结果:通过　投保单信息审核情况:无误　投保人信息审核情况: 无误　投保车辆的行驶 证审核情况: 无误　备注:无
验车信息: 验车需求:需验车　验车结果:通过　免验车原因:新车
核费信息: 核费通过。
依据以上信息进行综合核保操作。

3 考核评价

考核评价使用的评分表如表 2-3 所示。

核保平台操作项目评分表

表 2-3

基本信息	姓 名		学号		班级		组别	
	规定时间		完成时间		考核日期		总评成绩	

	序号	步　骤	标准分	评 分 标 准	评分
任务工单	1	考核准备： 成功启动电脑 成功启动车险承保系统 正确登录车险承保系统	3	确保承保操作正常进行，根据实际情况酌情扣分	
	2	打开审核投保单搜索界面	2	没有正确打开操作界面，扣2分	
	3	进入审核投保单界面	2	没有正确进入操作界面，扣2分	
	4	查看投保单	2	没有正确打开界面，扣2分	
	5	录入审核结果	4	审核信息录入错误，一处扣1分，扣完为止	
	6	提交审核结果	2	没有正确提交结果，扣2分	
	7	打开检验车辆搜索界面	2	没有正确打开操作界面，扣2分	
	8	进入检验车辆界面	2	没有正确进入操作界面，扣2分	
	9	查看投保单	2	没有正确打开界面，扣2分	
	10	录入验车结果	6	验车信息录入错误，一处扣1分，扣完为止	
	11	提交验车结果	2	没有正确提交结果，扣2分	
	12	打开核定保费搜索界面	2	没有正确打开操作界面，扣2分	
	13	进入核定保费界面	2	没有正确进入操作界面，扣2分	
	14	查看投保单	2	没有正确打开界面，扣2分	
	15	核定商业险保险费信息	34	录入信息错误，一处扣2分，扣完为止	
	16	核定交强险保险费信息	3	保险费选错，扣完	
	17	录入核定保险费结果	2	核定保险费结果录入错误，一处扣1分，扣完为止	
	18	提交核定保险费结果	2	没有正确提交结果，扣2分	
	19	打开核保综合审查搜索界面	2	没有正确打开操作界面，扣2分	
	20	进入核保综合审查界面	2	没有正确进入操作界面，扣2分	
	21	查看投保审核信息	2	没有正确打开界面，扣2分	
	22	查看验车信息	2	没有正确打开界面，扣2分	
	23	查看核费信息	2	没有正确打开界面，扣2分	
	24	录入综合审查结果	7	综合审查结果录入错误，一处扣1分，扣完为止	
	25	提交核保综合审查结果	2	没有正确提交结果，扣2分	
团队协作			5	根据实际情况酌情扣分	
总分合计			100	评分合计	

学习任务3　制单平台操作

工作情境描述

2009 年 12 月 1 日上午 9 时，某保险公司制单员何帆接到一份已经核保通过并需要出具保险单的投保业务。何帆在公司车险承保系统的制单平台上进行制作保险单操作后。将制作的保险单交由复核员李亮进行保险单复核操作，在保险单复核通过后，何帆对该单据进行签发打印保险单操作。

学习目标

1. 了解制单平台的基本功能；
2. 能够使用软件进行制单。

学习时间

2 学时。

学习引导

本学习任务沿着以下脉络进行学习：

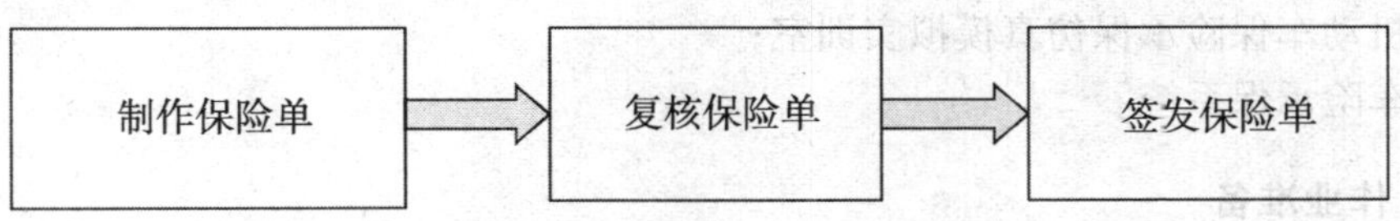

教学组织建议

学生两人一组(教师可根据实训条件自行安排分组人数)，其中：一个人进行平台操作，另一个人对操作过程进行记录与分析。完成后学生交换角色练习，教师对全过程进行把控。

一、知识准备

保险单:保险单是投保人与保险人之间订立保险合同的正式书面凭证,记载有保险合同的主要内容,如保险项目、保险责任、责任免除、附注条件等。

保险项目:保险项目包括保险合同当事人及关系人(如被保险人、受益人)的姓名或名称,保险标的的种类,保险金额、保险期限、保险费的确定和支付方式,以及有关其他承保事项的声明等。

保险责任:保险责任指保险人承担赔偿义务的风险。只要发生合同约定的保险责任范围内的事故或事件,造成经济损失,保险人都应该承担赔偿保险金的责任。

机动车辆保险合同中的保险责任采用列明方式,具体列明保险人承担哪些保险(责任)事故引起的损失赔偿(或责任赔偿),施救、救助、诉讼等费用负担的规定。

责任免除:责任免除也称除外责任,是指根据法律给定或合同约定,保险人对某些风险造成的损失补偿不承担赔偿保险金的责任。责任免除条款适当限制了保险人承担的保险责任范围,意味着被保险人也将对某些风险自行承担责任。在保险合同中明确列出责任免除条款,对保险人和被保险人十分重要。

附注条件:附注条件指保险合同双方当事人履行享有的权利和应尽的义务的规定,例如保险人的义务、被保险人的义务和保险单的变更、转让以及索赔期限、索赔手续、代位追偿、争议处理等。

二、任务实施

1 操作要求

(1)录入信息时,必须按照规定的字符格式进行;
(2)录入信息后进行核对,确保正确无误。

2 设备器材

(1)机动车保险承保仿真模拟实训室;
(2)车险承保系统。

3 作业准备

检查车险承保系统是否正常工作(具体要求参见“学习任务 1”)。 □ 任务完成

项目1 制作保险单

1 项目说明

出单员接到需要进行制单操作的投保业务后,应制作出保险单,并检查其正确性。出

单员制作保单结束后，其他工作人员（如复核员）可以在此数据的基础上，借助系统平台完成自己的工作。

本项目结合本学习任务设计的情境，对制单员何帆接到的投保业务进行保险单制作。

2　操作步骤

1）第一步　打开制作保险单搜索界面

（1）在系统主界面中点击“制单平台”按钮，系统会自动展开制单平台下的功能菜单（见图3-1）。

（2）选择功能菜单中的“制作保险单”选项，系统操作界面中会显示出制作保险单搜索界面（见图3-2）。

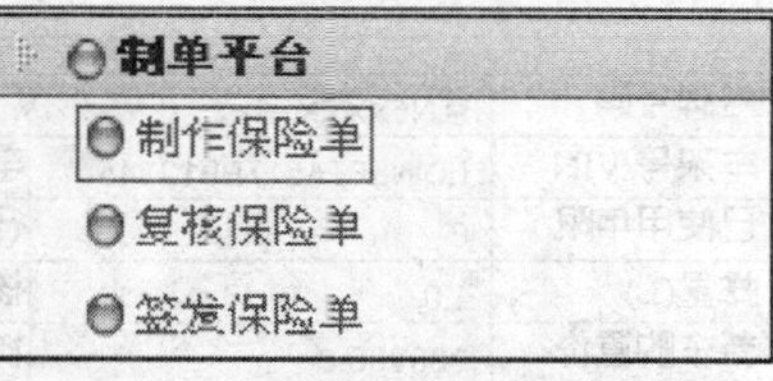

图3-1　制单平台功能菜单

2）第二步　进入制作保险单界面

（1）在制作保险单搜索界面中录入相应的检索信息（如：保单编号、被保人名称等），点击“搜索”按钮，返回制作保险单操作信息列表（见图3-3）。

保单编号	被保人名称	号牌号码	车架号	制单状态	操作
				------------	搜索

等待制单
制单暂存
制单结束
制单锁定
制单待退
制单退回

图3-2　制作保险单搜索界面

保单编号	被保人名称	号牌号码	车架号	制单状态	操作
YHVI20100818BJ00001				等待制单	搜索

保单编号	被保人名称	号牌号码	制单状态	商业险操作	强制险操作
YHVI20100818BJ00001	张明	京N5XXXX	等待制单	制作商业险保单	等待

图3-3　制作保险单搜索结果

（2）在需要进行制作保险单操作的信息行中，点击“制作商业险保单”按钮，进入相应的制作保险单界面（见图3-4）。

3）第三步　录入制单结果

对相应保险单信息进行检查后，录入相关信息（见图3-5）。

机动车交通事故责任商业保险单

保险单号	YHVI20100818BJ00001		
被保险人	张明		
被保险人地址	北京市海淀区中关村××家园		
邮政编码	1001××	被保险人身份证或组织机构代码	11010119580818XXXX
联系人	张明	联系电话	010-6291XXXX

号牌号码	京N5XXXX	厂牌型号	福特翼虎3.0L M1	发动机号	012345
车架号/VIN	LGWEF3A517B012345	车辆种类	家庭自用汽车	核定载客	5
已使用年限	0	行驶区域	跨省行驶	安全配置	防盗系统,ABS,安全气囊
排量(L)	3.0	核定载重	1500.0	已行驶里程	5.0
新车购置价	280000.0	初次登记日期	2009-11-25		

承保险种	责任限额	保险费
机动车损失险	280000	4123.0
第三者责任险	150000	1060.0
车上人员责任险(驾驶员)	1*10000	41.0
车上人员责任险(乘客)	4*10000	104.0
玻璃单独破碎险(国产玻璃)		532.0
盗抢险	280000	1604.0
自燃损失险	280000	896.0

保险期间 自 2009-12-05 0 时起至 2010-12-04 24 时止。 合计保险费 8360.0 元。

特别约定					
备注					
争议解决方式	诉讼				
经办人	江枫	核保人	XX	制单人	XX
制单结果	⊙通过 ○失败				

返 回　暂存制单　结束制单

图3-4　制作保险单界面

4)第四步　提交制单结果

(1)在制作保险单完毕并检查无误后,即可提交保险单信息。如果出单时该保险单信息不完整需要进行修改操作,可点击“暂存制单”按钮,将保险单信息暂时进行提交,并返回操作结果界面。

(2)如果出单员确认保险单可以进入下一步操作环节,可点击“结束制单”按钮将保险单信息进行提交。如果此保险单投保险种不包含“交强险”则返回操作结果界面(见图3-6)。如果此保险单投保险种包含“交强险”并且制单结果为通过,则弹出操作结果界面(见图3-7)。

提示:如果发现保险单有错误,则可在制单结果项中点选“失败”单选按钮,此时“结束

机动车交通事故责任商业保险单

保险单号	YHVI20100818BJ00001		
被保险人	张明		
被保险人地址	北京市海淀区中关村××家园		
邮政编码	1001××	被保险人身份证或组织机构代码	11010119580818XXXX
联系人	张明	联系电话	010-6291XXXX

号牌号码	京N5XXXX	厂牌型号	福特翼虎3.0L M1	发动机号	012345
车架号/VIN	LGWEF3A517B012345	车辆种类	家庭自用汽车	核定载客	5
已使用年限	0	行驶区域	跨省行驶	安全配置	防盗系统,ABS,安全气囊
排量(L)	3.0	核定载重	1500.0	已行驶里程	5.0
新车购置价	280000.0	初次登记日期	2009-11-25		

承保险种	责任限额	保险费
机动车损失险	280000	4123.0
第三者责任险	150000	1060.0
车上人员责任险（驾驶员）	1*10000	41.0
车上人员责任险（乘客）	4*10000	104.0
玻璃单独破碎险（国产玻璃）		532.0
盗抢险	280000	1604.0
自燃损失险	280000	896.0

保险期间 自 2009-12-05 0 时起至 2010-12-04 24 时止。 合计保险费 8360.0 元。

特别约定					
备注	无				
争议解决方式	诉讼				
经办人	江枫	核保人	××	制单人	××
制单结果	⦿通过　○失败				

返 回　　暂存制单　　结束制单

图3-5　制作保险单结果

制单”按钮会变为“撤销制单”按钮，录入制单不通过的原因后，点击“撤销制单”按钮，结束制单并将制单不通过的原因反馈给核保综审员进行处理。

操作成功！

图3-6　结束制单返回结果

图3-7　结束制单返回结果

(3)如果此保险单投保险种包含“交强险”并且制单结果为通过,可在结束制单返回结果界面中点击“确定”按钮,进入制作交强险保险单界面(见图3-8)。

机动车交通事故责任强制保险单

保险单号	QZYHVI20100818BJ00001		
被保险人	张明		
被保险人地址	北京市海淀区中关村×× 家园		
邮政编码	1001××	被保险人身份证或组织机构代码	11010119580818XXXX
联系人	张明	联系电话	010-6291XXXX

号牌号码	京N5XXXX	厂牌型号	福特翼虎3.0L M1	发动机号	012345
车架号/VIN	LGWEF3A517B012345	车辆种类	家庭自用汽车	核定载客	5
已使用年限	0	行驶区域	跨省行驶	安全配置	防盗系统,ABS,安全气囊
排量(L)	3.0	核定载重	1500.0	已行驶里程	5.0
新车购置价	280000.0	初次登记日期	2009-11-25		

责任限额	死亡伤残赔偿限额	110000元	无责任伤残赔偿限额	11000元
	医疗费用赔偿限额	10000元	无责任医疗费用赔偿限额	1000元
	财产损失赔偿限额	2000元	无责任财产损失赔偿限额	100元

保险期 自 2009-12-05 0时起至 2010-12-04 24时止. 保险费合计950.0 元 (其中救助基金(2%)19.0 元)

备注					
争议解决方式	诉讼				
特别约定					
经办人	江枫	核保人	XX	制单人	XX

返 回　出具强险保单

图3-8　制作交强险保险单界面

(4)在制作交强险保险单界面,点击“出具交强险保单”按钮,结束制作保险单流程。

项目2　复核保险单

1　项目说明

复核员接到需要进行复核操作的保险单后,应对保险单信息进行检验。

复核员对保险单进行检验,将相关检验信息录入系统后其他工作人员(如签单员)可以在此数据的基础上,借助系统平台完成自己的工作。

本项目结合学习任务3设计的情境,对制单员何帆接到的投保业务进行复核保险单操作。

2 操作步骤

1）第一步 打开复核保险单搜索界面

选择制单平台中的“复核保险单”选项，系统操作界面中会显示出复核保险单搜索界面（见图3-9）。

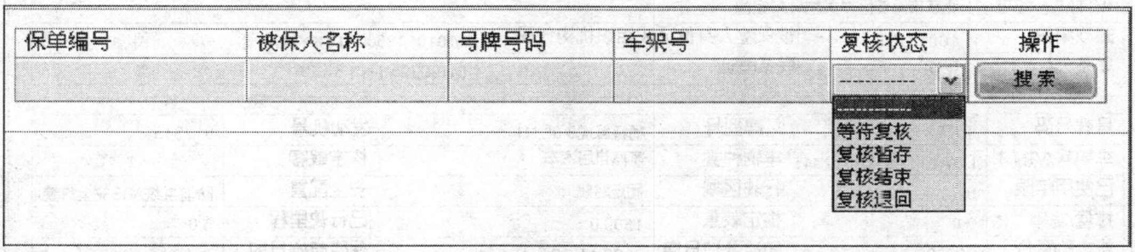

保单编号	被保人名称	号牌号码	车架号	复核状态	操作
				------------	搜索

等待复核
复核暂存
复核结束
复核退回

图3-9 检验车辆搜索界面

2）第二步 进入复核保险单界面

（1）在复核保险单搜索界面中录入相应的检索信息（如：保单编号、被保人名称等），点击“搜索”按钮，返回可进行复核操作的保险单信息列表（见图3-10）。

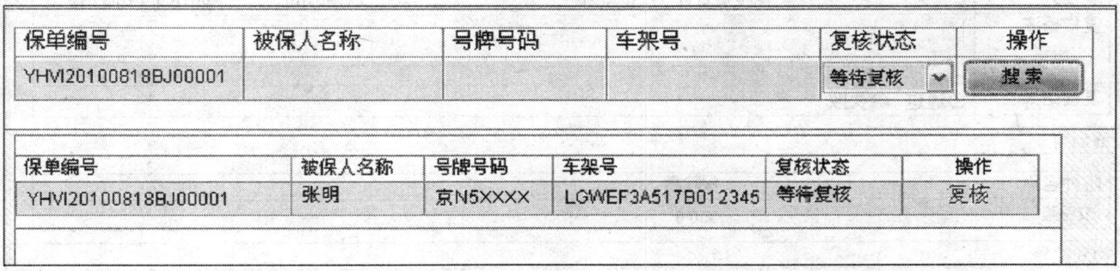

保单编号	被保人名称	号牌号码	车架号	复核状态	操作
YHVI20100818BJ00001				等待复核	搜索

保单编号	被保人名称	号牌号码	车架号	复核状态	操作
YHVI20100818BJ00001	张明	京N5XXXX	LGWEF3A517B012345	等待复核	复核

图3-10 复核保险单搜索结果

（2）在需要进行复核操作的保险单信息中，点击“复核”按钮，进入相应的复核保险单界面（见图3-11）。

3）第三步 录入复核结果

对保险单信息进行检验后，录入检验结果见图3-12。

4）第四步 提交复核结果

在保险单信息录入完毕并检查无误后，即可提交复核保险单信息。如果复核员确认该保险单信息可以进入下一步操作环节，则可点击“结束复核”按钮；如果复核员不确认该保险单信息是否进行修改操作，可点击“暂存复核”按钮，二者都可将保险单复核信息进行提交，并返回操作结果界面。

提示：如果复核保险单时发现错误，则可在“复核结果”项中点选“失败”单选按钮，此时“结束复核”按钮会变为“复核退回”按钮，录入复核不通过的原因后，点击“复核退回”按钮，就可结束复核并将复核不通过的原因反馈给出单员进行处理。

复核保险单

保险单号	YHVI20100818BJ00001		
被保险人	张明		
被保险人地址	北京市海淀区中关村××家园		
邮政编码	1001××	被保险人身份证或组织机构代码	11010119580818××××
联系人	张明	联系电话	010-6291××××

号牌号码	京N5××××	厂牌型号	福特翼虎3.0L M1	发动机号	012345
车架号/VIN	LGWEF3A517B012345	车辆种类	家庭自用汽车	核定载客	5
已使用年限	0	行驶区域	固定路线	安全配置	防盗系统ABS安全气囊
排量/功率	3.0	核定载重	1500.0	已行驶里程	5.0
新车购置价	280000.0	初次登记日期	2009-11-25	保险起始日期	2009-12-05
				保险结束日期	2010-12-04
特别约定					
备注	无				
争议解决方式	提交仲裁委员会仲裁				
经办人	江枫	核保人	××	制单人	××
复核人	××	保险费合计	8360.0	制单时间	2010-9-9 10:47:12
复核备注					
复核结果	⊙通过 ○失败				

强制险

险种名称	保险费
交强险	950.0

商业险种

险种名称	责任限额	保险费
机动车损失险	280000	4123.0
第三者责任险	150000	1060.0
车上人员责任险（驾驶员）	1*10000	41.0
车上人员责任险（乘客）	4*10000	104.0
玻璃单独破碎险（国产玻璃）		532.0
盗抢险	280000	1604.0
自燃损失险	280000	896.0

返回　暂存复核　结束复核

图 3-11　复核保险单界面

复核保险单

保险单号	YHVI20100818BJ00001		
被保险人	张明		
被保险人地址	北京市海淀区中关村××家园		
邮政编码	1001××	被保险人身份证或组织机构代码	11010119580818××××
联系人	张明	联系电话	010-6291××××

号牌号码	京N5××××	厂牌型号	福特翼虎3.0L M1	发动机号	012345
车架号/VIN	LGWEF3A517B012345	车辆种类	家庭自用汽车	核定载客	5
已使用年限	0	行驶区域	固定路线	安全配置	防盗系统ABS安全气囊
排量/功率	3.0	核定载重	1500.0	已行驶里程	5.0
新车购置价	280000.0	初次登记日期	2009-11-25	保险起始日期	2009-12-05
				保险结束日期	2010-12-04
特别约定					
备注	无				
争议解决方式	提交仲裁委员会仲裁				
经办人	江枫	核保人	××	制单人	××
复核人	××	保险费合计	8360.0	制单时间	2010-9-9 10:47:12
复核备注	无				
复核结果	⊙通过　○失败				

强制险

险种名称	保险费
交强险	950.0

商业险种

险种名称	责任限额	保险费
机动车损失险	280000	4123.0
第三者责任险	150000	1060.0
车上人员责任险（驾驶员）	1*10000	41.0
车上人员责任险（乘客）	4*10000	104.0
玻璃单独破碎险（国产玻璃）		532.0
盗抢险	280000	1604.0
自燃损失险	280000	896.0

返回　暂存复核　结束复核

图3-12　复核保险单结果

项目3　签发保险单

1　项目说明

签单员接到需要进行签发保险单操作的保险单后，应依次对保险单进行签发、打印。本项目结合本学习任务设计的情境，对制单员何帆接到的投保业务进行签发保险单操作。

2 操作步骤

1)第一步　打开签发保险单搜索界面

选择制单平台中的“签发保险单”选项,在系统操作界面中显示出签发保险单搜索界面(见图3-13)。

保单编号	被保人名称	号牌号码	车架号	制单状态	操作
				------------	搜索

等待签单
签单暂存
签单结束
保单终止

图3-13　签发保险单搜索界面

2)第二步　进入签发保险单界面

(1)在签发保险单搜索界面中录入相应的检索信息(如:保单编号、被保人名称等),点击“搜索”按钮,返回可进行签发操作的保险单信息列表(见图3-14)。

保单编号	被保人名称	号牌号码	车架号	制单状态	操作
YHVI20100818BJ00001				等待签单	搜索

保单编号	被保人名称	号牌号码	签单状态	操作
YHVI20100818BJ00001	张明	京N5XXXX	等待签单	签发保险单

图3-14　签发保险单搜索结果

(2)在需要进行签发保险单操作的投保单信息中,点击“签发保险单”按钮,进入签发保险单界面(见图3-15)。

3)第三步　提交签发保险单信息

(1)对保险单信息检查无误后,即可提交签发保险单信息。如果签单员确认该保险单信息仍存在疑问,可点击“暂存签单”按钮,将签发保险单信息进行提交,并返回操作结果界面。

(2)对保险单信息检查无误后,即可提交签发保险单信息。如果签单员确认该保险单信息无误,可点击“结束签单”按钮,将签发保险单信息进行提交,并返回操作结果界面,并弹出保险单打印界面(见图3-16)。

(3)在保险单打印界面选择打印目标,点击“开始打印”即可。

机动车交通事故责任商业保险单

保险单号：	YHVI20100818BJ00001		
被保险人：	张明		
被保险人地址：	北京市海淀区中关村××家园		
邮政编码：	1001××	被保险人身份证或组织机构代码：	11010119580818××××
联系人：	张明	联系电话：	010-6291××××

号牌号码	京N5××××	厂牌型号	福特翼虎3.0L M1	发动机号	012345	排量(L)	3.0
车架号/VIN	LGWEF3A517B012345	车辆种类	家庭自用汽车	核定载客	5	核定载重	1500.0
已使用年限	0	行驶区域	固定路线	安全配置	防盗系	已行驶里程	5.0
新车购置价	280000.0	初次登记日期		2009-11-25			

承保险种：	责任限额：	保险费
机动车损失险	280000	4123.0
第三者责任险	150000	1060.0
车上人员责任险（驾驶员）	1*10000	41.0
车上人员责任险（乘客）	4*10000	104.0
玻璃单独破碎险（国产玻璃）		532.0
盗抢险	280000	1604.0
自燃损失险	280000	896.0

保险期间 自 2009-12-05 0 时起至 2009-12-05 24 时止。 合计保险费 8360.0 元。

特别约定：							
备注：	无						
争议解决方式：	提交仲裁委员会仲裁						
经办人：	江枫	核保人：	××	制单人：	××	复核人：	××

机动车交通事故责任强制保险单

保险单号：	QZYHVI20100818BJ00001		
被保险人：	张明		
被保险人地址：	北京市海淀区中关村××家园		
邮政编码：	1001××	被保险人身份证或组织机构代码：	11010119580818××××
联系人：	张明	联系电话：	010-629××××

号牌号码	京N5××××	厂牌型号	福特翼虎3.0L M1	发动机号	012345	排量(L)	3.0
车架号/VIN	LGWEF3A517B012345	车辆种类	家庭自用汽车	核定载客	5	核定载重	1500.0
已使用年限	0	行驶区域	固定路线	安全配置	防盗系	已行驶里程	5.0
新车购置价	280000.0	初次登记日期		2009-11-25			

责任限额	死亡伤残赔偿限额	110000元	无责任伤残赔偿限额	11000元
	医疗费用赔偿限额	10000元	无责任医疗费用赔偿限额	1000元
	财产损失赔偿限额	2000元	无责任财产损失赔偿限额	100元

保险期 自 2009-12-05 0 时起至 2010-12-04 24 时止．保险费合计 950.0 元（其中救助基金(2%) 19.0 元）

特别约定：							
备注：	无						
争议解决方式：	提交仲裁委员会仲裁						
经办人：	江枫	核保人：	××	制单人：	××	复核人：	××

	签单人：	××	签单时间：	

返回　暂存签单　结束签单

图3-15　签发保险单界面

机动车交通事故责任商业保险单

保险单号	YHVI20100818BJ00001		
被保险人	张明		
被保险人地址	北京市海淀区中关村××家园		
邮政编码	1001××	被保险人身份证或组织机构代码	11010119580818××××
联系人	张明	联系电话	010-6291××××

号牌号码	京N5××××	厂牌型号	福特翼虎3.0L M1	发动机号	012345	排量(L)	3.0
车架号/VIN	LGWEF3A517B012345	车辆种类	家庭自用汽车	核定载客	5	核定载重	1500.0
已使用年限	0	行驶区域	固定路线	安全配置	防盗系统A	已行驶里程	5.0
新车购置价	280000.0	初次登记日期	2009-11-25				

承保险种	责任限额	保险费
机动车损失险	280000	4123.0
第三者责任险	150000	1060.0
车上人员责任险(驾驶员)	1*10000	41.0
车上人员责任险(乘客)	4*10000	104.0
玻璃单独破碎险(国产玻璃)		532.0
盗抢险	280000	1604.0
自燃损失险	280000	896.0

保险期间 自 2009-12-05 0 时起至 2009-12-05 24 时止。 合计保险费 8360.0 元。

特别约定							
备注	无						
争议解决方式	提交仲裁委员会仲裁						
经办人	江枫	核保人	××	制单人	××	复核人	××

签单人	××	签单时间	2010-09-09 15:22:09

打印目标 ⊙商业险保险单 ○强制险保险单

页面设置　打印预览　开始打印

图 3-16　保险单打印界面

三、学习评价

1 理论考核

1)选择题

(1)保险单分为(　　)种。

A. 1　　B. 2　　C. 3　　D. 4

(2)处于哪种状态的制作保险单信息可以进行修改操作?(　　)

A. 等待制单、制单暂存　　B. 制单结束、制单锁定

C. 制单待退、制单退回　　D. 制单暂存、制单待退

(3)在制作机动车交通事故商业险保险单时,哪些信息可以进行录入?(　　)

A. 备注、制单结果、制单不通过的原因

B. 制单人、制单时间、备注

C. 制单结果、制单不通过的原因、制单人、制单时间

D. 制单人、制单时间、备注、特别约定

(4)在机动车交通事故责任强制保险单中,责任限额分为几种?(　　)

A. 4　　B. 5　　C. 6　　D. 7

(5)处于哪种状态的复核保险单信息不可以进行查看操作?(　　)

A. 等待复核　　B. 复核暂存　　C. 复核结束　　D. 复核退回

(6)在复核保险单时,哪些信息可以进行录入?(　　)

A. 复核备注、复核结果、复核不通过的原因

B. 复核人、复核时间、复核备注

C. 复核结果、复核不通过的原因、复核人、复核时间

D. 复核人、复核时间、复核备注、特别约定

(7)处于哪种状态的制作保险单信息可以进行制单操作?(　　)

A. 核保结束、等待制单

B. 制单暂存、制单结束

C. 制单锁定、制单待退

D. 制单待退、制单退回

(8)处于哪种状态的保险单可以进行复核操作?(　　)

A. 制单结束、等待复核

B. 复核暂存、复核结束

C. 复核锁定、复核退回

D. 等待复核、复核暂存

(9)处于哪种状态的保险单可以进行签单操作?(　　)

A. 复核结束、等待签单

B. 签单暂存、签单结束

C. 签单锁定、签单结束

D. 等待签单、签单暂存

(10)处于哪种状态的保险单可以进行打印保险单操作?(　　)

A. 等待签单　　B. 签单暂存　　C. 签单结束　　D. 保单终止

2)思考题

(1)如果在制作保险单环节发现错误,该如何处理?

(2)如果在复核保险单环节发现错误,该如何处理?

2 技能考核

1)考核项目 1

请对学习任务 2 中技能考核项目 1 结果进行制单操作。

2)考核项目 2

请对项目 1 进行二次核保操作。

3)考核评价

考核评价使用的评分表如表 3-1 所示。

制单平台操作项目评分表 表 3-1

<table>
<tr><td rowspan="2">基本信息</td><td>姓 名</td><td></td><td>学号</td><td></td><td>班级</td><td></td><td>组别</td><td colspan="2"></td></tr>
<tr><td>规定时间</td><td></td><td>完成时间</td><td></td><td>考核日期</td><td></td><td>总评成绩</td><td colspan="2"></td></tr>
<tr><td rowspan="13">任务工单</td><td>序号</td><td colspan="2">步 骤</td><td>标准分</td><td colspan="3">评 分 标 准</td><td>评分</td></tr>
<tr><td>1</td><td colspan="2">考核准备：
成功启动电脑
成功启动车险承保系统
正确登录车险承保系统</td><td>5</td><td colspan="3">确保承保操作正常进行，根据实际情况酌情扣分</td><td></td></tr>
<tr><td>2</td><td colspan="2">打开制作保险单搜索界面</td><td>5</td><td colspan="3">没有正确打开操作界面，扣 5 分</td><td></td></tr>
<tr><td>3</td><td colspan="2">进入制作保险单界面</td><td>5</td><td colspan="3">没有正确进入操作界面，扣 5 分</td><td></td></tr>
<tr><td>4</td><td colspan="2">录入制单结果</td><td>10</td><td colspan="3">制单结果有误，扣 10 分</td><td></td></tr>
<tr><td>5</td><td colspan="2">提交制单结果</td><td>10</td><td colspan="3">没有正确提交结果，扣 10 分</td><td></td></tr>
<tr><td>6</td><td colspan="2">打开复核保险单搜索界面</td><td>5</td><td colspan="3">没有正确打开操作界面，扣 5 分</td><td></td></tr>
<tr><td>7</td><td colspan="2">进入复核保险单界面</td><td>5</td><td colspan="3">没有正确进入操作界面，扣 5 分</td><td></td></tr>
<tr><td>8</td><td colspan="2">录入复核结果</td><td>10</td><td colspan="3">复核结果有误，扣 10 分</td><td></td></tr>
<tr><td>9</td><td colspan="2">提交复核结果</td><td>10</td><td colspan="3">没有正确提交结果，扣 10 分</td><td></td></tr>
<tr><td>10</td><td colspan="2">打开签发保险单搜索界面</td><td>5</td><td colspan="3">没有正确打开操作界面，扣 5 分</td><td></td></tr>
<tr><td>11</td><td colspan="2">进入签发保险单界面</td><td>5</td><td colspan="3">没有正确进入操作界面，扣 5 分</td><td></td></tr>
<tr><td>12</td><td colspan="2">提交签发保险单信息</td><td>20</td><td colspan="3">没有正确提交结果，扣 10 分，没有正确打印保险单，扣 10 分</td><td></td></tr>
<tr><td>团队协作</td><td colspan="3"></td><td>5</td><td colspan="3">根据实际情况酌情扣分</td><td></td></tr>
<tr><td colspan="4">总分合计</td><td>100</td><td colspan="3">评分合计</td><td></td></tr>
</table>

学习任务4 保单批改平台操作

工作情境描述

2010年11月1日下午2时,某保险公司批单接待员袁璐接到了张明先生对保险单号为××××的车辆保险单进行批改的申请。在和张明先生沟通后,袁璐在公司车险承保系统的保单批改平台上录入张明先生的批改申请信息。随后由批单审核员张海在该平台上对此次批改申请进行审核操作。在批改审核通过后,批单出具人员王珂在该平台上对批改单进行签发打印操作。

学习目标

1. 了解保单批改平台的基本功能;
2. 能够使用软件进行保单批改。

学习时间

4学时。

学习引导

本学习任务沿着以下脉络进行学习:

教学组织建议

学生两人一组(教师可根据实训条件自行安排分组人数),其中:一个人进行平台操作,另一个人对其操作过程进行记录与分析。完成后学生交换角色练习,教师对全过程进行把控。

一、知识准备

1 基本概念

保险合同变更:保险合同的变更是指在保险合同期满之前,合同当事人根据主客观情况的变化,按照法律规定的条件和程序,对保险合同的某处条款进行修改或补充。《中华人民共和国保险法》第二十一条规定:“在保险合同有效期内,投保人和保险人经协商同意,可以变更保险合同的有关内容。”

批单:在保险合同有效期间,可能发生需要部分变动的情况,这时要求对保险单进行批改,变更保险合同应该经合同双方当事人协商一致,采用书面形式。《中华人民共和国保险法》第二十一条又规定:“变更保险合同的.应当由保险人在原保险单或者其他保险凭证上批注或者附贴批单,或者由投保人和保险人订立变更的书面协议。”批单是保险合同变更的书面凭证。

2 保险合同的变更主要涉及内容

主体内容的变更:保险人如分立或合并时,应该变更保险人;投保人或被保险人将保险标的转让给他人的,应该变更投保人或被保险人。

保险标的内容的变更:包括保险标的的用途(如非营业车辆改变用途为营业车辆)、危险程度的变化等。

保险责任条款内容的变更:包括保险责任范围的扩大或缩小。

二、任务实施

1 操作要求

(1)录入信息时,必须按照规定的字符格式进行;
(2)录入信息后进行核对,确保正确无误。

2 设备器材

(1)机动车保险承保仿真模拟实训室;
(2)车险承保系统。

3 作业准备

检查车险承保系统是否正常工作(具体要求参见“学习任务 1”)。 □ 任务完成

项目1　批改申请

1　项目说明

展业员接到客户的批改申请意向后，应与客户沟通并获取实际批改要求，录入相应的批改。展业员录入批改申请结束后，其他工作人员（如综审员）可以在此数据的基础上，借助系统平台完成自己的工作。

本项目结合学习任务4设计的情境，对批单接待员袁璐接到的张明先生的车辆保险单进行批改申请操作

2　操作步骤

1）第一步　打开批改申请搜索界面

（1）在系统主界面中点击“批改平台”按钮，系统会自动展开制单平台下的功能菜单（见图4-1）。

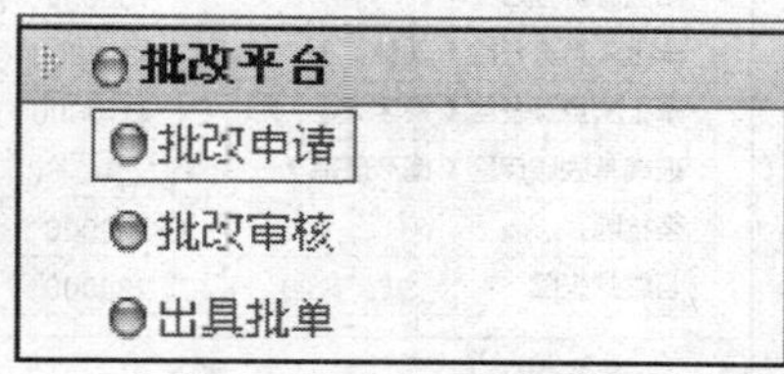

图4-1　批改平台功能菜单

（2）选择功能菜单中的“批改申请”选项，系统操作界面中会显示出批改申请搜索界面（见图4-2）。

保单编号	被保人名称	号牌号码	车架号	申请状态	操作
				----------------	搜索

图4-2　批改申请搜索界面

2）第二步　进入批改申请界面

（1）在批改申请搜索界面中录入相应的检索信息（如：保单编号、被保人名称等），点击“搜索”按钮，返回批改申请操作信息列表（见图4-3）。

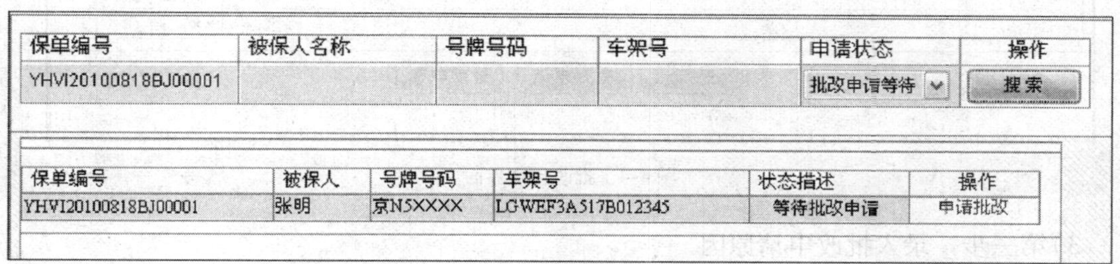

保单编号	被保人名称	号牌号码	车架号	申请状态	操作
YHVI20100818BJ00001				批改申请等待	搜索

保单编号	被保人	号牌号码	车架号	状态描述	操作
YHVI20100818BJ00001	张明	京N5XXXX	LGWEF3A517B012345	等待批改申请	申请批改

图4-3　批改申请搜索结果

（2）在需要进行批改申请操作的信息行中，点击“申请批改”按钮，进入相应的申请批改界面（见图4-4）。

批改申请

保单号	号牌号码	车架号
YHVI20100818BJ00001	京N5XXXX	LGWEF3A517B012345

申请批改的原因

批改前投保险种

》商业险种

险种名称	保险金额/责任限额	投保费	备注	计算公式
机动车损失险	280000	4123.0		查看公式
第三者责任险	150000	1060.0		查看公式
车上人员责任险（驾驶员）	1*10000	41.0		查看公式
车上人员责任险（乘客）	4*10000	104.0		查看公式
玻璃单独破碎险（国产玻璃）		532.0		查看公式
盗抢险	280000	1604.0		查看公式
自燃损失险	280000	896.0		查看公式

1、变更被保险人 □
2、变更保险责任 □
3、变更保险金额 □
4、变更保险期限 □
5、变更使用性质 □
6、变更币种 □
7、无赔退费 □
8、约定退费 □
9、注销批单 □
10、注销保险单 □
11、退保 □

申请人	申请人身份证号	申请人联系电话
申请人住址		

手续费	批改生效日期

操作员
××

返回　暂存申请　结束申请

图 4-4　批改申请界面

3)第三步　录入批改申请原因

在批改申请界面,录入批改申请原因(见图 4-5)。

4)第四步　选择批改类型

在批改申请界面,选择批改类型,打开批改内容录入栏(见图 4-6)。

5)第五步　录入批改内容

申请批改的原因	需要添加2000元的车身划痕险

图4-5 录入批改申请原因

2、变更保险责任 ☑

》批改后添加的险种信息

险种名称	保险金额/责任限额	投保费	备注	计算公式	添加

》批改后删除的险种信息

险种名称	保险金额/责任限额	投保费	备注	删除
机动车损失险	280000	4123.0		☐
第三者责任险	150000	1060.0		☐
车上人员责任险（驾驶员）	1*10000	41.0		☐
车上人员责任险（乘客）	4*10000	104.0		☐
玻璃单独破碎险（国产玻璃）		532.0		☐
盗抢险	280000	1604.0		☐
自燃损失险	280000	896.0		☐

图4-6 变更保险责任录入栏

(1)在变更保险责任录入栏中,点击“添加”按钮,打开险种信息录入界面(见图4-7)。

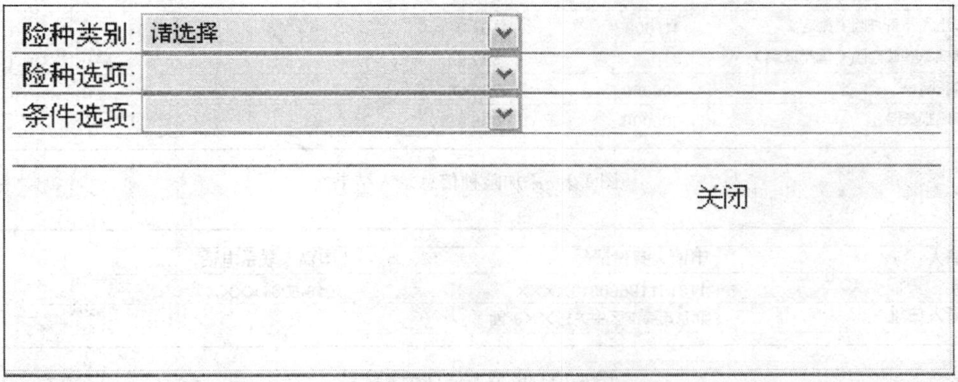

险种类别:	请选择
险种选项:	
条件选项:	

关闭

图4-7 险种信息录入界面

(2)在险种信息录入界面中,依次选择“险种类别”、“险种选项”、“添加选项”后打开相中信息录入项并录入数据(见图4-8)。

(3)在险种信息录入界面中,点击“确定”按钮,关闭该界面并将该险种添加到“批改后添加的险种信息”栏中,录入该险种的“保险金额/责任限额”(见图4-9)。

6)第六步 录入申请人信息

在批改申请界面的申请人信息录入栏中,录入相应信息(见图4-10)。

7)第七步 录入手续费及批改生效日期

在批改申请界面中,录入手续费及批改生效日期(见图4-11)。

险种类别:	附加险
险种选项:	车身划痕损失险
条件选项:	选定

计算公式:

约定保险费:

280 确定

关闭

图4-8 险种信息录入结果

2、变更保险责任 ☑

》批改后添加的险种信息

险种名称	保险金额/责任限额	投保费	备注	计算公式	添加
车身划痕损失险	2000	280		选择公式	删除

》批改后删除的险种信息

险种名称	保险金额/责任限额	投保费	备注	删除
机动车损失险	280000	4123.0		☐
第三者责任险	150000	1060.0		☐
车上人员责任险(驾驶员)	1*10000	41.0		☐
车上人员责任险(乘客)	4*10000	104.0		☐
玻璃单独破碎险(国产玻璃)		532.0		☐
盗抢险	280000	1604.0		☐
自燃损失险	280000	896.0		☐

图4-9 添加险种信息录入结果

申请人	申请人身份证号	申请人联系电话
张明	11010119580818XXXX	010-6291XXXX
申请人住址	北京市海淀区中关村XX家园	

图4-10 申请人信息录入结果

手续费	批改生效日期
20.0	2010-11-03

图4-11 手续费及批改生效日期录入结果

8)第八步　提交批改申请信息

在批改申请录入完毕并检查无误后,即可提交批改申请信息。如果展业员确认该批改申请信息可以进入下一步操作环节,可点击“结束申请”按钮;如果展业员不确认该批改申请信息是否进行修改操作,可点击“暂存申请”按钮,二者都可将批改申请信息进行提交,并返回操作结果界面(见图4-12)。

批改申请成功，批单号为：YHVI20100818BJ00001-01

图4-12 批改申请提交结果

项目2 批改审核

1 项目说明

综审员接到需要进行审核操作的批改申请信息后,应对批改申请信息进行审核。综审员对批改申请进行审核,将相关检验信息录入系统后。其他工作人员(如签单员)可以在此数据的基础上,借助系统平台完成自己的工作。

本项目结合本学习任务设计的情境,对批单接待员袁璐接到的张明先生的车辆保险单进行批改审核操作。

2 操作步骤

1)第一步 打开批改审核搜索界面

选择批改平台中的“批改审核”选项,在系统操作界面中显示出批改审核搜索界面(见图4-13)。

保单编号	被保人名称	号牌号码	车架号	审核状态	操作
				----------------	搜索

批改审核等待
批改审核暂存
批改审核结束
批改审核锁定
批改审核退回

图4-13 批改审核搜索界面

2)第二步 进入批改审核界面

(1)在复核保险单搜索界面中录入相应的检索信息(如:保单编号、被保人名称等),点击“搜索”按钮,返回可进行批改审核操作信息列表(见图4-14)。

保单编号	被保人名称	号牌号码	车架号	审核状态	操作
YHVI20100818BJ00001				批改审核等待	搜索

保单编号	被保人	号牌号码	车架号	状态描述	操作
YHVI20100818BJ00001	张明	京N5XXXX	LGWEF3A517B012345	批改进行中	
批单编号	被保人		联系人		
YHVI20100818BJ00001-01				批改审核等待	审核

图4-14 批改审核搜索结果

(2)在需要进行批改审核操作的信息行中，点击“审核”按钮，进入相应的批改审核界面(见图4-15)。

批改审核

保单号	批单号	号牌号码	车架号
YHVI20100818BJ00001	YHVI20100818BJ00001-01	京N5XXXX	LGWEF3A517B012345

申请批改的原因	需要添加2000元的车身划痕险

批改前投保险种

》商业险种

险种名称	保险金额/责任限额	投保费	备注	计算公式
机动车损失险	280000	4123.0		查看公式
第三者责任险	150000	1060.0		查看公式
车上人员责任险(驾驶员)	1*10000	41.0		查看公式
车上人员责任险(乘客)	4*10000	104.0		查看公式
玻璃单独破碎险(国产玻璃)		532.0		查看公式
盗抢险	280000	1604.0		查看公式
自燃损失险	280000	896.0		查看公式

1、变更被保险人

2、变更保险责任

》批改后添加的险种信息

险种名称	保险金额/责任限额	投保费	备注	计算公式
车身划痕损失险	2000	280.0		查看公式

添加的险种保险费合计 280.0

》变更保险责任审核结果 ⊙通过 ○不通过

变更保险费 =(添加的险种保险费合计 - 删除的险种保险费合计)* 未到期责任天数 / 365

0 =(280.0 - 0.0)* 0 / 365

3、变更保险金额

4、变更保险期限

5、变更使用性质

6、变更币种

7、无赔退费

8、约定退费

9、注销批单

10、注销保险单

11、退保

变更后的所有险种如下

险种名称	保险金额/责任限额	保险费
机动车损失险	280000	4123.0
第三者责任险	150000	1060.0
车上人员责任险(驾驶员)	1*10000	41.0
车上人员责任险(乘客)	4*10000	104.0
玻璃单独破碎险(国产玻璃)		532.0
盗抢险	280000	1604.0
自燃损失险	280000	896.0
车身划痕损失险	2000	280.0

申请人	申请人身份证号	申请人联系电话
张明	11010119580818XXXX	010-6291XXXX
申请人住址	北京市海淀区中关村XX家园	

手续费	批改生效日期
20.0	2010-11-03

审核人
XX

返回　暂存审核　结束审核

图4-15　批改审核界面

3)第三步 录入批改审核信息

对批改信息进行检验后,录入审核信息(见图4-16)。

批改审核

保单号	批单号	号牌号码	车架号
YHVI20100818BJ00001	YHVI20100818BJ00001-01	京N5XXXX	LGWEF3A517B012345

申请批改的原因	需要添加2000元的车身划痕险

批改前投保险种

》商业险种

险种名称	保险金额/责任限额	投保费	备注	计算公式
机动车损失险	280000	4123.0		查看公式
第三者责任险	150000	1060.0		查看公式
车上人员责任险(驾驶员)	1*10000	41.0		查看公式
车上人员责任险(乘客)	4*10000	104.0		查看公式
玻璃单独破碎险(国产玻璃)		532.0		查看公式
盗抢险	280000	1604.0		查看公式
自燃损失险	280000	896.0		查看公式

1、变更被保险人

2、变更保险责任

》批改后添加的险种信息

险种名称	保险金额/责任限额	投保费	备注	计算公式
车身划痕损失险	2000	280.0		查看公式

添加的险种保险费合计 280.0

》变更保险责任审核结果 ⊙通过 ○不通过

变更保险费=(添加的险种保险费合计-删除的险种保险费合计)*未到期责任天数/365

22.25 =(280.0 - 0.0)* 29 /365

3、变更保险金额

4、变更保险期限

5、变更使用性质

6、变更币种

7、无赔退费

8、约定退费

9、注销批单

10、注销保险单

11、退保

变更后的所有险种如下

险种名称	保险金额/责任限额	保险费
机动车损失险	280000	4123.0
第三者责任险	150000	1060.0
车上人员责任险(驾驶员)	1*10000	41.0
车上人员责任险(乘客)	4*10000	104.0
玻璃单独破碎险(国产玻璃)		532.0
盗抢险	280000	1604.0
自燃损失险	280000	896.0
车身划痕损失险	2000	280.0

申请人	申请人身份证号	申请人联系电话
张明	11010119580818XXXX	010-6291XXXX
申请人住址	北京市海淀区中关村XX家园	

手续费	批改生效日期
20.0	2010-11-03

审核人
XX

返回 暂存审核 结束审核

图4-16 批改审核结果

4)第四步　提交批改审核结果

在批改审核录入完毕并检查无误后，即可提交批改审核信息。如果综审员确认该批改信息可以进入下一步操作环节，可点击“结束审核”按钮；如果综审员不确认该批改审核信息是否进行修改操作，可点击“暂存审核”按钮，二者都可将批改审核信息进行提交，并返回操作结果界面。

提示：对于变更审核的结果来说，只要有一项为不通过，点击“结束审核”按钮即可将该批改申请退回。以便再次进行修改，使其符合要求。

项目3　出具批单

1 项目说明

签单员接到需要进行出具批单操作的批单申请后，应依次对批单进行出具、打印操作。

本项目结合本学习任务设计的情境，对批单接待员袁璐接到的张明先生的车辆保险单进行出具批单操作。

2 操作步骤

1)第一步　打开出具批单搜索界面

选择批改平台中的“出具批单”选项，在系统操作界面中显示出出具批单搜索界面(见图4-17)。

保单编号	被保人名称	号牌号码	车架号	出单状态	操作
				------------ (等待出单 / 出单暂存 / 出单结束 / 批单注销)	搜索

图4-17　出具批单搜索界面

2)第二步　进入出具批单界面

(1)在出具批单搜索界面中录入相应的检索信息(如：保单编号、被保人名称等)，点击“搜索”按钮，返回可进行出具批单操作信息列表(见图4-18)。

(2)在需要进行出具批单操作的信息行中，点击“出具”按钮，进入出具批单界面(见图4-19)。

3)第三步　提交出具批单信息

(1)对批单信息检查无误后，即可提交出具批单信息。如果签单员确认该批单信息仍存在疑问，可点击“暂存出单”按钮，将出具批单信息进行提交，并返回操作结果界面。

(2)对批单信息检查无误后，即可提交出具批单信息。如果签单员确认该批单信息没有问题，可点击“结束出单”按钮，将出具批单信息进行提交，返回操作结果界面，在弹出批单打印界面(见图4-20)后，点击“开始打印”即可。

保单编号	被保人名称	号牌号码	车架号	出单状态	操作
YHVI20100818BJ00001				等待出单	搜索

保单编号	被保人	号牌号码	车架号	状态描述	操作
YHVI20100818BJ00001	张明	京N5×××××	LGWEF3A517B012345	批改进行中	
批单编号	被保人	联系人			
YHVI20100818BJ00001-01				出单等待	出具

图4-18　出具批单搜索结果

批单

保单号	批单号	号牌号码	车架号
YHVI20100818BJ00001	YHVI20100818BJ00001-01	京N5XXXX	_GWEF3A517B012345

1、变更保险责任

兹经双方协定，本公司同意本保险单自 2010年11月03日 起对保险责任做如下修改，

增加的保险责任：

险种名称	保险金额/责任限额	投保费
车身划痕损失险	2000	280.0

同时 加收 保险费 22.25元。计算公式如下：

变更保险费 =（添加的险种保险费合计 - 删除的险种保险费合计）* 未到期责任天数 / 365

22.25 =（280.0 - 0.0）* 29 / 365

其他条件不变，特此批注。

特别说明：保险公司出具的批单必须加盖公司公章，否则为无效保单。

变更后的所有险种如下		
险种名称	保险金额/责任限额	保险费
机动车损失险	280000	4123.0
第三者责任险	150000	1060.0
车上人员责任险（驾驶员）	1*10000	41.0
车上人员责任险（乘客）	4*10000	104.0
玻璃单独破碎险（国产玻璃）		532.0
盗抢险	280000	1604.0
自燃损失险	280000	896.0
车身划痕损失险	2000	280.0

手续费	批改生效日期		出单人
20.0	2010-11-03		XX

返回　暂存出单　结束出单

图4-19　出具批单界面

批单

保单号	批单号	号牌号码	车架号
YHVI20100818BJ00001	YHVI20100818BJ00001-01	京N5XXXX	LGWEF3A517B012345

1、变更保险责任

兹经双方协定，本公司同意本保险单自 2010年11月03日 起对保险责任做如下修改，

增加的保险责任：

险种名称	保险金额/责任限额	投保费
车身划痕损失险	2000	280.0

同时 加收 保险费 22.25 元。计算公式如下：

变更保险费＝（添加的险种保险费合计 - 删除的险种保险费合计）* 未到期责任天数 / 365

22.25 ＝（ 280.0 - 0.0 ）* 29 / 365

其他条件不变，特此批注。

特别说明：保险公司出具的批单必须加盖公司公章，否则为无效保单。

变更后的所有险种如下

险种名称	保险金额/责任限额	保险费
机动车损失险	280000	4123.0
第三者责任险	150000	1060.0
车上人员责任险（驾驶员）	1*10000	41.0
车上人员责任险（乘客）	4*10000	104.0
玻璃单独破碎险（国产玻璃）		532.0
盗抢险	280000	1604.0
自燃损失险	280000	896.0
车身划痕损失险	2000	280.0

手续费	批改时间
20.0	2010-9-15 11:37:07

页面设置　打印预览　开始打印

图 4-20　批单打印界面

三、学 习 评 价

1 理论考核

1）选择题

（1）机动车辆保险的批改一般分为(　　)种。

A. 9　　B. 10　　C. 11　　D. 12

（2）在机动车车险承保系统中，哪些批改种类不能和其他种类组合在一起？(　　)

A. 变更保险责任、变更保险金额　　B. 变更保险责任、变更保险期限

C. 注销保险单、退保　　D. 无赔退费、变更币种

(3)在批改申请时,哪些信息需要进行录入?(　　)

A. 申请批改的原因、批改内容、申请人信息、手续费和批改生效日期

B. 申请批改的原因、批改内容、被保人信息、手续费和批改生效日期

C. 申请批改的原因、批改内容、操作人信息、手续费和批改生效日期

D. 申请批改的原因、批改内容、车辆信息、手续费和批改生效日期

(4)在机动车车险承保系统中,车辆使用性质分为几种(　　)。

A. 11　　B. 12　　C. 13　　D. 14

(5)处于哪种状态的批改申请信息可以进行修改操作?(　　)

A. 批改申请等待、批改申请暂存　　B. 批改申请暂存、审核后申请暂存

C. 批改申请结束、审核后申请结束　　D. 批改申请锁定、批改申请暂存

(6)处于哪种状态的批改申请信息可以进行批改审核操作?(　　)

A. 批改申请暂存　　B. 批改申请结束

C. 批改申请锁定　　D. 批改申请等待

(7)处于哪种状态的批改审核信息可以进行批改申请修改操作?(　　)

A. 批改审核暂存　　B. 批改审核结束

C. 批改审核锁定　　D. 批改审核退回

(8)在批改申请操作中,变更保险金额时哪些操作是错误的?(　　)

A. 点选相应保险险种信息　　B. 修改保险金额/责任限额信息

C. 修改投保费　　D. 修改备注信息

(9)在机动车车险投保系统中,批改审核时,有几种批改种类涉及变更保险费计算?(　　)

A. 3　　B. 4　　C. 5　　D. 6

(10)处于哪种状态的批单可以进行打印批单操作?(　　)

A. 等待出单　　B. 出单暂存

C. 出单结束　　D. 批单注销

2)思考题

(1)如果在批单审核环节发现错误,该如何处理?

(2)对于含有变更使用性质的批改申请,在批改审核时,该如何处理?

2 技能考核

1)考核项目1

请对学习任务3中技能考核部分的考核项目1所产生的保险单进行批改申请操作,批改信息见表4-1。

保单批改信息表　　表4-1

删除保险险种:"玻璃单独破碎险" 使用性质:企业非营业用车

2)考核项目2

请对考核项目1进行批改审核操作。

3 考核评价表

考核评价表见表4-2。

保单批改平台操作项目评分表　　表4-2

基本信息	姓名		学号		班级		组别	
	规定时间		完成时间		考核日期		总评成绩	

	序号	步骤	标准分	评分标准	评分
任务工单	1	考核准备： 成功启动电脑 成功启动车险承保系统 正确登录车险承保系统	3	确保承保操作正常进行，根据实际情况酌情扣分	
	2	打开批改申请搜索界面	3	没有正确打开操作界面，扣3分	
	3	进入批改申请界面	3	没有正确进入操作界面，扣3分	
	4	录入批改申请原因	2	录入有误，扣2分	
	5	选择批改申请类型	4	选择有误，扣4分	
	6	录入批改内容	20	录入有误，酌情扣分	
	7	录入申请人信息	4	录入有误，一处扣1分	
	8	录入手续费及批改生效日期	2	录入有误，一处扣1分	
	9	提交批改申请信息	2	没有正确提交结果，扣2分	
	10	打开批改审核搜索界面	3	没有正确打开操作界面，扣3分	
	11	进入批改审核界面	3	没有正确进入操作界面，扣3分	
	12	录入批改审核信息	18	审核信息有误，酌情扣分	
	13	提交批改审核结果	2	没有正确提交结果，扣2分	
	14	打开出具批单搜索界面	3	没有正确打开操作界面，扣3分	
	15	进入出具批单界面	3	没有正确进入操作界面，扣3分	
	16	提交出具批单信息	20	没有正确提交信息，扣10分，没有正确打印批单，扣10分	
团队协作			5	根据实际情况酌情扣分	
总分合计			100	评分合计	

学习任务5　费率管理平台操作

工作情境描述

2010 年 4 月 3 日上午 9 时，某保险公司招进一名新员工王翔，主管安排王翔熟悉机动车商业保险行业基本费率，在老员工的带领下，王翔在公司车险承保系统费率管理平台上操作查询基础费率。

学习目标

1. 了解费率管理平台的基本功能；
2. 能够使用软件进行费率管理。

学习时间

2 学时。

教学组织建议

学生两人一组（教师可根据实训条件自行安排分组人数），其中：一个人进行平台操作，另一个人对操作过程进行记录与分析。完成后学生交换角色练习，教师对全过程进行把控。

一、知 识 准 备

保险费率：机动车辆保险中，除了少数附加险种直接给出保险费外，其他险种保险费一般以保险费率的形式给出。所谓保险费率（简称费率），是指依照保险金额计算保险费的比例，通常以百分率（%）表示。

无赔偿优待：上一保险期间未发生本保险及其附加险赔偿的保险车辆续保，且保险期间均为一年时，可享受无赔偿保险费优待。连续多个保险期间未发生本保险及其附加险赔偿的，保险费优待比例逐年提高。上一保险期间发生本保险及其附加验保险赔偿的，根据发生保险赔偿的次数,续保时提高保险费。

二、任 务 实 施

1 操作要求

(1)录入信息时,必须按照规定字符格式进行。
(2)按照正确的方法与步骤进行费率查询。

2 设备器材

(1)机动车保险承保仿真模拟实训室;
(2)车险承保模拟教学系统。

3 作业准备

检查车险承保模拟教学系统是否正常工作。 □ 任务完成

项目 投保费率查询

1 项目说明

工作人员借助费率管理平台,了解各保险险种的基础保费及费率。本项目结合本学习任务设计的情境,在车险承保系统费率管理平台上进行投保费率查询。

2 操作步骤

1)第一步 打开投保费率查询界面

(1)在系统主界面中点击"费率管理"按钮,系统会自动展开费率管理平台下的功能菜单(见图5-1)。

(2)选择功能菜单中的"投保费率查询"选项,系统会显示投保费率查询界面(见图5-2)。

图5-1 费率管理平台功能菜单

2)第二步 选择保险条款类别

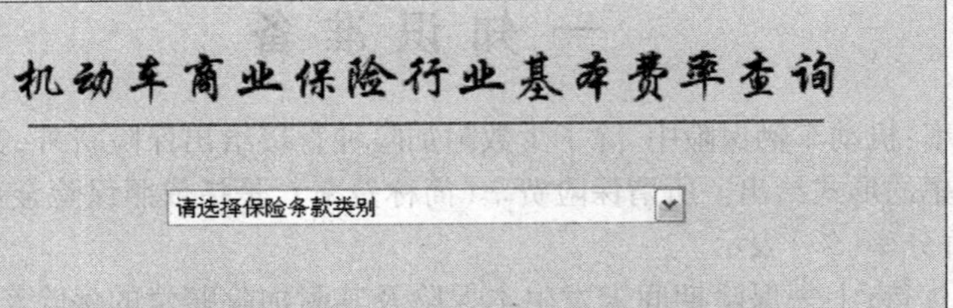

图5-2 投保费率查询界面

在投保费率查询界面中，选择保险条款类别（见图5-3）。

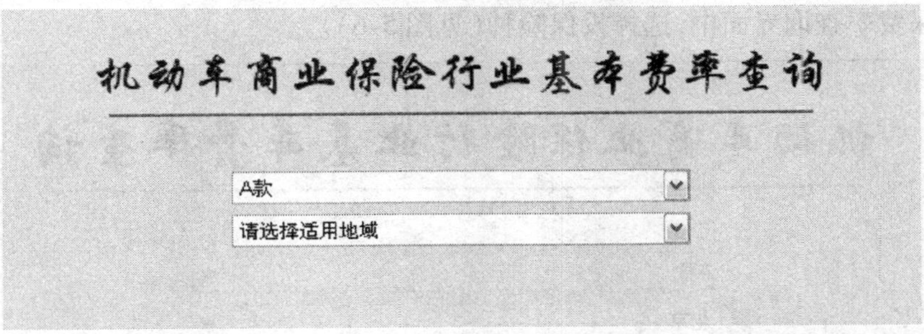

机动车商业保险行业基本费率查询

A款

请选择适用地域

图5-3　选择保险条款

3）第三步　选择适用地域

在投保费率查询界面中，选择适用地域（见图5-4）。

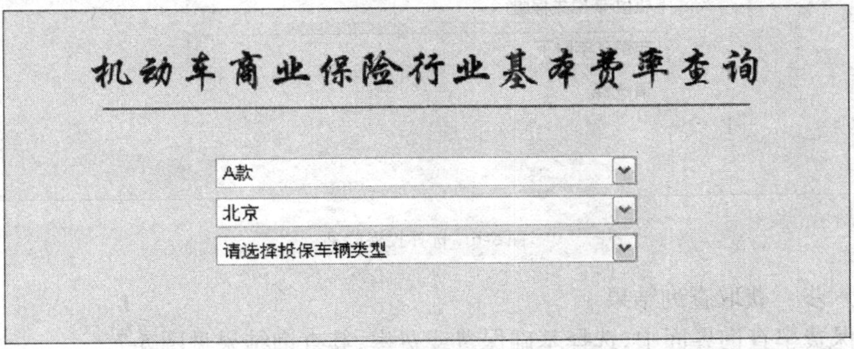

机动车商业保险行业基本费率查询

A款

北京

请选择投保车辆类型

图5-4　选择适用地域

4）第四步　选择投保车辆类型

在投保费率查询界面中，选择投保车辆类型（见图5-5）。

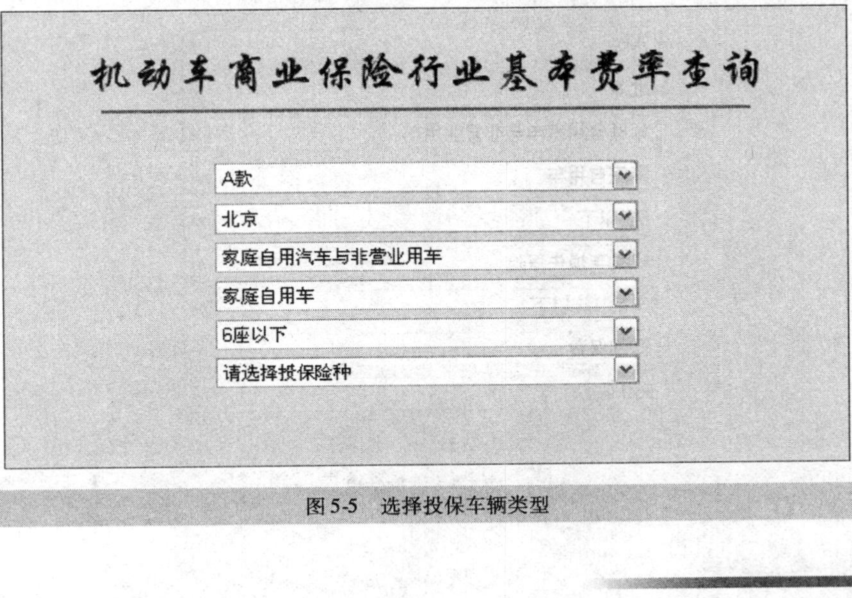

机动车商业保险行业基本费率查询

A款

北京

家庭自用汽车与非营业用车

家庭自用车

6座以下

请选择投保险种

图5-5　选择投保车辆类型

5)第五步　选择投保险种

在投保费率查询界面中,选择投保险种(见图5-6)。

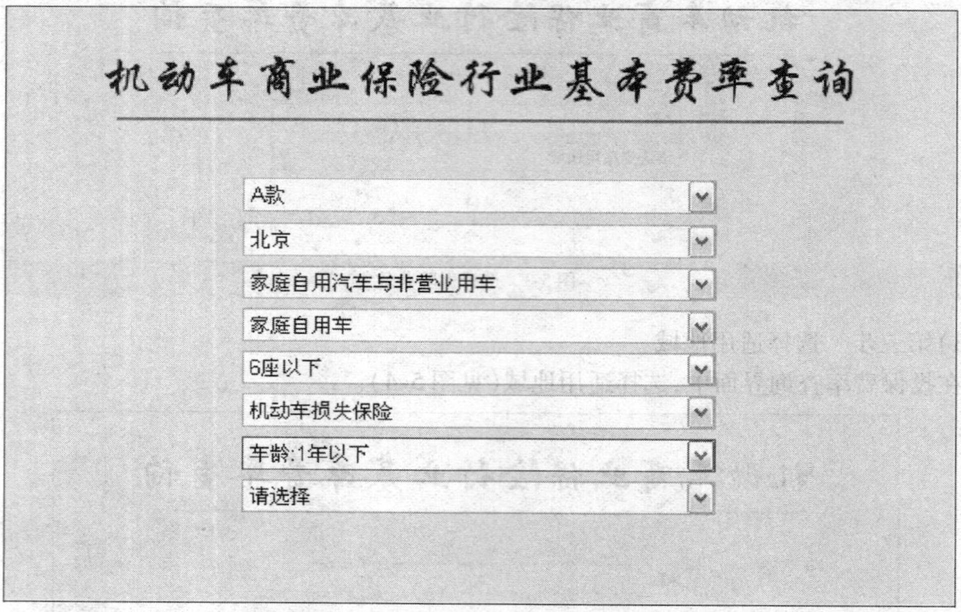

机动车商业保险行业基本费率查询

A款

北京

家庭自用汽车与非营业用车

家庭自用车

6座以下

机动车损失保险

车龄:1年以下

请选择

图5-6　选择投保险种

6)第六步　获取查询结果

在投保费率查询界面中,选择基础保费或费率,其查询结果见图5-7。

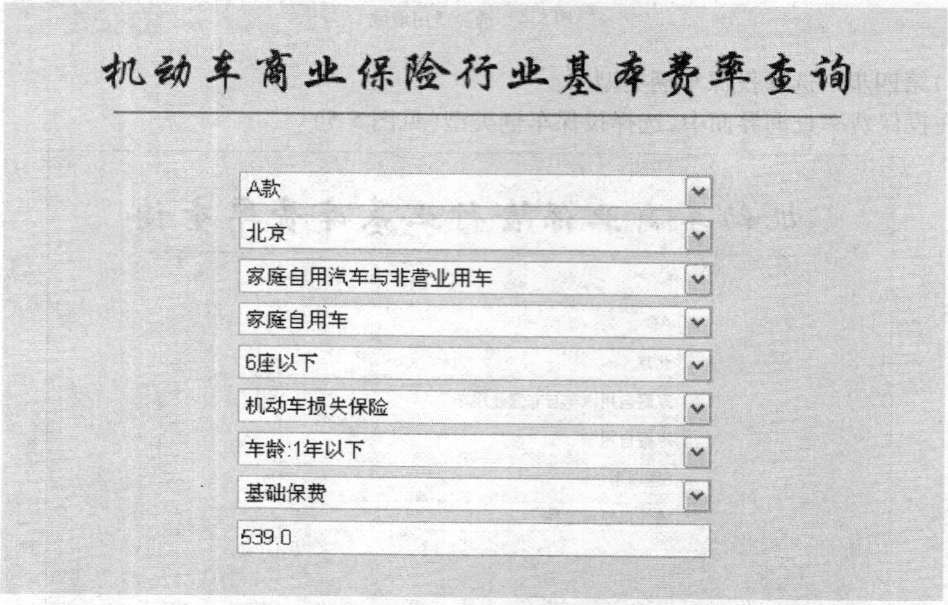

机动车商业保险行业基本费率查询

A款

北京

家庭自用汽车与非营业用车

家庭自用车

6座以下

机动车损失保险

车龄:1年以下

基础保费

539.0

图5-7　查询结果

三、学习评价

1 理论考核

1)选择题

(1)在机动车车险承保系统中,投保费率查询的步骤顺序为(　　)。

A. 打开投保费率查询界面、选择适用地域、选择保险条款类别、选择投保车辆类型、选择投保险种、获取查询结果

B. 打开投保费率查询界面、选择投保车辆类型、选择投保险种、选择保险条款类别、选择适用地域、获取查询结果

C. 打开投保费率查询界面、选择保险条款类别、选择投保车辆类型、选择适用地域、选择投保险种、获取查询结果

D. 打开投保费率查询界面、选择保险条款类别、选择适用地域、选择投保车辆类型、选择投保险种、获取查询结果

(2)在机动车车险承保系统中,可以查询到基础保费或费率的保险险种有哪些?(　　)

A. 机动车损失险、盗抢险、第三者责任险、车上人员责任险、玻璃单独破碎险、车身划痕损失险、不计免赔率特约条款、可选免赔率特约条款

B. 机动车损失险、盗抢险、第三者责任险、车上人员责任险、玻璃单独破碎险、车身划痕损失险、自燃损失险

C. 机动车损失险、盗抢险、第三者责任险、车上人员责任险、玻璃单独破碎险、机动车提车保险、不计免赔率特约条款、可选免赔率特约条款

D. 机动车损失险、盗抢险、第三者责任险、车上人员责任险、玻璃单独破碎险、车身划痕损失险、机动车提车保险、自燃损失险

(3)在机动车商业保险行业基本条款(A款)中,对于基本费率不限定车型的保险险种有哪些?(　　)

A. 不计免赔率特约条款、可选免赔率特约条款、车身划痕损失险

B. 不计免赔率特约条款、可选免赔率特约条款、玻璃单独破碎险

C. 不计免赔率特约条款、可选免赔率特约条款、自燃损失险

D. 盗抢险、玻璃单独破碎险、车身划痕损失险

(4)在机动车商业保险行业基本条款(B款)中,含有多少险种?(　　)

A. 3　　B. 4　　C. 5　　D. 6

(5)在机动车商业保险行业基本条款(A款)中,含有多少险种?(　　)

A. 6　　B. 7　　C. 8　　D. 9

(6)在机动车商业保险行业基本条款(C款)中,含有多少险种?(　　)

A. 6　　B. 7　　C. 8　　D. 9

(7)适用于北京的商业保险条款(A)款中,对于家庭自用的5座新车,机动车损失险的基础保费为(　　)。

A. 539　　B. 513　　C. 508　　D. 546

(8)适用于北京的商业保险条款(A)款中,对于家庭自用的5座新车,机动车损失险的费率为(　　)。

A. 1.28%　　B. 1.32%　　C. 1.41%　　D. 1.26%

(9)适用于北京的商业保险条款(A)款中,对于家庭自用的5座新车,盗抢险的基础保费为(　　)。

A. 130　　B. 110　　C. 120　　D. 160

(10)适用于北京的商业保险条款(A)款中,对于家庭自用的5座新车,车上人员责任险(驾驶员)的费率为(　　)。

A. 0.52%　　B. 0.38%　　C. 0.26%　　D. 0.41%

2)思考题

(1)如何查询不计免赔率特约条款的费率?

(2)如何查询车身划痕损失险的固定保费?

2 技能考核

1)考核项目1

请依据表5-1中的信息进行投保费率查询。

投保信息表　　表5-1

保险险种:机动车损失险 保险条款:A款 适用地域:深圳 使用性质:家庭自用车、5座、新车

2)考核项目2

请依据表5-2中信息进行投保费率查询。

投保信息表　　表5-2

保险险种:车身划痕损失险 保险条款:C款 适用地域:北京 使用性质:家庭自用车、5座、新车 新车购置价:65万元 保额:1万元

3 考核评价表

考核评价表见表5-3。

费率管理平台操作项目评分表　　表 5-3

<table>
<tr><td rowspan="2">基本信息</td><td>姓 名</td><td></td><td>学号</td><td></td><td>班级</td><td></td><td>组别</td><td></td></tr>
<tr><td>规定时间</td><td></td><td>完成时间</td><td></td><td>考核日期</td><td></td><td>总评成绩</td><td></td></tr>
<tr><td rowspan="8">任务工单</td><td>序号</td><td>步　骤</td><td>标准分</td><td colspan="4">评 分 标 准</td><td>评分</td></tr>
<tr><td>1</td><td>考核准备：
启动电脑
启动车险承保系统
登录车险承保系统</td><td>5</td><td colspan="4">确保承保系统操作正常进行，根据实际情况酌情扣分</td><td></td></tr>
<tr><td>2</td><td>打开投保费率查询界面</td><td>10</td><td colspan="4">操作错误扣完</td><td></td></tr>
<tr><td>3</td><td>选择保险条款类别</td><td>10</td><td colspan="4">操作错误扣完</td><td></td></tr>
<tr><td>4</td><td>选择使用地域</td><td>10</td><td colspan="4">操作错误扣完</td><td></td></tr>
<tr><td>5</td><td>选择投保车辆类型</td><td>20</td><td colspan="4">操作错误扣完</td><td></td></tr>
<tr><td>6</td><td>选择投保险种</td><td>20</td><td colspan="4">操作错误扣完</td><td></td></tr>
<tr><td>7</td><td>获取查询结果</td><td>20</td><td colspan="4">操作错误扣完</td><td></td></tr>
<tr><td colspan="3">团队协作</td><td>5</td><td colspan="4">根据实际情况酌情扣分</td><td></td></tr>
<tr><td colspan="3">总分合计</td><td>100</td><td colspan="4">评分合计</td><td></td></tr>
</table>

学习任务6　报案平台操作

工作情境描述

2010年10月26日上午9时，某保险公司接报案员宋宇，接到客户张明先生电话报案，在确认张明先生确为该公司客户并获知他的保险单号后，宋宇进入公司车险理赔估损系统报案平台，将了解到的出险地点、出险时间、出险原因、联系人信息，事故经过等案件基本信息进行录入操作。

学习目标

1. 在了解报案平台的基本功能的基础上，能够使用软件进行报案管理；
2. 掌握接收客户报案信息的方法，客观、详细地记录客户报案信息。

学习时间

4学时。

学习引导

本学习任务沿着以下脉络进行学习：

教学组织建议

学生两人一组（教师可根据实训条件自行安排分组人数），其中：一个人进行平台操作，另一个人对操作过程进行记录与分析。完成后学生交换角色练习，教师对全过程进行把控。

一、知 识 准 备

1 基本概念

报案受理工作:报案受理是车险理赔工作的第一个环节,主要是对保险事故进行报案记录。报案记录工作主要有以下几项内容:询问案情;查询出险车辆承保、理赔情况(包括商业机动车保险和机动车交通事故责任强制保险);生成对应的报案记录;确定案件类型(本地自赔案、本代案件和外代案件)。

2 接报案工作流程

询问案情:主要询问保险车辆的有关信息、出险信息、报案人信息、第三方车辆信息。

查询承保信息:根据报案人提供的保单号码、号牌号码、牌照底色、车型、发动机号等关键信息,查询出险车辆的承保情况和批改情况。特别注意承保险别、保险期间以及是否通过可选免赔额特约条款约定免赔额。

查询历史出险、赔付信息:包括作为第三者车辆的出险信息,核实是否存在重复报案。

生成报案记录:根据出险车辆的承保情况生成报案记录,报案记录与保单号一一对应。

二、任 务 实 施

1 操作要求

(1)录入信息时,按照规定字符格式进行。

(2)录入信息后进行核对,确保关键信息完整清晰、正确无误。

2 设备器材

(1)车险理赔仿真模拟实训室;

(2)车险理赔估损模拟教学系统;

(3)打印机、A4 打印纸。

3 作业准备

(1)检查实训室电源是否打开; □ 任务完成

(2)检查局域网是否连通; □ 任务完成

(3)检查电脑是否可以正常运行; □ 任务完成

(4)检查打印机是否可以正常工作; □ 任务完成

(5)检查打印机中是否有打印纸; □ 任务完成

(6)检查车险理赔估损系统是否正常运行; □ 任务完成

(7)确认是否可以成功登录车险理赔估损系统。 □ 任务完成

提示：以上1～7项为“检查车险理赔估损系统是否正常工作”内容，本书以下的“车险理赔估损任务”中其他项目“作业准备”中存在这7项要求的，简写为“检查车险理赔估损系统是否正常工作”。

项目1 新建案件

1 项目说明

接报案员接到客户报案时，应首先确认本客户为本保险公司用户，在详细询问案件发生的地点、时间、过程、财产损失等情况后，根据客户报案情况分析出事故发生严重程度以及所涉及的险种等信息。并将这些相关信息录入到车险理赔估损系统中。

新建案件是保险公司接受客户报案时的操作，做好这个步骤，才能迅速了解客户需求，及时做出反映，并为后续工作提供信息基础。本项目结合本学习任务设计的情境，对张明先生2010年10月26日上午9时的电话报案信息进行录入。

2 操作步骤

1）第一步 进入新建案件界面

（1）在系统主界面中点击“报案平台”按钮，系统会显示报案平台主功能菜单（见图6-1）

报案平台 | 调度平台

新建案件

案件修改

案件查询

图6-1 报案平台功能菜单

（2）点击菜单中的“新建案件”选项，进入新建案件搜索界面（见图6-2）。

你当前的位置：报案平台-新建案件

保险单号： 被保险人： 被保险人证件号码：

号牌号码： 厂牌型号： 搜索 取消

保险单号	被保险人	被保险方证件号	号牌号码	厂牌型号	保险结束日期	保险费	选择

图6-2 新建案件搜索界面

2）第二步 查询客户保险单

在新建案件搜索界面中输入保险单号、被保险人等关键信息，点击“搜索”按钮，返回保险单信息列表（见图6-3）。清除或重新录入查询条件，可点击“取消”按钮。

你当前的位置：报案平台-新建案件

保险单号：VI20091128BJ00054 被保险人：张明 被保险人证件号码：1010119580818XXXX

号牌号码：京N5XXXX 厂牌型号：福特翼虎3.0L 搜索 取消

保险单号	被保险人	被保险方证件号	号牌号码	厂牌型号	保险结束日期	保险费	选择
YHVI20091128BJ00054	张明	11010119580818XXXX	京N5XXXX	福特翼虎3.0L	2010-12-04	7785.0	选择

图6-3 保险单信息列表

提示：根据客户报案信息，在新建案件搜索界面中查询客户的保单，确认该出险车辆已在本公司投保。

3）第三步　进行新建案件操作

选中需要进行新建案件操作的保单信息，点击“选择”按钮，弹出新建案件操作界面（见图6-4）。

你当前的位置：报案平台-新建案件

保险号：	YHVI20100805BJ00054	被保险人：	张明	号牌号码：	京N5××××
厂牌型号：	福特翼虎3.0LM1	牌照底色：	蓝	报案方式：	电话
报案人：		报案时间：		出险时间：	
案件联系人：		联系人电话：		出险原因：	
是否第一现场：	是	出险地点：		驾驶员姓名：	
准驾车型：	A1:大型客车和A3,B'	初次领证日期：		驾驶证号：	
VIN码：	LGWEF3A517B012345	发动机号：	V6CYL24VALVE DO	车架号：	LGWEF3A517B012345
处理部门：	交警	客户类别：		承保公司：	
车辆初次登记日期：	2009-11-25	已使用年限：	0.0	新车购置价：	280000.0
车辆使用性质：	非营运	核定载客：	5 人	核定载重：	1500.0 KG
车辆行驶区域：	跨省行驶	车辆种类：	越野车	基本条款类别：	
争议解决方式：	诉讼	保险费：	7785.0	保险期限：	2009-12-05 至 2011-12-04

约定驾驶人：

驾驶人姓名	主/从	驾驶证号码	准驾车型	初次领证日期
张明	主驾驶员	110101958081 8××××	C1	2007-08-01

保险项目信息：

序号	承保险别名称	责任限额	保险金额
1	车辆损失险	280000.0	4123.0
2	第三者责任险	150000.0	1060.0
3	全车盗抢险	280000.0	1604.0
4	车上人员责任险	50000.0	130.0
5	玻璃单独破碎险	280000.0	868.0

特别约定（300字内）：

事故经过（300字内）：

保险单批改信息（100字内）：

保险出险信息（200字内）：

涉及损失类别：□本车车损 □本车车上财产损失 □本车车上人员伤亡 □第三者其他财产损失 □第三者车辆损失 □第三者人员伤亡 □第三者车上财产损失 □其他

车辆出险次数：		赔款次数：		赔款总计：	
被保险人住址：	北京市海淀区中关村××创新园				
邮编：	1001××	保险联系人：	张明	保险联系人电话：	010-6293××××
是否委托外地：	不需要委托外地				
备注(150字内)：					

暂存报案信息　完成报案信息　取消

图6-4　新建案件界面

4)第四步　录入报案基本信息

在新建案件界面中录入案件基本信息(包括报案信息、驾驶员信息、车辆信息、案件处理信息等)(见图6-5)。

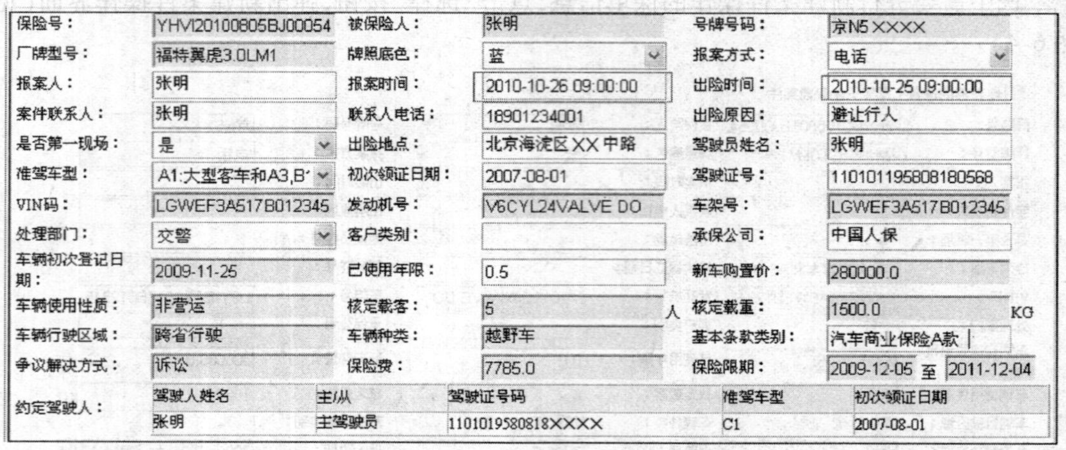

保险号：	YHVI20100805BJ00054	被保险人：	张明	号牌号码：	京N5××××
厂牌型号：	福特翼虎3.0LM1	牌照底色：	蓝	报案方式：	电话
报案人：	张明	报案时间：	2010-10-26 09:00:00	出险时间：	2010-10-25 09:00:00
案件联系人：	张明	联系人电话：	18901234001	出险原因：	避让行人
是否第一现场：	是	出险地点：	北京海淀区××中路	驾驶员姓名：	张明
准驾车型：	A1:大型客车和A3,B'	初次领证日期：	2007-08-01	驾驶证号：	110101195808180568
VIN码：	LGWEF3A517B012345	发动机号：	V6CYL24VALVE DO	车架号：	LGWEF3A517B012345
处理部门：	交警	客户类别：		承保公司：	中国人保
车辆初次登记日期：	2009-11-25	已使用年限：	0.5	新车购置价：	280000.0
车辆使用性质：	非营运	核定载客：	5 人	核定载重：	1500.0 KG
车辆行驶区域：	跨省行驶	车辆种类：	越野车	基本条款类别：	汽车商业保险A款
争议解决方式：	诉讼	保险费：	7785.0	保险限期：	2009-12-05 至 2011-12-04

约定驾驶人：

驾驶人姓名	主从	驾驶证号码	准驾车型	初次领证日期
张明	主驾驶员	1101019580818××××	C1	2007-08-01

图6-5　案件基本信息

提示：报案时间和出险时间最好具体到几时几分，精确的时间记录有利于后续工作的开展。

5)第五步　录入案件事故信息

在新建案件界面中，录入事故经过、涉及损失类别、车辆的历史出险记录以及被保险人信息(见图6-6)。

事故经过(300字内)：	2010年10月25日下午5时，张明驾车在海淀区××中路上行驶过程中，为避让横穿马路的行人，紧急制动并左打转向盘，导致冲出马路，撞上了路旁的隔离带，导致车辆损坏。				
保险单批改信息(100字内)：	无				
保险出险信息(200字内)：	历史出现无				
涉及损失类别：	☑本车车损 ☐本车车上财产损失 ☑本车车上人员伤亡 ☐第三者其他财产损失 ☐第三者车辆损失 ☑第三者人员伤亡 ☐第三者车上财产损失 ☐其他				
车辆出险次数：		赔款次数：		赔款总计：	
被保险人住址：	北京市海淀区中关村××创新园				
邮编：	1001××	保险联系人：	张明	保险联系人电话：	010-6293××××
是否委托外地：	不需要委托外地				
备注(150字内)：	无				

暂存报案信息　完成报案信息　取消

图6-6　案件的事故内容信息

提示：事故经过、涉及损失类别、车辆出险次数要详细填写，录入信息的完整性对于查勘立案以及后续工作的开展都有重要作用。

6)第六步 完成报案信息

接报案员在新建案件界面中录入案件信息后,确定输入的信息无误可提交报案信息。点击"完成报案信息"按钮;系统会返回完成报案信息结果界面(见图6-7)。如果有些案件信息尚未确定,可能还需要进行修改,点击"暂存报案信息"按钮,系统会返回暂存报案信息结果界面(见图6-7)。

你当前的位置:报案平台-新建案件

报案信息录入成功!

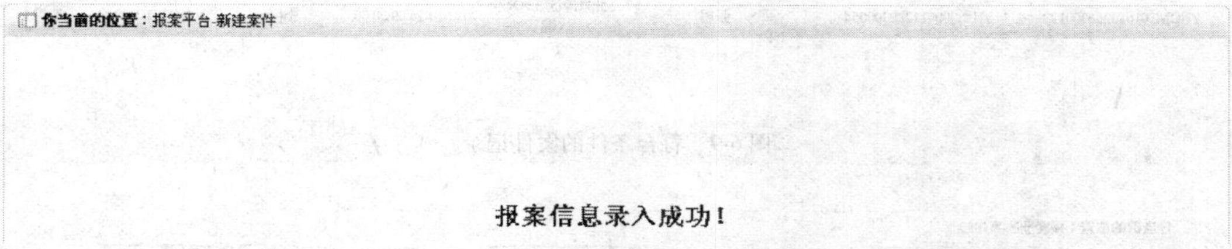

图6-7 报案信息结果界面

提示:如果需要清空当前录入的案件信息,可点击"取消"按钮,清除已经录入的数据。

项目2 案件修改

1 项目说明

新建案件时,可能有些案件信息尚未确定,在提交完成报案之前,可以对案件信息进行修改操作,使案件信息更加完善。本项目结合学习任务6设计的情境,对张明先生的报案时间、联系方式、事故汽车处理部门进行修改操作。

2 操作步骤

1)第一步 进入案件修改界面

在报案平台中点击"案件修改"选项,打开案件修改搜索界面(见图6-8)。

你当前的位置:报案平台-新建案件

保险单号: 被保险人: 被保险人证件号码:

号牌号码: 厂牌型号: 搜索 取消

保险单号	被保险人	被保险方证件号	号牌号码	厂牌型号	保险结束日期	保险费	选择

图6-8 案件修改搜索界面

2)第二步 查询需修改案件

在查询界面中输入搜索条件(如:保险单号、被保险人、号牌号码、报案号、报案人、报案方式、案件状态等),然后点击"搜索"按钮,搜索出符合条件的案件记录(见图6-9)。清除或重新录入查询条件,可点击"取消"按钮。

3)第三步 进入案件修改界面

从案件信息列表中选择需要进行修改操作的案件,点击"修改"按钮,即可进入案件修改界面(见图6-10)。

你当前的位置：报案平台-案件修改

保险单号：	YHVI20091128BJ00C	被保险人：	张明	号牌号码：	京N5XXXX
厂牌型号：		车架号：		发动机号：	
报案号：	YHCM20101026BJ0C	报案人：	张明	驾驶员：	
驾驶证号：		事故联系人：		事故联系电话：	
报案方式：	电话	案件状态：	报案暂存	搜索	取消

报案号	保险单号	被保险人	出险地点	报案时间	报案人	联系电话	选择
YHCM20101026BJ00173	YHVI20091128BJ00054	张明	北京海淀区××中路	2010-10-26 09:00:00	张明	1890123××××	修改

图 6-9　符合条件的案件记录

你当前的位置：报案平台-案件修改

保险号：	YHVI20100805BJ00054	被保险人：	张明	号牌号码：	京N5××××
厂牌型号：	福特翼虎3.0LM1	牌照底色：	蓝	报案方式：	电话
报案人：	张明	报案时间：	2010-10-26 09:00:00	出险时间：	2010-10-25 09:00:00
案件联系人：	张明	案件联系人电话：	1890123××××	出险原因：	避让行人
是否第一现场：	是	出险地点：	北京海淀区××中路	驾驶员姓名：	张明
准驾车型：	A1:大型客车和A3,B1	初次领证日期：	2007-08-01	驾驶证号：	11010119580818××××
VIN码：	LGWEF3A517B012345	发动机号：	V6CYL24VALVE DO	车架号：	LGWEF3A517B012345
处理部门：	交警	客户类别：		承保公司：	中国人保
车辆初次登记日期：	2009-11-25	已使用年限：	0.5	新车购置价：	280000.0
车辆使用性质：	非营运	核定载客：	5 人	核定载重：	1500.0 KG
车辆行驶区域：	跨省行驶	车辆种类：	越野车	基本条款类别：	汽车商业保险A款
争议解决方式：	诉讼	保险费：	7785.0	保险期限：	2009-12-05 至 2011-12-04

约定驾驶人：

驾驶人姓名	主/从	驾驶证号码	准驾车型	初次领证日期
张明	主驾驶员	1101019580818××××	C1	2007-08-01

保险项目信息：

序号	承保险别名称	责任限额	保险金额
1	车辆损失险	280000.0	4123.0
2	第三者责任险	150000.0	1060.0
3	全车盗抢险	280000.0	1604.0
4	车上人员责任险	50000.0	130.0
5	玻璃单独破碎险	280000.0	868.0

特别约定（300字内）：

事故经过（300字内）：2010年10月25日下午5时，张明驾车在海淀区××中路上行驶过程中，为避让横穿马路的行人，紧急制动并左打转向盘，导致冲出马路，撞上了路旁的隔离带，导致车辆损坏。

保险单批改信息（100字内）：无

保险出险信息（200字内）：历史出现无

涉及损失类别：☑本车车损 ☐本车车上财产损失 ☑本车车上人员伤亡 ☐第三者其他财产损失 ☐第三者车辆损失 ☑第三者人员伤亡 ☐第三者车上财产损失 ☐其他

车辆出险次数：	0	赔款次数：	0	赔款总计：	0.0
被保险人住址：	北京市海淀区中关村××创新园				
邮编：	1001××	保险联系人：	张明	保险联系人电话：	010-6293××××
是否委托外地：	不需要委托外地				

备注（150字内）：无

暂存报案更新　完成报案更新　取消

图 6-10　案件修改界面

4）第四步　修改案件基本信息

在案件修改界面中，对报案时间、联系方式、处理部门进行修改操作（见图6-11）。

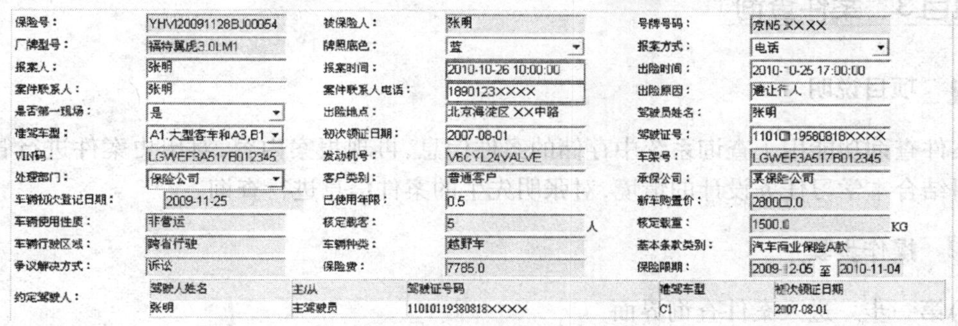

保险号：	YHVI20091128BJ00054	被保险人：	张明	号牌号码：	京N5××××
厂牌型号：	福特翼虎3.0LM1	牌照底色：	蓝	报案方式：	电话
报案人：	张明	报案时间：	2010-10-26 10:00:00	出险时间：	2010-10-25 17:00:00
案件联系人：	张明	案件联系人电话：	1890123××××	出险原因：	避让行人
是否第一现场：	是	出险地点：	北京海淀区××中路	驾驶员姓名：	张明
准驾车型：	A1.大型客车和A3,B1	初次领证日期：	2007-08-01	驾驶证号：	1101□19580818××××
VIN码：	LGWEF3A517B012345	发动机号：	V6CYL24VALVE	车架号：	LGWEF3A517B012345
处理部门：	保险公司	客户类别：	普通客户	承保公司：	某保险公司
车辆初次登记日期：	2009-11-25	已使用年限：	0.5	新车购置价：	2800□.0
车辆使用性质：	非营运	核定载客：	5 人	核定载重：	1500.0 KG
车辆行驶区域：	跨省行驶	车辆种类：	越野车	基本条款类别：	汽车商业保险A款
争议解决方式：	诉讼	保险费：	7785.0	保险期限：	2009-12-05 至 2010-11-04

约定驾驶人：

驾驶人姓名	主/从	驾驶证号码	准驾车型	初次领证日期
张明	主驾驶员	11010119580818××××	C1	2007-08-01

图6-11　修改案件基本信息

提示：如果信息是灰色，则表明该信息是系统从存储的信息库中调用的，无法进行修改。

5）第五步　修改案件事故信息

在案件修改界面中，对事故经过和车辆出险次数进行修改（见图6-12）。

特别约定（300字内）：特别约定：......

事故经过（300字内）：2010年10月25日下午5时，张明驾车在海淀区××中路上行驶过程中，为避让横穿马路的行人，紧急制动并左打转向盘，导致冲出马路，撞上了路旁的隔离带，导致车辆和公共设施损坏，并造成事故相关人员受伤。

保险单批改信息（100字内）：无

保险出险信息（200字内）：无

涉及损失类别：☑本车车损　☐本车车上财产损失　☑本车车上人员伤亡　☐第三者其他财产损失　☐第三者车辆损失　☑第三者人员伤亡　☐第三者车上财产损失　☑其他

车辆出险次数：	1	赔款次数：	1	赔款总计：	2000
被保险人住址：	北京市海淀区中关村××家园				
邮编：	1001××	保险联系人：	张明	保险联系人电话：	010-6291××××

备注（150字内）：无

图6-12　修改案件事故信息

6）第六步　完成案件修改操作

接报案员在案件界面中完成修改案件信息，并确定无误后完成报案。点击“完成报案信息”按钮，系统会弹出完成报案信息结果界面（见图6-13）。如果某案件信息尚未确定，可

你当前的位置：报案平台-新建案件

报案信息录入成功！

图6-13　完成报案信息结果界面

能还要进行修改,点击“暂存报案信息”按钮,系统会返回暂存报案信息结果界面。

项目3 案件查询

1 项目说明

案件查询功能用于查询系统中存储的案件信息,再现报案内容,对历史案件进行管理。本项目结合本学习任务设计的情境,对张明先生的案件信息进行查询。

2 操作步骤

1)第一步 进入案件查询界面

在报案平台中点击“案件查询”选项,打开案件查询搜索界面(见图6-14)。

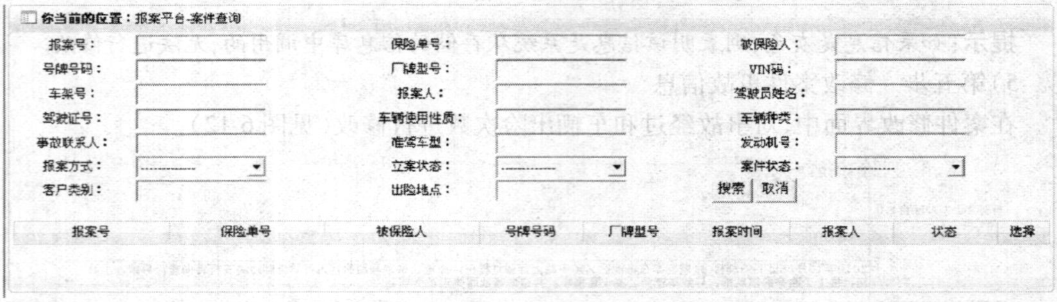

你当前的位置:报案平台-案件查询

报案号: 保险单号: 被保险人:
号牌号码: 厂牌型号: VIN码:
车架号: 报案人: 驾驶员姓名:
驾驶证号: 车辆使用性质: 车辆种类:
事故联系人: 准驾车型: 发动机号:
报案方式: 立案状态: 案件状态:
客户类别: 出险地点: 搜索 取消

报案号	保险单号	被保险人	号牌号码	厂牌型号	报案时间	报案人	状态	选择

图6-14 案件查询搜索界面

2)第二步 查询案件

在案件查询搜索界面中输入搜索条件(如:保险单号、被保险人、号牌号码、报案号、报案人、报案方式、案件状态等),点击“搜索”按钮,搜索出符合条件的案件记录(见图6-15)。如欲清除或重新录入查询条件,点击“取消”按钮。

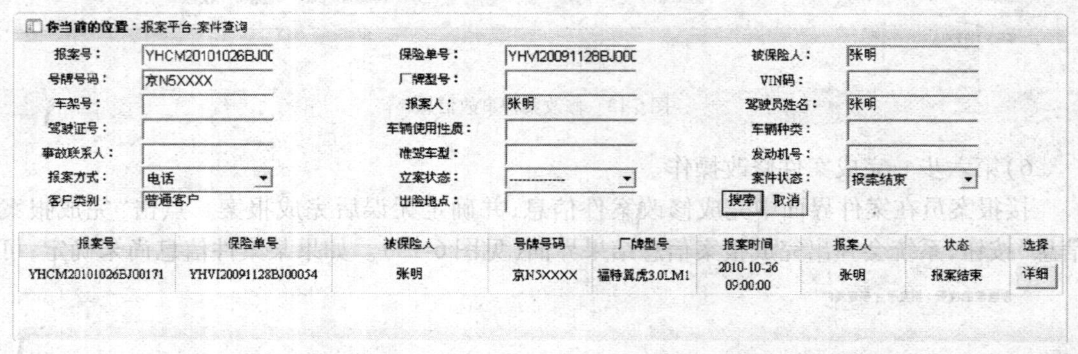

图6-15 符合条件的案件记录

3)第三步 查看案件详情

在案件列表中选择需要查看的案件,点击“详细”按钮,弹出该案件的报案详情界面(见图6-16)。

机动车保险报案单

保险号	YHVI20091128BJ00054	被保险人	张明	号牌号码	京H5××××
厂牌型号	福特翼虎3.0LM1	牌照底色	蓝	报案方式	电话
报案人	张明	报案时间	2010-10-26 09:00:00	出险时间	2010-10-25 17:00:00
案件联系人	张明	联系人电话	18901234001	出险原因	避让行人
是否第一现场	是	出险地点	北京海淀区××中路	驾驶员姓名	张明
准驾车型	C1	初次领证日期	2007-08-01	驾驶证号	11010119580818××××
VIN码	LGWEF3A517B012345	发动机号	V6CYL24VALVE	车架号	LGWEF3A517B012345
处理部门	交警	客户类别	普通客户	承保公司	某保险公司
车辆初次登记日期	2009-11-25	已使用年限	0.5	新车购置价	280000.0
车辆使用性质	非营运	核定载客	5	核定载重	1500.0
车辆行驶区域	跨省行驶	车辆种类	越野车	基本条款类别	汽车商业保险A款
争议解决方式	诉讼	保险费	7785.0	保险限期	2009-12-05 至 2010-11-04

约定驾驶人

驾驶人姓名	主/从	驾驶证号码	准驾车型	初次领证日期
张明	主驾驶员	11010119580818××××	C1	2007-08-01

保险项目信息

序号	承保险别名称	责任限额	保险金额
1	车辆损失险	280000.0	4123.0
2	第三者责任险	150000.0	1060.0
3	车上人员责任险	50000.0	130.0
4	玻璃单独破碎险	280000.0	868.0
5	全车盗抢险	280000.0	1604.0

特别约定	特别约定：……				
事故经过	2010年10月25日下午5时，张明驾车在海淀区××中路上行驶过程中，为避让横穿马路的行人，紧急制动并左打转向盘，导致冲出马路，撞上了路旁的隔离带，导致车辆损坏。				
保险单批改信息	无				
保险出险信息	历史出现无				
涉及损失类别	其他,第三者人员伤亡,本车车上人员伤亡,本车车损,				
车辆出险次数	0	赔款次数	0	赔款总计	0.0
被保险人住址	北京市海淀区中关村××家园				
邮编	1001××	保险联系人	张明	保险联系人电话	010-6291××××
备注	无				

关　闭

图6-16　报案详情

三、学 习 评 价

1　理论考核

1）选择题

（1）在车险理赔估损系统中，哪项不是有效的报案方式？（　　）

A. 电话　　B. 传真　　C. 上门　　D. QQ

(2)下列说法中,哪些是错误的?(　　)

A. 新建报案中灰色部分的文本框可以直接进行修改的

B. 报案人和驾驶员可以不是同一个人

C. 可以在第一现场报案也可以非第一现场报案

D. 接报案时必须先确定出险车辆是否在本公司投保

(3)下列操作中,哪些不是新建报案的操作?(　　)

A. 填写事故经过描述　　B. 修改特别约定

C. 录入出险时驾驶员信息　　D. 选择涉及损失类别

(4)下列工作内容中,哪些不是接报案员的工作?(　　)

A. 新建报案　　B. 修改报案单　　C. 上传事故图片　　D. 修改保单信息

(5)关于报案图片上传,正确的说法是(　　)。

A. 在车险理赔估损系统中,可以先传报案图片再进行新建报案工作

B. 案件图像库中不仅支持报案图片的上传也支持定损图片的上传

C. 报案图片每次只能上传一张

D. 不可以对报案图片进行更名操作

(6)以下哪个不是中国保险行业协会制定的指导性条款?(　　)

A. A 款　　B. B 款　　C. C 款　　D. D 款

(7)关于报案单打印设置,说法有误的是?(　　)

A. 对打印的案件是可以进行页面设置操作的

B. 对打印的案件是可以进行打印预览操作的

C. 打印的案件是可以分页打印的

D. 可以对多个案件同时进行打印

(8)关于报案单打印,说法错误的有哪些?(　　)

A. 处在报案暂存状态的报案单是可以进行打印的

B. 处在报案结束状态的报案单件是可以进行打印的

C. 定损状态的案件是不能进行报案单打印的

D. 执行新建报案操作的报案单都可以进行打印

(9)下列信息中,哪些不包含在报案信息中?(　　)

A. 投保人信息　　B. 被保险人信息　　C. 车辆信息　　D. 报案人信息

(10)下列哪种不是正确的报案现场处理方式?(　　)

A. 交警处理　　B. 保险公司处理　　C. 自行处理　　D. 城管处理

2)思考题

(1)在新建报案时,发现一些报案信息不全该怎样处理?

(2)在结束新建案件操作后,发现新建保单信息出现严重错误(例如车牌号错误、报案人姓名错误等情况),该如何处理?

2　技能考核

1)考核项目 1

请根据表6-1中案例数据完成新建案件的操作。

案例信息表

表6-1

接报案员:刘明　　报案方式:上门　　报案人:张飞
报案时间:2010年5月6日上午11时
出险时间:2010年5月6日上午8时
案件联系人:张飞
联系人电话:1581098××××
出险原因:避让行人
是否第一现场:是
出险地点:北京海淀区××北路
驾驶员姓名:张飞
初次领证日期:2007年8月1日
初次登记日期:2009年10月8日
已使用年限:2年
基本条款类别:汽车商业保险A款
事故经过:
2010年5月6日上午8时,张飞驾车在北京海淀区××北路上行驶过程中,为避让横穿马路的行人,紧急制动并右打转向盘,不慎冲出马路,撞上了路旁的绿化带,导致车辆损坏。
涉及损失类别:本车车损、第三者其他财产损失
车辆出险次数1赔款次数1赔款总计2000

2)考核项目2

请根据表6-2中案例数据完成新建案件的操作。

案例信息表

表6-2

接报案员:孙亦
报案方式:传真
报案人:柳絮
报案时间:2010年8月26日上午11时
出险时间:2010年8月15日下午8时
案件联系人:柳絮
联系人电话:1581098××××
出险原因:制动失灵
是否第一现场:是
出险地点:北京海淀区××中路
驾驶员姓名:柳絮
初次领证日期:2007年7月1日
初次登记日期:2009年11月8日
已使用年限:2年
基本条款类别:汽车商业保险A款
事故经过:
2010年8月26日上午8时,柳絮驾车在北京海淀区××中路上行驶过程中,为避让横穿马路的行人,紧急制动时发现制动失灵,并左打转向盘,但是避让未成功,还不慎撞上了路中间的隔离带,导致车辆损坏。
涉及损失类别:本车车损、第三者其他财产损失、第三者人身伤亡
车辆出险次数1赔款次数1赔款总计2000

3 考核评价表

考核评价表见表 6-3。

报案管理操作项目评分表 表 6-3

<table>
<tr><td rowspan="2">基本信息</td><td>姓 名</td><td></td><td>学号</td><td></td><td>班级</td><td></td><td>组别</td><td></td></tr>
<tr><td>规定时间</td><td></td><td>完成时间</td><td></td><td>考核日期</td><td></td><td>总评成绩</td><td></td></tr>
<tr><td rowspan="13">任务工单</td><td>序号</td><td colspan="2">步 骤</td><td>标准分</td><td colspan="3">评 分 标 准</td><td>评分</td></tr>
<tr><td>1</td><td colspan="2">考核准备：
成功启动电脑
成功启动车险理赔估损系统
正确登录车险理赔估损系统</td><td>5</td><td colspan="3">确保报案管理操作正常进行，根据实际情况酌情扣分</td><td></td></tr>
<tr><td>2</td><td colspan="2">进入新建案件操作界面</td><td>5</td><td colspan="3">没有正确打开操作界面，扣 5 分</td><td></td></tr>
<tr><td>3</td><td colspan="2">查询出客户保险单记录</td><td>5</td><td colspan="3">没有正确输入，每错一处扣一分，扣完为止</td><td></td></tr>
<tr><td>4</td><td colspan="2">进行新建案件操作</td><td>20</td><td colspan="3">没有正确录入报案信息每错误一处，扣 1 分，扣完为止</td><td></td></tr>
<tr><td>5</td><td colspan="2">完成报案信息</td><td>5</td><td colspan="3">没有进行完成操作的扣 5 分，完成报案后没有弹出正确提示扣 5 分，扣完为止</td><td></td></tr>
<tr><td>6</td><td colspan="2">进入案件修改界面</td><td>5</td><td colspan="3">没有正确打开操作界面，扣 5 分</td><td></td></tr>
<tr><td>7</td><td colspan="2">查询出需要修改的案件记录</td><td>10</td><td colspan="3">需修改的案件记录没有唯一单独检索出来的扣 5 分</td><td></td></tr>
<tr><td>8</td><td colspan="2">完成案件修改操作</td><td>20</td><td colspan="3">没有正确打开操作界面，扣 5 分，报案修改时每错误一处扣 2 分</td><td></td></tr>
<tr><td>9</td><td colspan="2">进入案件查询界面</td><td>5</td><td colspan="3">没有正确打开操作界面，扣 5 分</td><td></td></tr>
<tr><td>10</td><td colspan="2">查询需要查看的案件记录</td><td>5</td><td colspan="3">需要的案件记录没有唯一单独检索出来的扣 5 分</td><td></td></tr>
<tr><td>11</td><td colspan="2">查看案件详情</td><td>5</td><td colspan="3">没有正确打开窗口的扣 5 分</td><td></td></tr>
<tr><td>12</td><td colspan="2">关闭案件详情</td><td>5</td><td colspan="3">没有正确关闭操作界面，扣 5 分</td><td></td></tr>
<tr><td colspan="4">团队协作</td><td>5</td><td colspan="3">根据实际情况酌情扣分</td><td></td></tr>
<tr><td colspan="4">总分合计</td><td>100</td><td colspan="3">评分合计</td><td></td></tr>
</table>

学习任务7 委托平台操作

工作情境描述

2010 年 9 月 15 日上午 11 时,某保险公司接到另外一家保险公司的委托查勘请求,接委托员李霞,在与该公司人员沟通了解具体情况后,在车险理赔估损系统委托平台上录入受理委托信息。

学习目标

1. 了解委托平台的基本功能;
2. 能够使用软件进行案件委托。

学习时间

4 学时。

学习引导

本学习任务沿着以下脉络进行学习:

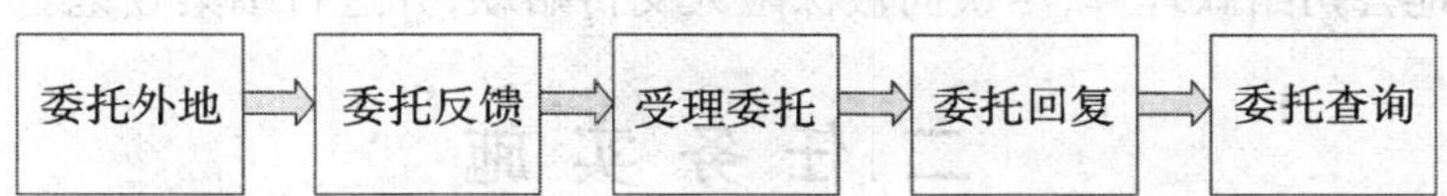

教学组织建议

学生两人一组(教师可根据实训条件自行安排分组人数),其中:一个人进行平台操作,另一个人对操作过程进行记录与分析。完成后学生交换角色练习,教师对全过程进行把控。

一、知 识 准 备

1 基本概念

“双代”案件：当保险车辆在外地出险时，投保地保险公司分支机构可选派自己的工作人员前往出事现场进行查勘定损，也可委托当地的检验代理机构代理这些工作。其中“代查勘”是指当地代理公司仅负责对事故现场进行查勘，调查事故的基本情况以及调查是否存在有责任的第三者等。“代定损”是指当地代理公司根据查勘的情况确定损失或者修复的金额。当然，也有“代查勘”和“代定损”并存的情况。

“双代案件”的权限：出险地公司分支机构在接到报案后，对在自动委托权限范围（如5000元）以内的损失赔案，可以直接进行代查勘、代定损，无需投保地公司分支机构委托；对超过权限的损失案件，出险地公司分支机构只代查勘，并在两个工作日内通知投保地公司分支机构，要求进行进一步的授权，得到委托后方可定损。

“双代案件”的管辖：代查勘公司分支机构只能受理在本辖区内出险车辆的“双代”赔案。

2 “双代案件”的作业程序

（1）接受报案。

（2）代查勘公司安排人员进行现场查勘。

（3）代查勘公司查勘后通知投保地公司分支机构，并要求其派员定损。

（4）投保地公司查阅保险单（批单）副本，核实出险车辆情况，并将处理意见答复代查勘公司代查勘公司分支机构按规定进行定损工作。

（5）代查勘公司对第三者责任事故中涉及的人员伤亡、被抚养人口等情况必须调查取证。

（6）结案与移交。

（7）投保地公司赔款理算，尽快向被保险人支付赔款，并进行结案登记。

二、任 务 实 施

1 操作要求

（1）录入信息时，必须按照规定字符格式进行。

（2）掌握委托代理双方的信息沟通方式，能起草委托协议，并正确录入委托信息。

2 设备器材

所用设备器材同学习任务6。

3 作业准备

(1)检查车险理赔估损系统是否正常工作； □任务完成

(2)确认委托操作所需要的数据信息。 □任务完成

项目1　委托外地

1 项目说明

当委托处理员接到需要委托给外地保险相关机构进行查勘定损的案件信息后，联系需要委托的公司，将委托情况及报案信息与该公司沟通并达成委托协议后，在车险理赔估损系统中将委托信息进行录入。后面的委托反馈环节根据此处录入的委托信息进行。

本项目结合本学习任务设计的情境，对保险公司工作人员李霞处理的受托案件在车险理赔估损系统委托平台上录入委托信息。

2 操作步骤

1)第一步　进入委托操作界面

(1)在系统主界面中点击“委托平台”按钮，系统会自动展开委托平台的功能菜单(见图7-1)。

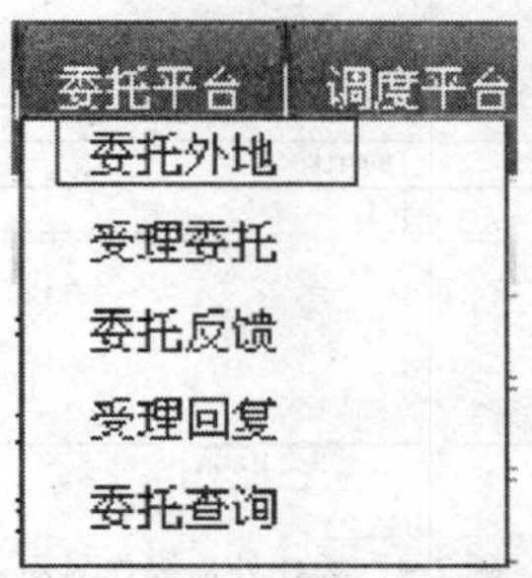

图7-1　委托平台功能菜单

(2)选择功能菜单中的“委托外地”选项，进入委托案件搜索界面(见图7-2)。

你当前的位置：委托平台-委托外地

保险单号：		被保险人：		号牌号码：		厂牌型号：	
车架号：		发动机号：		报案号：		报案人：	
驾驶员：		驾驶证号：		事故联系人：		事故联系电话：	
报案方式：	------------	案件状态：	报案结束	搜索	取消		

报案号	保险单号	被保险人	报案时间	报案人	是否需要委托	处理

图7-2　委托案件搜索界面

(3)在委托案件搜索界面中录入报案号、保险单号等检索信息后，点击“搜索”按钮，返回需要进行委托外地操作的案件信息列表(见图7-3)。

你当前的位置：委托平台-委托外地

保险单号：		被保险人：		号牌号码：		厂牌型号：	
车架号：		发动机号：		报案号：		报案人：	
驾驶员：		驾驶证号：		事故联系人：		事故联系电话：	
报案方式：	------------	案件状态：	报案结束	搜索 取消			

报案号	保险单号	被保险人	报案时间	报案人	是否需要委托	处理
YHCM20100915BJ00266	YHVI20100805BJ00054	张明	2010-09-15	张明	需要委托外地	详细 委托外地

图 7-3 案件信息列表

2）第二步 查看案件详细信息

在需要进行委托外地操作的案件信息行中，点击“详细”按钮，进入案件信息详细界面（见图 6-16），查看信息。

3）第三步 委托外地操作

（1）选中需要进行委托外地操作的案件信息，点击“委托外地”按钮，进入委托外地操作界面（见图 7-4）。

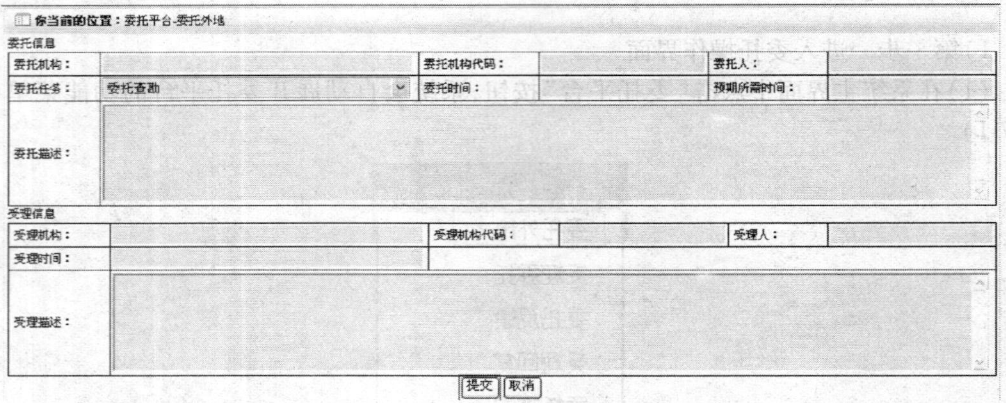

图 7-4 委托外地操作界面

（2）在委托外地操作界面中，录入委托信息以及受理信息（见图 7-5）。

委托信息

委托机构：	中国人民财产保险公司北京总公司	委托机构代码：	BJ_001	委托人：	李霞
委托任务：	委托查勘和定损	委托时间：	2010-09-15	预期所需时间：	72
委托描述：	我公司用户张明在上海市××路出现车辆事故，故将查勘定损系列操作委托给贵公司处理。				

受理信息

受理机构：	中国人民财产保险公司上海分公司	受理机构代码：	SH_001	受理人：	王忠
受理时间：	2010-09-15				
受理描述：	我公司于2010-09-15日接到北京总公司委托处理张明在上海市×× 路的车辆事故。				

提交 取消

图 7-5 委托信息以及受理信息

提示：在委托外地操作界面下部，显示的是该委托外地的案件详细信息。

(3)检查核实录入的委托信息以及受理信息无误后，点击“提交”按钮，将委托外地的信息提交并返回操作结果界面。

项目2　委托反馈

1　项目说明

当委托处理人员接到受理公司反馈的委托结果信息后，对该信息进行确认验收，并录入车险理赔估算系统，以便该案件进入下一操作环节。本项目结合本学习任务设计的情境，对保险公司工作人员李霞处理的受托案件的反馈信息录入到车险理赔估算系统。

2　操作步骤

1)第一步　进入委托反馈操作界面

(1)在委托平台选择“委托反馈”选项，进入委托信息搜索界面(见图7-6)。

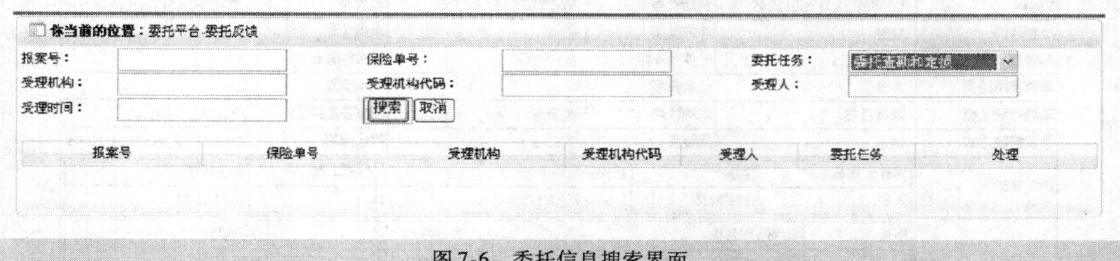

图7-6　委托信息搜索界面

(2)在委托信息搜索界面中录入报案号、保险单号等检索信息后，点击“搜索”按钮，返回可进行委托反馈操作的委托信息列表(见图7-7)。

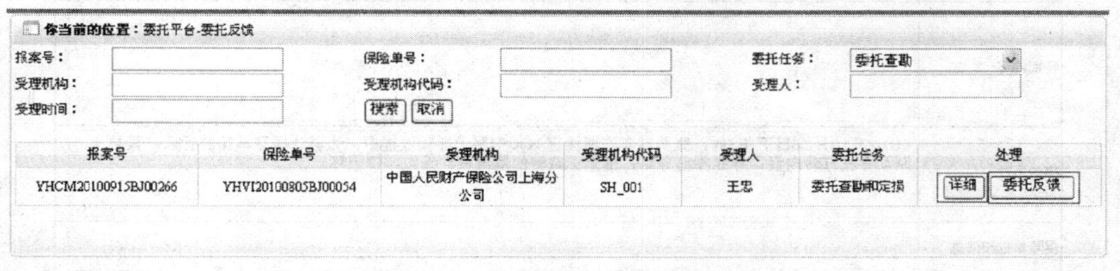

图7-7　委托信息列表

2)第二步　查看委托详细信息

在需要进行委托反馈操作的委托信息行中，点击“详细”按钮，进入委托信息查看界面(见图7-8)。

3)第三步　进入委托反馈操作界面

在需要进行委托反馈操作的委托信息行中，点击“委托反馈”按钮，进入委托反馈操作界面(见图7-9)。

委托外地信息

委托编号：	YHCM20101125WT00018	报案号：	YHCM20101125BJ00296	保险单号：	YHVI20100805BJ00054

委托信息

委托机构：	中国人民财产保险公司北京总公司	委托机构代码：	BJ_001	委托人：	李薇
委托任务：	委托查勘和定损	委托时间：	2010-09-15	预期所需时间：	72小时
委托描述：	我公司用户张明在上海 XX 路出现车辆事故，故将查勘定损系列操作委托给贵公司处理。				

受理信息

受理机构：	中国人名财产保险公司上海分公司	受理机构代码：	SH_001	受理人：	王忠
受理时间：	2010-09-15				
受理描述：	我公司于2010-09-15日接到北京总公司委托处理张明在上海市 XX 路的车辆事故的查勘定损工作。				

案件信息

保险号	YHVI20100805BJ00054	被保险人	张明	号牌号码	京N5XXXX
厂牌型号	福特翼虎3.0LM1	牌照底色	蓝	报案方式	电话
报案人	张明	报案时间	2010-10-26 09:00:00	出险时间	2010-10-25 09:00:00
案件联系人	张明	联系人电话	18901234001	出险原因	避让行人
是否第一现场	是	出险地点	北京海淀区 XX 中路	驾驶员姓名	张明
准驾车型	A1	初次领证日期	2007-08-01	驾驶证号	1101019580818XXXX
VIN码	LGWEF3A517B012345	发动机号	V6CYL24VALVE DO	车架号	LGWEF3A517B012345
处理部门	交警	客户类别		承保公司	中国人保
车辆初次登记日期	2009-11-25	已使用年限	0.5	新车购置价	280000.0
车辆使用性质	非营运	核定载客	5	核定载重	1500.0
车辆行驶区域	跨省行驶	车辆种类	越野车	基本条款类别	汽车商业保险A款
争议解决方式	诉讼	保险费	7785.0	保险限期	2009-12-05 至 2011-12-04

约定驾驶人

驾驶人姓名	主/从	驾驶证号码	准驾车型	初次领证日期
张明	主驾驶员	1101019580818XXXX	C1	2007-08-01

保险项目信息

序号	承保险别名称	责任限额	保险金额
1	车辆损失险	280000.0	4123.0
2	第三者责任险	150000.0	1060.0
3	全车盗抢险	280000.0	1604.0
4	车上人员责任险	50000.0	130.0
5	玻璃单独破碎险	280000.0	868.0

特别约定					
事故经过	2010年10月25日下午5时，张明驾车在海淀区XX中路上行驶过程中，为避让横穿马路的行人，紧急制动并左打转向盘，导致冲出马路，撞上了路旁的隔离带，导致车辆损坏。				
保险单批改信息	无				
保险出险信息	历史出现无				
涉及损失类别	第三者人员伤亡,本车车上人员伤亡,本车车损,				
车辆出险次数	0	赔款次数	0	赔款总计	0.0
被保险人住址	北京市海淀区中关村XX创新园				
邮编	1001XX	保险联系人	张明	保险联系人电话	010-6293XXXX
备注	无				

关　闭

图 7-8　委托信息详细界面

你当前的位置：委托平台-委托反馈

委托编号：	YHCM20100915WT00008	报案号：	YHCM20100915BJ00266	保险单号：	YHVI20100805BJ00054
委托信息					
委托机构：	中国人民财产保险公司北京总公司	委托机构代码：	BJ_001	委托人：	李霞
委托任务：	委托查勘和定损	委托时间：	2010-09-15	预期所需时间：	72小时
委托描述：	我公司用户张明在上海市××路出现车辆事故，故将查勘定损系列操作委托给贵公司处理。				
受理信息					
受理机构：	中国人民财产保险公司上海分公司	受理机构代码：	SH_001	受理人：	王忠
受理时间：	2010-09-15				
受理描述：	我公司于2010-09-15日接到北京总公司委托处理张明在上海市××路的车辆事故。				

查勘反馈　立案反馈　定损反馈　结束委托反馈　返回

图7-9　委托反馈操作界面

4）第四步　录入查勘反馈信息

在委托反馈操作界面中，点击“查勘反馈”按钮，进入查勘反馈信息录入界面，在该界面中录入查勘反馈信息（见图7-10）。

5）第五步　录入立案反馈信息

在委托反馈操作界面中，点击“立案反馈”按钮，进入立案反馈信息录入界面，在该界面中录入立案反馈信息（见图7-11）。

6）第六步　录入定损反馈信息

（1）在委托反馈操作界面中，点击“定损反馈”按钮，进入定损反馈信息录入界面，在该界面中录入定损基本反馈信息（见图7-12）。

（2）检查确认定损基本反馈信息录入无误后，点击“进入定损”按钮，对定损基本反馈信息进行提交确定，返回车辆定损详细信息录入界面（见图7-13）。

7）第七步　定损详细信息录入

（1）车损定损信息录入。

①换件信息录入。

a. 在车损定损信息录入界面中，点击“添加换件信息”按钮，在换件信息表中会自动添加一行，点击多次会相应添加多行，在自动添加的信息行中依次录入换件信息（见图7-14）。

b. 检查并确认该换件反馈信息录入无误后，提交换件信息。

②维修信息录入。

a. 在车损定损信息录入界面中，点击“添加维修项目”按钮，在维修信息表中会自动添加一行，点击多次会相应添加多行，在自动添加的信息行中依次录入维修信息（见图7-15）。

b. 检查并确认该维修反馈信息录入无误后，提交维修信息。

③辅料信息录入。

a. 在车损定损信息录入界面中，点击“添加辅料信息”按钮，在辅料信息表中会自动添加一行，点击多次会相应添加多行，在自动添加的信息行中依次录入辅料信息（见图7-16）。

你当前的位置：委托平台-查勤反馈

报案号：	YHCM20101125BJ00296	保险号：	YHVI20100805BJ00054	出险时间：	2010-10-25 09:00:00
出险地点：	上海XX路	案件性质：	自赔	查勤地点：	上海XX路
厂牌型号：	福特翼虎3.0LM1	发动机号：	V6CYL24VALVE DO	号牌底色：	蓝
号牌号码：	京N5XXXX	车架号：	LGWEF3A517B012345	初次登记日期：	2009-11-25
驾驶员姓名：	张明	驾驶证号：	11010119580818XXXX	准驾车型：	A1:大型客车和A3,B1,I
初次领证日期：	2007-08-01	性别：	男	联系方式：	1890123XXXX

第三者车辆基本信息

厂牌型号：		号牌号码：		交强险单号：	
驾驶员姓名：		驾驶证号：		起保日期：	
初次领证日期：		准驾车型：		联系方式：	
性别：					

事故基本信息

出险原因：☑碰撞 ☐倾覆 ☐坠落 ☐火灾 ☐爆炸 ☐自燃 ☐外界物体坠落、倒塌 ☐雷击 ☐暴风 ☐暴雨 ☐洪水 ☐雹灾 ☐玻璃单独破碎 ☐其他

事故类型：☑单方肇事 ☐双方事故 ☐多方事故 ☐仅涉及财产损失 ☐涉及人员伤亡

涉及三方机动车数：0 是否需要施救：是 核定施救费金额：500 元

事故处理方式：◉交警 ○自行协商 ○保险公司 ○其他部门 预计事故责任划分：◉全部 ○主要 ○同等 ○次要 ○无责

车上人员伤亡人数：伤 1 人；亡 0 人 第三者伤亡人数：伤 0 人；亡 0 人

事故详细信息

被保险机动车出险时的使用性质	◉家庭自用 ○营业 ○非营业
被保险机动车驾驶人是否持有有效驾驶证	◉是 ○否
被保险机动车驾驶人准驾车型与实际驾驶车辆是都相符	◉是 ○否
驾驶专用机械车、特种车及营业性客车的人员是否有相应的有效操作证、资格证	◉是 ○否
被保险机动车驾驶人是否为酒后驾驶	○是 ◉否
被保险机动车发生事故时的驾驶人是否为合同约定的驾驶人	◉是 ○否
出险地点是否发生在合同约定的行驶区域以外	○是 ◉否
是否存在其他条款规定的责任免除或增加免赔率的情形（如存在应进一步说明）	○是 ◉否

免赔说明(300字内)：

查勤意见(事故经过、施救过程、查勤情况简单描述和初步责任判断 300字内)：

案件处理等级： 访问笔录 张，现场草图 张，事故照片 张

责任判断及损失估计

涉及险种：☐交通事故责任强制保险 ☑商业车损险 ☐商业三者险 ☑车上人员责任险 ☐自燃损失险 ☐盗抢险 ☐玻璃单独破碎险 ☐车上货物责任险 ☐其他

立案建议：商业保险：◉立案 ○注销 ○拒赔 ○待确定 交强险：○立案 ○注销 ◉拒赔 ○待确定

事故估损金额（元）

本车车损：	2500	第三者车辆损失：	0.00	本车车上人员伤亡：	600
第三者人员伤亡：	0.00	本车车上财产损失：	0.00	第三者车上财产损失：	0.00
第三者其他财产损失：	0.00	其他：	0.00	总计：	0.00

查看总计金额

提交查勤反馈信息 取消 返回

图7-10 查勘反馈录入界面

b. 检查并确认该辅料反馈信息录入无误后，提交辅料信息。

(2)定损基础信息修改。

你当前的位置：委托平台-立案反馈

报案号：	YHCM20100915BJ00266	保险号：	YHVI20100805BJ00054	出险时间：	2010-09-15
出险地点：	上海××路	厂牌型号：	福特翼虎3.0LM1	号牌号码：	京N5××××
立案状态：	立案				
立案备注：	综合查勘和该车辆历史出险记录，该案件准予立案				

提交立案反馈信息　返回

图7-11　立案反馈录入界面

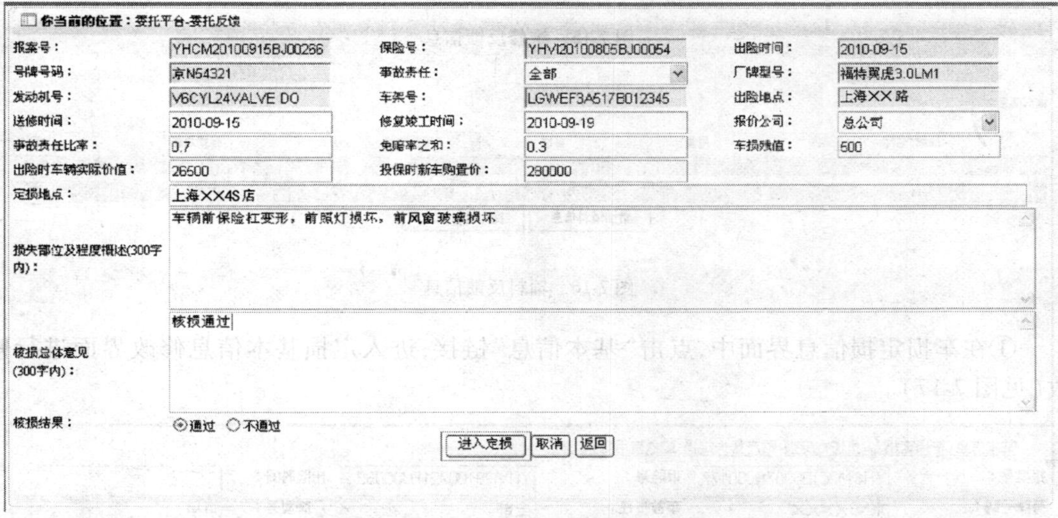
你当前的位置：委托平台-委托反馈

报案号：	YHCM20100915BJ00266	保险号：	YHVI20100805BJ00054	出险时间：	2010-09-15
号牌号码：	京N54321	事故责任：	全部	厂牌型号：	福特翼虎3.0LM1
发动机号：	V6CYL24VALVE DO	车架号：	LGWEF3A517B012345	出险地点：	上海××路
送修时间：	2010-09-15	修复竣工时间：	2010-09-19	报价公司：	总公司
事故责任比率：	0.7	免赔率之和：	0.3	车损残值：	600
出险时车辆实际价值：	26500	投保时新车购置价：	280000		
定损地点：	上海××4S店				
损失部位及程度概述(300字内)：	车辆前保险杠变形，前照灯损坏，前风窗玻璃损坏				
核损总体意见(300字内)：	核损通过				
核损结果：	⊙通过 ○不通过				

进入定损　取消　返回

图7-12　定损基本反馈录入界面

基本信息　车损定损　人员伤亡定损　财产损失定损　施救费用定损

换件信息：

零件名称	零件号	最大用量	左右	所属部位	备注	定购件数	工时数	定损零件单价	定损工时费率	核损零件单价	核损工时费率	编辑

添加换件信息　提交换件信息

维修信息：

工位	项目名称	工时数	定损工时费率	核损工时费率	编辑

添加维修信息　提交维修信息

辅料信息：

辅料名称	用量	备注	定损总价	核损总格	编辑

添加辅料信息　提交辅料信息

返回

图7-13　车损定损信息录入界面

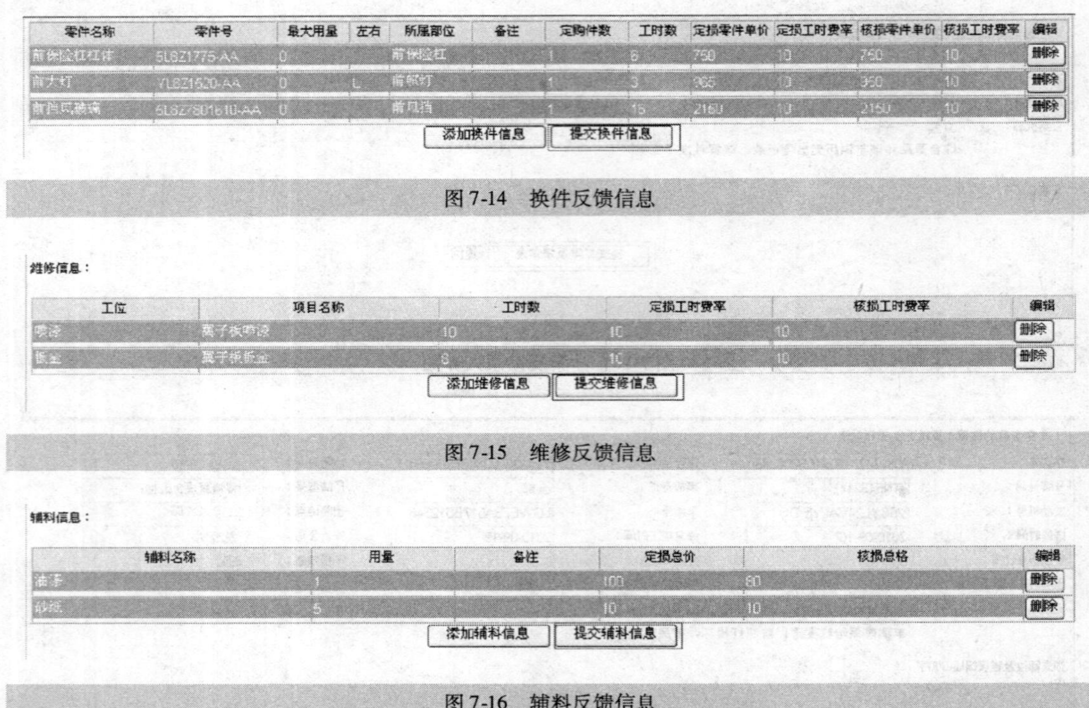

零件名称	零件号	最大用量	左右	所属部位	备注	定购件数	工时数	定损零件单价	定损工时费率	核损零件单价	核损工时费率	编辑
前保险杠杠体	5L8Z1775-AA	0		前保险杠		1	6	750	10	750	10	删除
前大灯	YL8Z1520-AA	0	L	前照灯		1	3	965	10	950	10	删除
前挡风玻璃	5L8Z7801610-AA	0		前风挡		1	15	2160	10	2150	10	删除

添加换件信息　提交换件信息

图 7-14　换件反馈信息

维修信息：

工位	项目名称	工时数	定损工时费率	核损工时费率	编辑
喷漆	翼子板喷漆	10	10	10	删除
钣金	翼子板钣金	8	10	10	删除

添加维修信息　提交维修信息

图 7-15　维修反馈信息

辅料信息：

辅料名称	用量	备注	定损总价	核损总格	编辑
油漆	1		100	80	删除
砂纸	5		10	10	删除

添加辅料信息　提交辅料信息

图 7-16　辅料反馈信息

①在车损定损信息界面中，点击“基本信息”链接，进入定损基本信息修改界面进行修改（见图 7-17）。

基本信息 车损定损 人员伤亡定损 财产损失定损 施救费用定损

报案号：	YHCM20100907BJ00177	保险号：	YHVI20100721BJ00053	出险时间：	
号牌号码：	京N8XXXX	事故责任：	全部	厂牌型号：	奇瑞
发动机号：	123458	车架号：	12345785	出险地点：	
送修时间：	2010-09-15	修复竣工时间：		报价公司：	总公司
事故责任比率：	0.0	免赔率之和：	0.0	车损残值：	0.0
出险时车辆实际价值：	0.0	投保时新车购置价：	0.0		

定损地点：

损失部位及程度概述(300字内)：

核损总体意见(300字内)：

核损结果：⊙通过　○不通过

基本信息更新　取消　返回

图 7-17　定损基本信息修改界面

②在定损基本信息修改界面中,点击“基本信息更改”按钮,提交修改信息。

(3)人员伤亡定损录入。

①在基本信息修改界面中,点击“人员伤亡定损”按钮,进入人员伤亡定损信息录入界面,并在其中录入人员伤亡信息(见图7-18)。

基本信息 车损定损 人员伤亡定损 财产损失定损 施救费用定损

姓名:	黎林	性别:	男	年龄:	28
从事行业:	房地产	标准工资:	8000	月收入小计:	12000
就诊医院:	上海XX医院	住院号:	SHY-003	护理人数:	0
护理天数:	0	护理人A月收入小计:	0	护理人B月收入小计:	0
伤亡等级:	非残疾	住院天数:	1	继续治疗天数:	0

费用项目	报损金额	剔除金额	定损赔偿金额	计算标准或公式	核定赔偿金额
医药、诊疗、住院费	800	0	800	非残疾伤亡标准	800
后续治疗费(含整容费)					
住院伙食补助费目					
营养费					
护理费					
康复费					
丧葬费					
死亡补偿费					
残疾赔偿金					
残疾辅助器具费					
交通费					
住宿费					
误工费	300	100	200	误工标准	200
被扶养人生活费小计					
其他费用					

情况说明:	
险种类别:	○车上人员责任险 ⊙第三者责任险

提交 取消 返回

此处可根据需要连续提交多个人员伤亡定损信息

图7-18　人员伤亡定损录入界面

②检查人员伤亡定损信息录入无误后,提交人员伤亡信息,如果此次涉及的人员伤亡有多人可继续在该界面中进行添加操作。

(4)财产损失定损录入。

①在人员伤亡定损信息界面中,点击“财产损失定损”按钮,进入财产损失定损录入界面,并在其中录入财产损失定损信息(见图7-19)。

②检查财产定损信息录入无误后,提交信息。

(5)救助费用定损录入。

点击“施救费用定损”按钮,进入施救费用定损录入界面,并在其中录入施救费用定损信息(见图7-20)。

8)第八步　结束委托反馈

在施救费用定损信息界面中,点击“返回”按钮,返回委托反馈操作界面(见图7-21)。

在委托反馈操作界面中,点击“结束委托反馈”按钮。

基本信息 车损定损 人员伤亡定损 财产损失定损 施救费用定损

费用项目	报损金额	剔除金额	定损赔偿金额	计算标准或公式	核定赔偿金额
第三者车辆换件费用小计：					
第三者车辆维修费用小计：	200	75	125	维修通用标准	125
第三者车辆辅料费用小计：	100	25	75	维修通用标准	75
第三者车辆施救费用小计：					
第三者车辆残值小计：					
第三者财产损失小计：	1200	200	100	财产损失标准	100
本车车上货物损失小计：					
本车车上其他财产损失小计：					
本车停驶天数：					
公共设施损失小计：	400	0	400	公共设施赔偿标准	400
代查勘费：					
鉴定费：					
诉讼、仲裁费：					
其他费用小计：					
其他费用说明：					

提交核损信息 取消 返回

图 7-19　财产损失定损信息

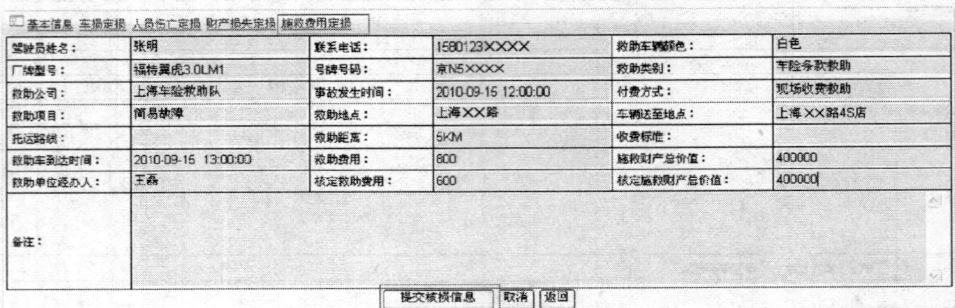
基本信息 车损定损 人员伤亡定损 财产损失定损 施救费用定损

驾驶员姓名：	张明	联系电话：	1580123×××××	救助车辆颜色：	白色
厂牌型号：	福特翼虎3.0LM1	号牌号码：	京N5××××	救助类别：	车险条款救助
救助公司：	上海车险救助队	事故发生时间：	2010-09-15 12:00:00	付费方式：	现场收费救助
救助项目：	简易故障	救助地点：	上海××路	车辆送至地点：	上海××路4S店
托运路线：		救助距离：	5KM	收费标准：	
救助车到达时间：	2010-09-16 13:00:00	救助费用：	800	施救财产总价值：	400000
救助单位经办人：	王磊	核定救助费用：	600	核定施救财产总价值：	400000
备注：					

提交核损信息 取消 返回

图 7-20　施救费用定损信息

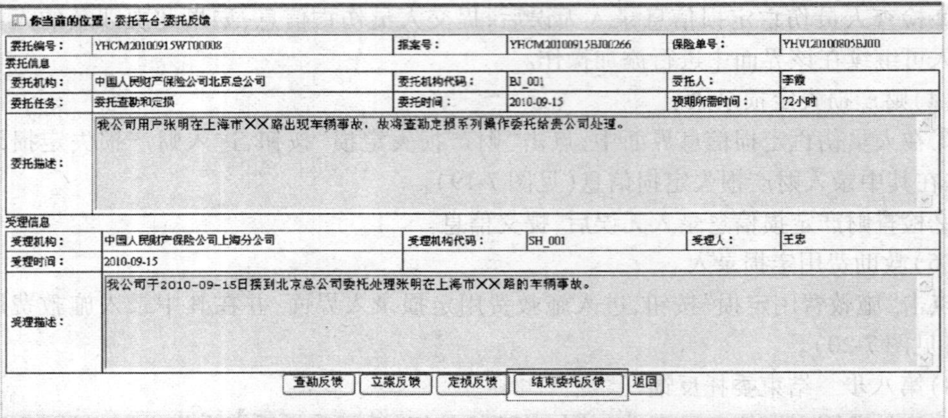
你当前的位置：委托平台-委托反馈

委托编号：	YHCM20100915WT00008	报案号：	YHCM20100915BJ00266	保险单号：	YHVI20100805BJ00

委托信息

委托机构：	中国人民财产保险公司北京总公司	委托机构代码：	BJ_001	委托人：	李薇
委托任务：	委托查勘和定损	委托时间：	2010-09-15	预期所需时间：	72小时
委托描述：	我公司用户张明在上海市××路出现车辆事故，故将查勘定损系列操作委托给贵公司处理。				

受理信息

受理机构：	中国人民财产保险公司上海分公司	受理机构代码：	SH_001	受理人：	王忠
受理时间：	2010-09-15				
受理描述：	我公司于2010-09-15日接到北京总公司委托处理张明在上海市××路的车辆事故。				

查勘反馈 立案反馈 定损反馈 结束委托反馈 返回

图 7-21　委托反馈操作界面

项目3　受理委托

1　项目说明

当委托处理人员接到外公司发来的委托请求时，需要详细了解该公司的委托请求内容，经过双方协商确认并达成委托受理协议后，委托处理人员需要将委托受理信息录入到车险理赔估损系统中，为下一步的处理受理案件信息做好数据准备。

本项目结合本学习任务设计的情境，对保险公司工作人员李霞处理的受托案件委托受理信息录入到车险理赔估损系统中。

2　操作步骤

1）第一步　进入受理委托操作界面

选择委托平台中的"受理委托"选项，进入受理委托操作界面（见图7-22）。

你当前的位置：委托平台-受理委托

委托信息

委托机构：		委托机构代码：		委托人：	
委托时间：		预期所需时间：			
委托描述：					

受理信息

受理机构：		受理机构代码：		受理人：	
受理时间：		受理任务：	受理查勘		
受理描述：					

提交　取消

图7-22　受理委托操作界面

2）第二步　录入受理委托信息

在受理委托操作界面中，录入委托信息和受理信息（见图7-23）。

3）第三步　录入受理案件信息

（1）检查确认受理委托信息无误后，将受理委托信息提交，并返回受理案件信息录入界面，并在其中录入受理案件信息（见图7-24）。

（2）检查确认受理案件信息准确无误后，将案件信息提交。

你当前的位置：委托平台-受理委托

委托信息

委托机构：	中国人名财产保险公司上海分公司	委托机构代码：	SH_001	委托人：	王忠
委托时间：	2010-09-16	预期所需时间：	72		
委托描述：	我公司李凯用户2010-09-16日在北京 XX 中路发生一起交通事故，故委托北京总公司对该事故进行查勘和定损操作。				

受理信息

受理机构：	中国人民财产保险公司北京总公司	受理机构代码：	EJ_001	受理人：	李霞
受理时间：	2010-09-16	受理任务：	受理定损和查勘		
受理描述：	我公司于2010-09-16日接到上海分公司关于李凯用户的交通事故查勘定损处理委托要求，根据相关规定现受理该委托。				

提交 取消

图 7-23　受理委托信息

你当前的位置：委托平台-受理委托

案件信息

保险号	YHVI20100107SH00048	被保险人	李凯	号牌号码	沪N1XXXX
厂牌型号	福特翼虎3.0LM1	牌照底色	蓝	报案方式	电话
报案人	李凯	报案时间	2010-09-16	出险时间	2010-09-16
案件联系人	李凯	联系人电话	1356489XXXX	出险原因	车辆转向灯失灵
是否第一现场	是	出险地点	北京 XX 中路	驾驶员姓名	李凯
准驾车型	C1	初次领证日期	2007-09-06	驾驶证号	11010119780818XXXX
VIN码	LGWEG3A452Q012345	发动机号	V6CYJ24VALVE56	车架号	LGWEG3A452Q012345
处理部门	交警	客户类别	个人客户	承保公司	国人民财产保险公司上海分公司
车辆初次登记日期	2008-11-13	已使用年限	2	新车购置价	180000
车辆使用性质	家庭自用车	核定载客	5	核定载重	1500
车辆行驶区域	中国境内	车辆种类	小轿车	基本条款类别	商业车险A款
争议解决方式	诉讼	保险费	5421		
保险期限	2010-01-07	零时起 -至-	2011-01-06	二十四时止	
特别约定					
事故经过					
保险单批改信息					
保险出险信息					
涉及损失类别	☑本车车损 ☐本车车上财产损失 ☑本车车上人员伤亡 ☑第三者其他财产损失 ☐第三者车辆损失 ☑第三者人员伤亡 ☐第三者车上财产损失 ☑其他				
车辆出险次数	0	赔款次数	0	赔款总计	0
被保险人住址	上海 XX 中心花园小区				
邮编	20000 XX XX	保险联系人	李凯	保险联系人电话	1356489 XXXX
备注					

提交 取消

图 7-24　受理案件信息

项目4　受理回复

1　项目说明

当接受的委托案件处理完毕后，委托处理人员需要联系委托公司，将处理的结果信息提供给对方，并与对方详细核查确认信息后，此次受理案件才能结束。本项目结合本学习任务设计的情境，对保险公司工作人员李霞处理的受托案件进行受理回复。

2　操作步骤

1）第一步　进入受理委托操作界面

（1）选择委托平台中的“受理回复”选项，进入受理信息搜索界面（见图7-25）。

你当前的位置：委托平台-受理回复

报案号：　保险单号：　委托任务：受理查勘和定损

受理机构：　受理机构代码：　受理人：

受理时间：　搜索　取消

报案号	保险单号	受理机构	受理机构代码	受理人	委托任务	处理

图7-25　受理信息搜索界面

（2）在受理信息搜索界面中录入报案号、保险单号等检索信息后，点击“搜索”按钮，返回需要受理信息列表（见图7-26）。

你当前的位置：委托平台-受理回复

报案号：　保险单号：　委托任务：受理查勘和定损

受理机构：　受理机构代码：　受理人：

受理时间：　搜索　取消

报案号	保险单号	受理机构	受理机构代码	受理人	委托任务	处理
YHCM20100916SL00009	YHVI20100107SH00048	中国人民财产保险公司北京总公司	BJ_001	李霞	受理定损和查勘	详细　受理回复
YHCM20100916SL00010	YHVI20100107SH00048	中国人民财产保险公司北京总公司	BJ_001	李霞	受理定损和查勘	详细　受理回复

图7-26　受理信息列表

2）第二步　进入受理回复操作界面

在需要进行受理回复操作的受理信息行中，点击“受理回复”按钮，进入受理回复操作界面（见图7-27）。

你当前的位置：委托平台-受理回复

委托编号：	YHCM20100916SL00010	报案号：	YHCM20100916SL00010	保险单号：	YHVI20100107SH00048

委托信息

委托机构：	中国人名财产保险公司上海分公司	委托机构代码：	SH_001	委托人：	王忠
委托时间：	2010-09-16	预期所需时间：	72小时		
委托描述：	我公司李凯用户2010-09-16日在北京XX中路发生一起交通事故，故委托北京总公司对该事故进行查勘和定损操作。				

受理信息

受理机构：	中国人民财产保险公司北京总公司	受理机构代码：	BJ_001	受理人：	李霞
委托任务：	受理查勘和定损	受理时间：	2010-09-16		
受理描述：	我公司于2010-09-16日接到上海分公司关于李凯用户的交通事故查勘定损处理委托要求，根据相关规定现受理该委托。				

查勘回复　立案回复　定损回复　结束受理回复　返回

图7-27　受理回复操作界面

3）第三步　查看查勘回复

（1）受理回复操作界面中，点击“查勘回复”按钮，打开查勘回复详细信息界面查看案件的查勘信息（见图7-28）。

（2）点击“返回”按钮，即可返回到受理回复操作界面。

4）第四步　查看立案回复

在受理回复操作界面中，点击“立案回复”按钮，打开立案回复详细信息界面查看相关信息（见图7-29）。点击“返回”按钮，返回到受理回复操作界面。

5）第五步　查看定损回复

在受理回复操作界面中，点击“定损回复”按钮，打开定损回复详细信息界面查看相关信息（见图7-30）。点击“返回”按钮，返回到受理回复操作界面。

6）第六步　结束受理回复

在受理回复操作界面中，点击“结束受理回复”按钮即可。

机动车保险事故现场查勘单

报案号	YHCM20100916SL00010	保险号	YHVI20100107SH00048	出险时间	2010-09-16
案件性质	自赔	厂牌型号	福特翼虎3.0LM1	发动机号	V6CYJ24VALVE56
号牌底色	蓝	号牌号码	沪N12345	车架号	LGWEG3A452Q012345
初次登记日期	2008-11-13	出险地点	北京××中路	查勘地点	北京××中路
驾驶员姓名	李凯	驾驶证号	11010119780818××××	初次领证日期	2007-09-06
准驾车型	A1	性别	男	联系方式	1356489××××
第三者车辆基本信息					
厂牌型号		号牌号码		交强险保单号	
驾驶员姓名		驾驶证号		初次领证日期	
准驾车型	A1	起保日期		联系方式	
性别	男				
事故基本信息					
出险原因	碰撞,				
事故类型					
涉及三方机动车数	0	是否需要施救	是	车上人员伤亡数	伤 1人； 亡 0人
第三者伤亡数	伤 1人； 亡 0人	事故责任划分	主要	事故处理方式	交警
核定施救费金额	300.0				
事故详细信息					
被保险机动车出现时的使用性质					家庭自用
被保险机动车驾驶人是否持有有效驾驶证					是
被保险机动车驾驶人准驾车型与实际驾驶车辆是都相符					是
驾驶专用机械车、特种车及营业性客车的人员是否有相应的有效操作证、资格证					是
被保险机动车驾驶人是否为酒后驾驶					否
被保险机动车发生事故时的驾驶人是否为合同约定的驾驶人					是
出险地点是否发生在合同约定的行驶区域以外					否
是否存在其他条款规定的责任免除或增加免赔率的情形					否

出险地点是否发生在合同约定的行驶区域以外	否
是否存在其他条款规定的责任免除或增加免赔率的情形	否

免赔说明			
查勘意见			
案件处理等级		访问笔录 3张，现场草图12张，事故照片 20张	
责任判断及损失估计			
涉及险种	车上人员责任险,商业三者险,商业车损险,		
立案建议	交强险 拒赔	商业保险 立案	
事故估损金额信息			
本车车损	3000.0	第三者车辆损失	0.0
本车车上人员伤亡	500.0	第三者人员伤亡	800.0
本车车上财产损失	0.0	第三者车上财产损失	0.0
第三者其他财产损失	300.0	其他	500.0
本车车上财产损失	0.0	第三者车上财产损失	0.0
第三者其他财产损失	300.0	其他	500.0
总计	5100.0		

返回

图7-28　查勘回复信息

你当前的位置：委托平台-受理回复

立案状态：立案

立案备注：

返回

图 7-29　立案回复界面

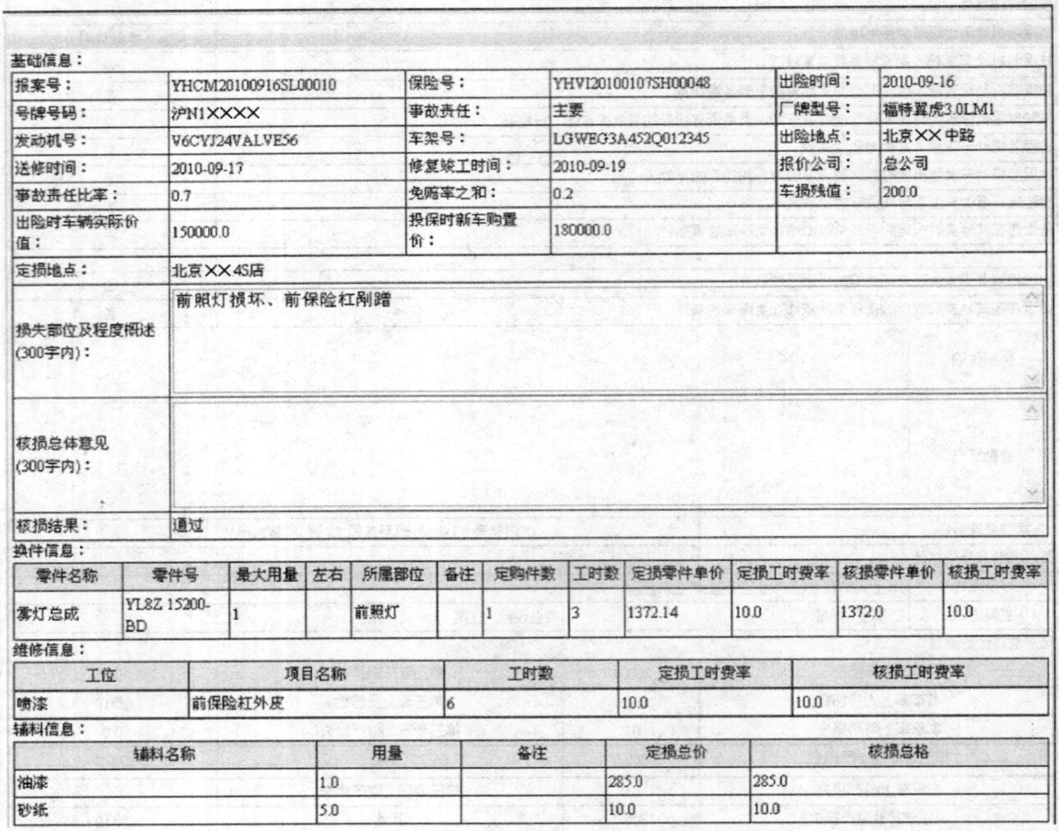

基础信息：

报案号：	YHCM20100916SL00010	保险号：	YHVI20100107SH00048	出险时间：	2010-09-16
号牌号码：	沪N1XXXX	事故责任：	主要	厂牌型号：	福特翼虎3.0LM1
发动机号：	V6CVJ24VALVE56	车架号：	LGWEG3A452Q012345	出险地点：	北京XX中路
送修时间：	2010-09-17	修复竣工时间：	2010-09-19	报价公司：	总公司
事故责任比率：	0.7	免赔率之和：	0.2	车损残值：	200.0
出险时车辆实际价值：	150000.0	投保时新车购置价：	180000.0		
定损地点：	北京XX4S店				
损失部位及程度概述(300字内)：	前照灯损坏、前保险杠剐蹭				
核损总体意见(300字内)：					
核损结果：	通过				

换件信息：

零件名称	零件号	最大用量	左右	所属部位	备注	定购件数	工时数	定损零件单价	定损工时费率	核损零件单价	核损工时费率
雾灯总成	YL8Z 15200-BD	1		前照灯		1	3	1372.14	10.0	1372.0	10.0

维修信息：

工位	项目名称	工时数	定损工时费率	核损工时费率
喷漆	前保险杠外皮	6	10.0	10.0

辅料信息：

辅料名称	用量	备注	定损总价	核损总格
油漆	1.0		285.0	285.0
砂纸	5.0		10.0	10.0

图　7-30

财产损失定损：

费用项目	报损金额	剔除金额	定损赔偿金额	计算标准或公式	核定赔偿金额
第三者车辆换件费用小计：	0.0	0.0	0.0		0.0
第三者车辆维修费用小计：	0.0	0.0	0.0		0.0
第三者车辆辅料费用小计：	0.0	0.0	0.0		0.0
第三者车辆施救费用小计：	0.0	0.0	0.0		0.0
第三者车辆残值小计：	0.0	0.0	0.0		0.0
第三者财产损失小计：	800.0	100.0	700.0	财产损失赔偿标准	700.0
本车车上货物损失小计：	0.0	0.0	0.0		0.0
本车车上其他财产损失小计：	0.0	0.0	0.0		0.0
本车停驶天数：	0	0	0		0
公共设施损失小计：	0.0	0.0	0.0		0.0
代查勘费：	0.0	0.0	0.0		0.0
鉴定费：	0.0	0.0	0.0		0.0
诉讼、仲裁费：	0.0	0.0	0.0		0.0
其他费用小计：	0.0	0.0	0.0		0.0
其他费用说明：					

人员伤亡定损

姓名：	李凯	性别：	男	年龄：	35
从事行业：	服装	标准工资：	7500.0	月收入小计：	9000.0
就诊医院：	北京××医院	住院号：	BJY_001	护理人数：	0
护理天数：	0	护理人A月收入小计：	0.0	护理人B月收入小计：	0.0
伤亡等级：		住院天数：	0	继续治疗天数：	0

费用项目	报损金额	剔除金额	定损赔偿金额	计算标准或公式	核定赔偿金额
医药、诊疗、住院费	500.0	0.0	500.0	非残疾医疗标准	500.0
后续治疗费（含整容费）	0.0	0.0	0.0		0.0
住院伙食补助费目	0.0	0.0	0.0		0.0
护理费	0.0	0.0	0.0		0.0
康复费	0.0	0.0	0.0		0.0
丧葬费	0.0	0.0	0.0		0.0
死亡补偿费	0.0	0.0	0.0		0.0
残疾赔偿金	0.0	0.0	0.0		0.0
残疾辅助器具费	0.0	0.0	0.0		0.0
交通费	0.0	0.0	0.0		0.0
住宿费	0	0.0	0.0		0.0
误工费	0.0	0.0	0.0		0.0
被扶养人生活费小计	0.0	0.0	0.0		0.0
其他费用	0.0	0.0	0.0		0.0
合计					

情况说明：	
险种类别：	车上人员责任险

救助定损信息

驾驶员姓名：	李凯	联系电话：	13564895621	救助车辆颜色：	蓝
厂牌型号：	福特翼虎3.0LM1	号牌号码：	沪N1××××	救助类别：	车险条款救助
救助公司：	北京××救助中心	事故发生时间：	2010-09-16	付费方式：	现金付费
救助项目：	简易故障	救助地点：	北京××中路	车辆送至地点：	北京
托运路线：		救助距离：	5.0	收费标准：	150000
救助车到达时间：		救助费用：	500.0	施救财产总价值：	150000.0
救助单位经办人：	2010-09-16 13:00:00	核定救助费用：	500.0	核定施救财产总价值：	150000.0
备注：					

返回

图7-30 定损回复界面

三、学 习 评 价

1 理论考核

1)选择题

(1)以下工作中,哪一项不属于委托外地时的委托内容?( )

A. 委托理算　　B. 委托查勘

C. 委托定损　　D. 委托查勘和定损

(2)关于委托外地,以下说法错误的是( )。

A. 委托任务只能选择一种

B. 委托外地需要填写委托信息和受理信息

C. 报案暂存状态的案件信息不能进行委托外地操作

D. 所有报案结束的案件信息都可以进行委托外地操作

(3)以下不在委托反馈信息中的是( )。

A. 查勘反馈　　B. 理算反馈

C. 定损反馈　　D. 立案反馈

(4)定损反馈不包含以下哪类信息?( )

A. 理算定损　　B. 财产损失反馈

C. 车损定损　　D. 人员伤亡定损

(5)车损定损不包含以下哪类信息?( )

A. 维修定损　　B. 换件定损

C. 辅料定损　　D. 残值定损

(6)关于人员伤亡定损操作正确的是( )。

A. 人员伤亡定损只能录入一个人员伤亡信息

B. 人员伤亡定损信息不能修改

C. 人员伤亡定损可以添加多个伤亡信息

D. 人员伤亡定损只能添加车上人员责任险的

(7)关于委托反馈操作说法正确的是( )。

A. 委托反馈操作只能录入一次,不能修改

B. 委托反馈在没有进行结束委托反馈操作之前可以修改

C. 委托反馈必须有查勘反馈和定损反馈两部分内容

D. 委托反馈必须有查勘反馈和立案反馈两部分内容

(8)以下哪个内容不在受理任务中?( )。

A. 受理调度　　B. 受理查勘

C. 受理查勘和定损　　D. 受理定损

(9)关于受理委托说法错误的是( )。

A. 受理委托需要录入受理案件信息

B. 受理委托需要录入受理信息

C. 受理委托需要录入调度信息

D. 受理委托需要录入委托信息

(10) 关于受理回复说法错误的是(　　)。

A. 受理回复包含查勘回复信息

B. 受理回复包含定损回复信息

C. 受理回复包含立案回复信息

D. 受理回复必须包含定损回复信息

2) 思考题

(1) 接受委托反馈信息时需要注意什么事项?

(2) 接受受理委托任务的时候需要注意什么事项?

2 技能考核

1) 考核项目 1

请根据表 7-1 中的信息进行受理委托操作:

案 件 信 息 表　　　　表 7-1

保险号	YHVI20100721BJ00053	被保险人	曹操	号牌号码	京 N8××××
厂牌型号	奇瑞	牌照底色	蓝	报案方式	电话
报案人	曹操	报案时间	2009-08-22	出险时间	2009-08-22
案件联系人	曹操	联系人电话	1588888××××	出险原因	醉酒驾车
是否第一现场	是	出险地点	北京××花园	驾驶员姓名	曹操
准驾车型	A1	初次领证日期	2001-08-06	驾驶证号	11010119780818××××
VIN 码	×××××××××× ×××××××	发动机号	123458	车架号	12345785
处理部门	交警	客户类别	个人客户	承保公司	中国人保上海分公司
车辆初次登记日期	2008-06-01	已使用年限	1.0	新车购置价	150000.0
车辆使用性质	非营运	核定载客	5	核定载重	1500.0
车辆行驶区域	中国境内	车辆种类	小型轿车	基本条款类别	
争议解决方式	诉讼	保险费	4500.0	保险期限	2009-02-01 至 2010-01-31
约定驾驶人	驾驶人姓名	主/从	驾驶证号码	准驾车型	初次领证日期
	曹操	主驾驶员	1314804××××	C1	2002-06-02
保险项目信息	序号	承保险别名称		责任限额	保险金额
	1	车辆损失险		150000.0	1500.0
	2	第三者责任险		150000.0	1500.0
	3	全车盗抢险		150000.0	1500.0

2) 考核项目 2

请根据表 7-2 和表 7-3 中的信息进行委托外地操作。

委 托 信 息 表　　　　表 7-2

委托机构:中国人民财产保险公司北京总公司　委托机构代码:BJ_001 委托人:王曼　委托任务:委托查勘　委托时间:2009-8-18 预期所需时间:48 小时

受理信息表 表7-3

受理机构:中国人民财产保险公司北京总公司	受理机构代码:SH_001
受理人:王充 受理时间:2009-8-19	

3 考核评价表

考核评价表见表7-4。

委托平台操作项目评分表 表7-4

基本信息	姓名		学号		班级		组别	
	规定时间		完成时间		考核日期		总评成绩	

	序号	步骤	标准分	评分标准	评分
任务工单	1	考核准备: 成功启动电脑 成功启动车险理赔估损系统 正确登录车险理赔估损系统	5	确保定损操作正常进行,根据实际情况酌情扣分	
	2	进入委托操作界面	2	没有正确打开操作界面扣2分	
	3	查看案件详细信息	2	没有正确查看案件信息扣2分	
	4	委托外地操作	8	没有录入委托信息扣8分,委托信息录入错误一处扣1分,扣完为止	
	5	进入委托反馈操作界面	2	没有正确进入反馈操作界面扣2分	
	6	查看委托详细信息	2	没有正确查看委托信息扣分	
	7	进入委托反馈操作界面	2	没有进入委托反馈操作界面扣2分	
	8	录入查勘反馈信息	10	没有录入查勘反馈信息扣10分,录入错误没处扣1分	
	9	录入立案反馈信息	5	没有录入立案反馈信息扣5分,录入错误没处扣3分	
	10	录入定损反馈信息	30	没有录入扣30分,录入错误每处扣1分	
	11	结束委托反馈	3	没有今进行结束委托操作扣3分	
	12	进入受理委托操作界面	2	没有正确进入委托操作界面扣2分	
	13	录入受理委托信息	3	没有录入受理委托信息扣3分,每错一处扣1分	
	14	录入受理案件信息	6	没有录入受理案件信息扣6分,每错一处扣0.5分	
	15	进入受理回复操作界面	2	没有正确进入回复操作界面扣2分	
	16	查看查勘回复	2	没有执行查看查勘回复操作扣2分	
	17	查看立案回复	2	没有执行查看立案回复操作扣2分	
	18	查看定损回复	2	没有执行查看定损回复操作扣2分	
	19	结束受理回复	5	没有执行结束受理回复操作扣5分	
团队协作			5	根据实际情况酌情扣分	
		总分合计	100	评分合计	

学习任务8 调度平台操作

工作情境描述

2010年10月26日上午10时，某保险公司调度员王妮，从车险理赔估损系统中查询到需要进行查勘调度操作的报案信息。在了解该案件信息后，王妮对该案件执行了查勘调度操作，将该任务分配给查勘员李宏并要求其在12小时内完成该查勘任务。

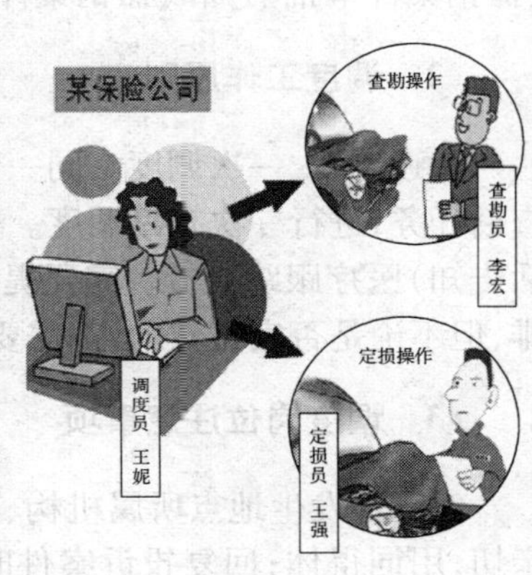

次日上午9时，王妮从车险理赔估损系统中查询到前日李宏查勘的案件已经立案成功并需要进行定损。王妮对该案件执行了定损调度操作，将该任务分配给定损员王强并要求其在24小时内完成该定损任务。

学习目标

1. 了解调度平台的基本功能；
2. 能够使用调度平台进行查勘与定损调度工作。

学习时间

2学时。

学习引导

本学习任务沿着以下脉络进行学习：

教学组织建议

学生两人一组(教师可根据实训条件自行安排分组人数)，其中：一个人进行平台操作，另一个人对操作过程进行记录与分析。完成后学生交换角色练习,教师对全过程进行把控。

一、知识准备

1 调度岗位工作内容

受理初始案卷;初步判断案件是否构成保险责任,对于保险责任案件,应予及时调派查勘与定损,负责对查勘人员派工和记录。对于初步判断不属于保险责任的案件,负责缮制《撤销案件审批书》和《撤销案件通知书》,并上报审核立案人审核。

2 调度工作原则

就近调度、一次调度。同一保险车辆的一起事故,不论生成几条报案记录,只生成一项查勘任务,进行一次查勘调度。事故涉及人员伤亡的,应及时通知(可通过网络,但也需电话告知)医疗跟踪人员。需要提供救助服务的案件,应立即安排救助(电话中心根据情况安排,但不论是否安排救助,都需要及时通知客户服务部)。

3 调度岗位注意事项

对案件发生地点所属机构、片区准确明了,避免误派;在开展客户回访工作时要礼貌、亲切,用词得体;回复投诉案件时要耐心、细致,用语恳切;对于案件数据处理工作要细心、敏锐,敏感数据(如:敏感时间段的现场碰撞案件量、停放车辆损失案件量、盗抢案件量等等)与以往数据相比有较大差异要及时向上级主管反馈。

二、任务实施

1 操作要求

(1)录入信息时,按照规定字符格式进行。
(2)能够在对案件信息分析的基础上,安排适当的查勘定损人员,合理预计查勘定损时间。

2 设备器材

所用设备器材同学习任务6。

3 作业准备

检查车险理赔估损系统是否正常工作。 □任务完成

项目1 查勘调度

1 项目说明

调度员在车险理赔估损系统中查到有新报案的案件信息时,应立即查看新建案件信

息，安排相应的查勘人员进行案件查勘，并在公司的车险理赔估损系统中录入查勘调度信息。迅速合理的查勘调度安排可以大大提高车险理赔工作的效率。本项目结合本学习任务设计的情境，对保险公司调度员王妮接到的案件进行查勘调度。

2 操作步骤

1）第一步 进入查勘调度案件搜索界面

（1）在系统主界面中点击“调度”按钮，系统会自动展开调度平台主功能菜单（见图8-1）。

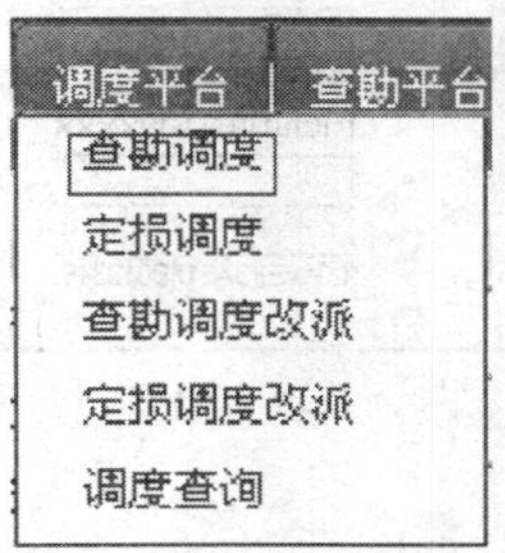

图8-1 调度平台功能菜单

（2）点击菜单中的“查勘调度”选项，进入查勘调度案件搜索界面（见图8-2）。

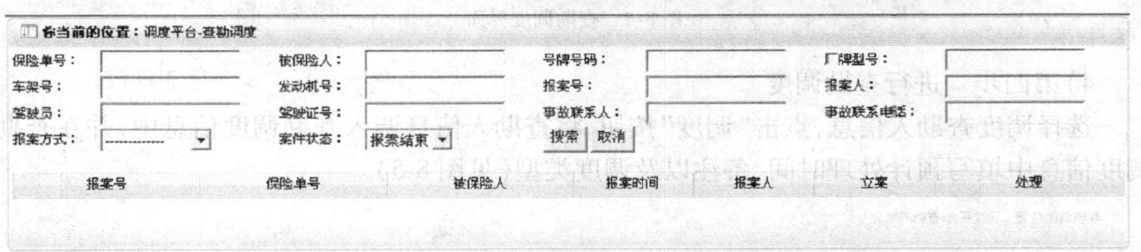
你当前的位置：调度平台-查勘调度

保险单号：　被保险人：　号牌号码：　厂牌型号：
车架号：　发动机号：　报案号：　报案人：
驾驶员：　驾驶证号：　事故联系人：　事故联系电话：
报案方式：------------　案件状态：报案结束　搜索　取消

报案号	保险单号	被保险人	报案时间	报案人	立案	处理

图8-2 查勘调度案件搜索界面

2）第二步 搜索查勘调度案件

在查勘调度案件搜索界面中输入搜索信息（如：保险单号、被保险人、报案号等），点击“搜索”按钮，返回查勘调度案件信息列表（见图8-3）。

你当前的位置：调度平台-查勘调度

保险单号：VI20091128BJ00054　被保险人：张明　号牌号码：　厂牌型号：
车架号：　发动机号：　报案号：HCM201026BJ00171　报案人：张明
驾驶员：　驾驶证号：　事故联系人：　事故联系电话：
报案方式：电话　案件状态：报案结束　搜索　取消

报案号	保险单号	被保险人	报案时间	报案人	立案	处理
YHCM20101026BJ00171	YHVI20091128BJ00054	张明	2010-10-26 09:00:00	张明	尚未立案	详细 查勘调度

图8-3 查勘调度案件信息列表

提示:①清除或重新录入查询条件,点击"取消"按钮。②查看查勘调度案件信息详情,点击"详细"按钮,弹出查勘调度案件信息详情。查看完毕后点击"关闭"按钮,退出该界面。

3)第三步 进入查勘调度界面

选择需要进行查勘调度的案件信息,点击"查勘调度"按钮,弹出查勘调度界面(见图8-4)。

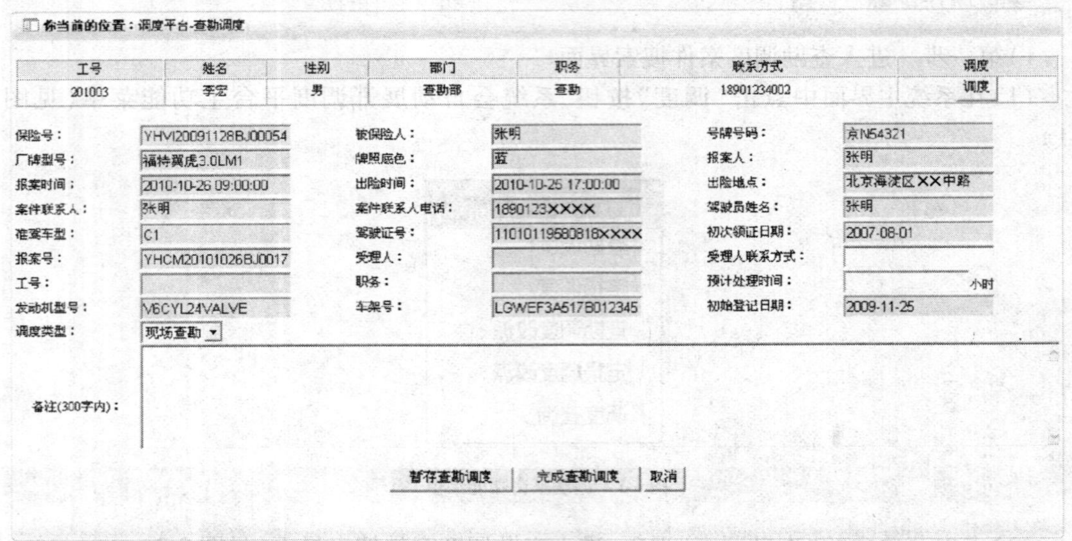

图8-4 查勘调度界面

4)第四步 进行查勘调度

选择调度查勘人信息,点击"调度"按钮,将查勘人信息调入查勘调度信息中,并在查勘调度信息中填写预计处理时间、备注以及调度类型(见图8-5)。

你当前的位置:调度平台-查勘调度

工号	姓名	性别	部门	职务	联系方式	调度
201003	李宏	男	查勘部	查勘	18901234002	调度

保险号:	YHVI20091128BJ00054	被保险人:	张明	号牌号码:	京N54321
厂牌型号:	福特翼虎3.0LM1	牌照底色:	蓝	报案人:	张明
报案时间:	2010-10-26 09:00:00	出险时间:	2010-10-25 17:00:00	出险地点:	北京海淀区XX中路
案件联系人:	张明	案件联系人电话:	1890123XXXX	驾驶员姓名:	张明
准驾车型:	C1	驾驶证号:	11010119580818XXXX	初次领证日期:	2007-08-01
报案号:	YHCM20101026BJ0017	受理人:	李宏	受理人联系方式:	18901234002
工号:	201003	职务:	查勘	预计处理时间:	12 小时
发动机型号:	V6CYL24VALVE	车架号:	LGWEF3A517B012345	初始登记日期:	2009-11-25
调度类型:	现场查勘				

备注(300字内): 查勘人员进入现场查勘时应注意:……

暂存查勘调度 完成查勘调度 取消

图8-5 查勘调度

提示：①调度查勘人员信息列表中的人员信息，由系统从数据库中调用，操作员进行选择即可。②假如录入的查勘调度信息有误，点击“取消”按钮，清空查勘调度信息即可。

5）第五步　完成查勘调度

调度员在查勘调度界面中，录入查勘调度信息，并确定无误即可提交查勘调度信息，点击“完成查勘调度”按钮；如果有些查勘调度信息尚未确定，可能需要进行修改，则点击“暂存查勘调度”按钮，系统都会返回提交查勘调度信息的结果界面。

项目2　查勘调度改派

1　项目说明

查勘调度改派是对查勘调度信息进行修改，使查勘调度信息更加完善的过程。查勘调度时，可能有些查勘调度信息尚未确定，在提交之前，要对查勘调度信息进行改派操作，此时操作员可以对前期操作的查勘调度信息进行修改，以使其符合要求。本项目结合本学习任务设计的情境，对查勘员李宏接到的案件进行查勘调度信息修改。

2　操作步骤

1）第一步　进入查勘调度案件搜索界面

点击调度平台中的“查勘调度改派”选项，进入查勘调度案件搜索界面（见图8-6）。

你当前的位置：调度平台-查勘调度修改

保险单号：		报案号：		被保险人：		号牌号码：	
厂牌型号：		发动机号：		驾驶员：		报案人：	
事故联系人：		准驾车型：		驾驶证号：		车架号：	
受理人：		调度人：		出险地点：		调度状态：	查调暂存

搜索　取消

保险单号	报案号	调度人	调度时间	受理人	调度类型	报案人	选择

图8-6　查勘调度案件搜索界面

2）第二步　搜索查勘调度案件信息

在查勘调度案件搜索界面中，输入搜索条件（如：保险单号、报案号、报案人、调度人、受理人等），点击“搜索”按钮，打开查勘调度案件信息列表（见图8-7）。

你当前的位置：调度平台-查勘调度修改

保险单号：	VI20091128BJ00054	报案号：	M20101026BJ00171	被保险人：		号牌号码：	
厂牌型号：		发动机号：		驾驶员：		报案人：	张明
事故联系人：		准驾车型：		驾驶证号：		车架号：	
受理人：	李宏	调度人：	王妮	出险地点：		调度状态：	查调暂存

搜索　取消

保险单号	报案号	调度人	调度时间	受理人	调度类型	报案人	选择
YHVI20091128BJ00054	YHCM20101026BJ00171	王妮	2010-09-01 15:47:36	李宏	现场查勘	张明	更新

图8-7　查勘调度案件信息列表

3）第三步　进入查勘调度改派界面

选择需要进行查勘调度改派的案件信息，点击“更新”按钮，弹出的查勘调度改派界面如图 8-8 所示。

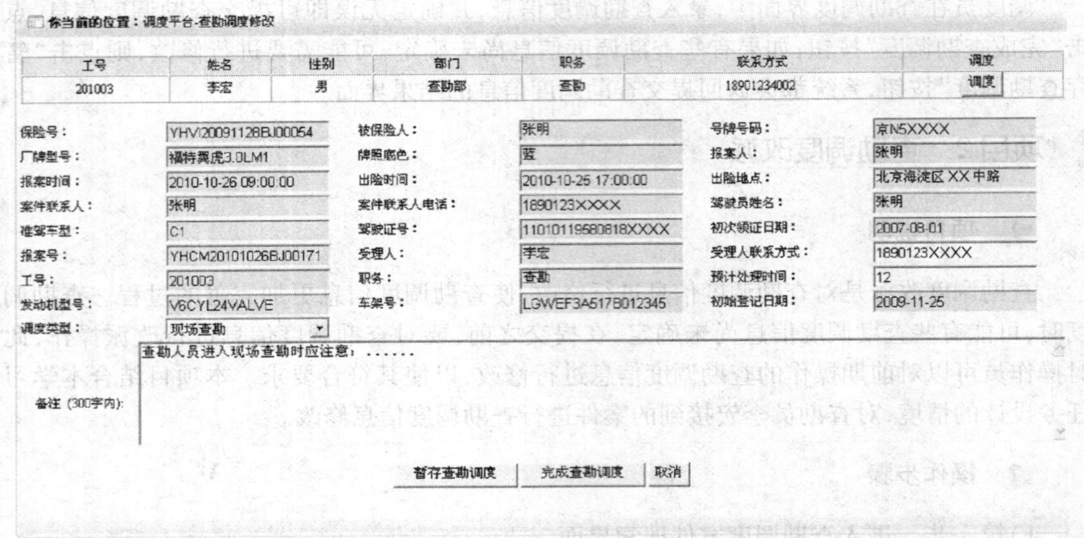

图 8-8　查勘调度改派界面

4）第四步　修改查勘调度信息

在查勘调度改派界面中，对预计处理时间、受理人联系方式的修改如图 8-9 所示。

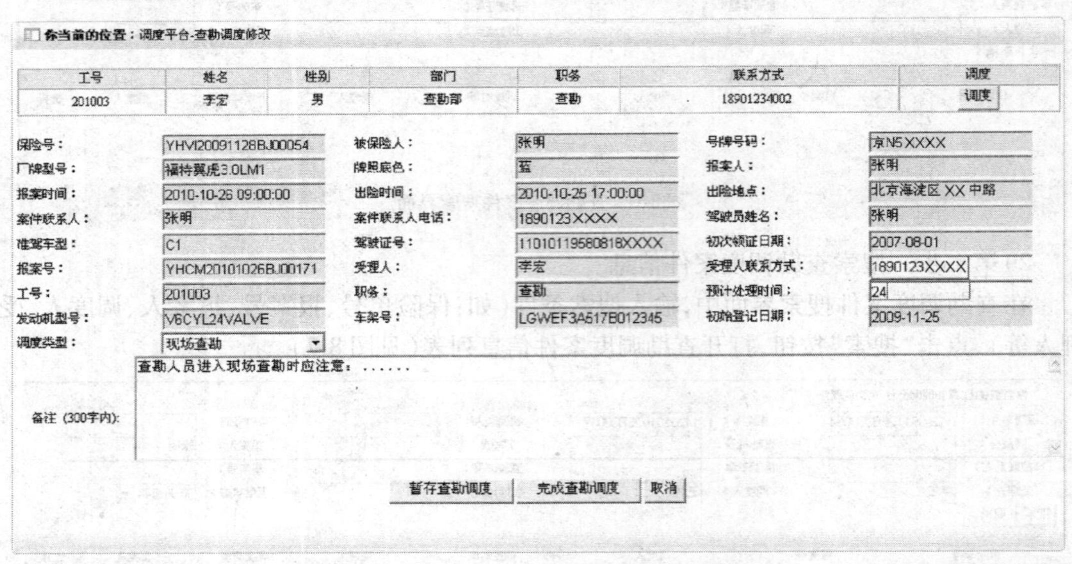

图 8-9　修改查勘调度信息

5）第五步　提交查勘调度改派信息

调度员在查勘调度改派界面中，修改信息并确定无误后，可提交查勘调度改派信息，点击“完成查勘调度”按钮；考虑到有些查勘调度信息尚未确定，还需要进行修改，点击“暂存查勘调度”按钮，系统都会返回提交查勘调度改派信息的结果界面。

项目3 定损调度

1 项目说明

调度员在车险理赔估损系统中查到有已完成查勘的案件信息时，应立即查看案件信息，安排相应的定损人员进行事故定损，并在公司的车险理赔估损系统中录入定损调度信息。本项目结合本学习任务设计的情境，对保险公司调度人员王妮接到的案件进行定损调度。

2 操作步骤

1）第一步 进入定损调度案件搜索界面

点击调度平台中的“定损调度”选项，进入定损调度案件搜索界面（见图8-10）。

你当前的位置：调度平台-定损调度

保险单号：		被保险人：		号牌号码：		厂牌型号：	
车架号：		发动机号：		报案号：		报案人：	
驾驶员：		驾驶证号：		事故联系人：		事故联系电话：	
报案方式：	------------	立案状态：	立案成功	案件状态：	立案处理	搜索 取消	

报案号	保险单号	被保险人	报案时间	报案人	立案	处理

图8-10 定损调度案件搜索界面

2）第二步 搜索定损调度案件

在定损调度案件搜索界面中输入搜索信息（如：保险单号、被保险人、报案号等），点击“搜索”按钮，返回定损调度案件信息列表（见图8-11）。

你当前的位置：调度平台-定损调度

保险单号：	VI20091128BJ00054	被保险人：	张明	号牌号码：		厂牌型号：	
车架号：		发动机号：		报案号：	CM20101026BJ00171	报案人：	张明
驾驶员：		驾驶证号：		事故联系人：		事故联系电话：	
报案方式：	电话	立案状态：	立案成功	案件状态：	立案处理	搜索 取消	

报案号	保险单号	被保险人	报案时间	报案人	立案	处理
YHCM20101026BJ00171	YHVI20091128BJ00054	张明	2010-10-26 09:00:00	张明	予以立案	详细 定损调度

图8-11 定损调度案件信息列表

提示：①搜索查勘调度案件时，最好选择具有唯一性的搜索条件，以提高搜索案件的效率。②查看定损调度案件详情，点击“详细”按钮，打开定损调度案件的详细信息（见图8-17）。查看完毕后，点击“关闭”按钮，退出该界面。

3）第三步 进入定损调度界面

选择需要进行定损调度的案件信息，点击“定损调度”按钮，打开案件的定损调度界面

(见图 8-12)。

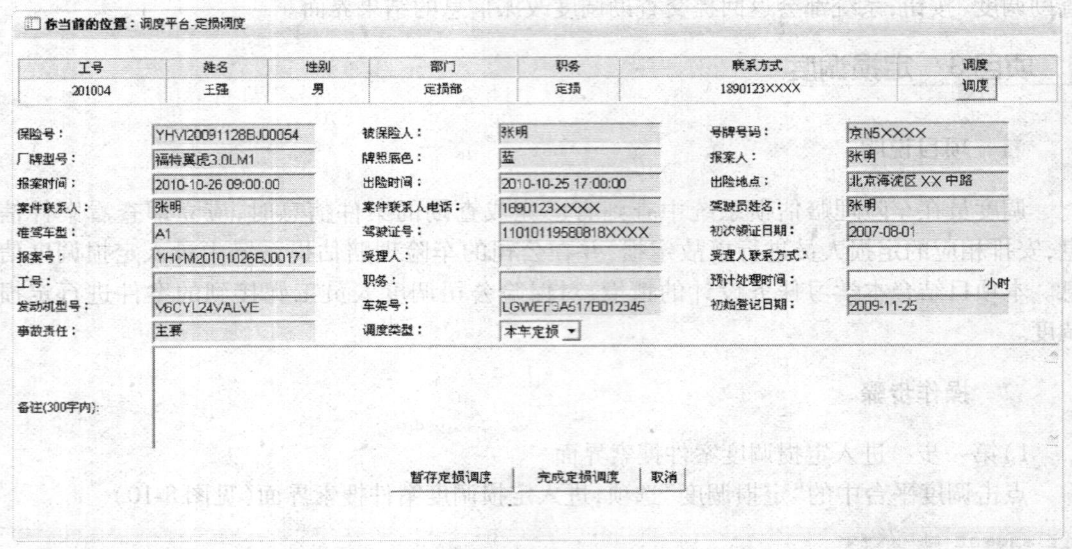

图 8-12　定损调度界面

4)第四步　录入定损调度信息

选择调度查勘人信息,点击"调度"按钮,将定损人信息调入定损调度信息中,并在定损调度信息填写预计处理时间、备注以及调度类型(见图 8-13)。

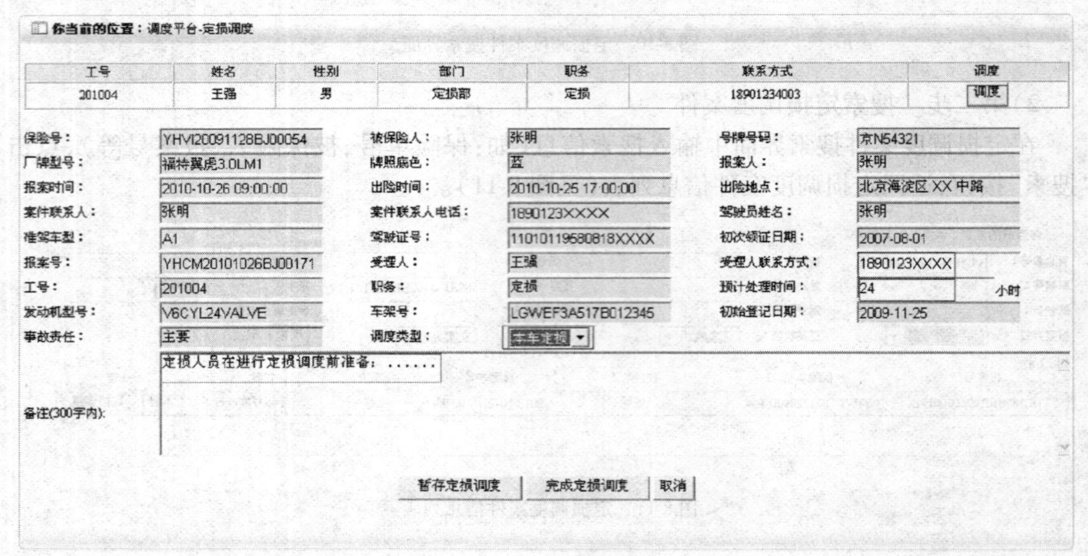

图 8-13　定损调度

提示:①调度定损人员信息列表中的人员名单,是系统从数据库中调用的,操作人员对其进行选择即可。②假如录入的定损调度信息有误,点击"取消"按钮,清空定损调度录入信息即可。

5)第五步 提交定损调度信息

调度员在定损调度界面中,录入定损调度改派信息后并确定输入的信息无误可提交定损调度信息,点击“完成定损调度”按钮;考虑到有些定损调度信息尚未确定,还需要进行修改,点击“暂存定损调度”按钮,系统都会返回提交定损调度信息的结果界面。

项目4 定损调度改派

1 项目说明

定损调度改派是对定损调度信息进行修改的一个过程,使定损调度信息更加完善。定损调度时,可能有些定损调度信息尚未确定,在提交完成定损调度之前,还要进行改派操作,此时操作员可以对前期的定损调度信息进行修改,以使其符合要求。本项目结合本学习任务设计的情境,对定损员王强接到的案件进行定损调度信息修改。

2 操作步骤

1)第一步 进入定损调度修改案件搜索界面

点击调度平台中的“定损调度修改”选项,进入定损调度修改案件搜索界面(见图8-14)。

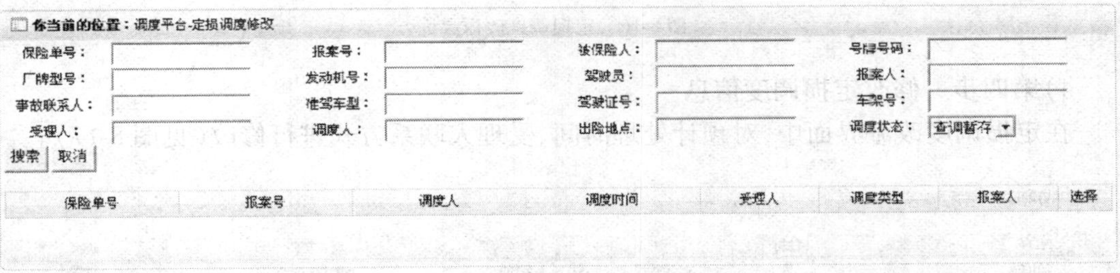

你当前的位置:调度平台-定损调度修改

保险单号: 报案号: 被保险人: 号牌号码:
厂牌型号: 发动机号: 驾驶员: 报案人:
事故联系人: 准驾车型: 驾驶证号: 车架号:
受理人: 调度人: 出险地点: 调度状态: 查调暂存
搜索 取消

保险单号	报案号	调度人	调度时间	受理人	调度类型	报案人	选择

图8-14 定损调度案件搜索界面

2)第二步 搜索定损调度案件信息

在定损调度案件搜索界面中,输入搜索条件(如:保险单号、报案号、报案人、调度人、受理人等),点击“搜索”按钮,打开定损调度案件信息列表(见图8-15)。

你当前的位置:调度平台-定损调度修改

保险单号: YHVI20091128BJ00C 报案号: M20101026BJ00171 被保险人: 号牌号码:
厂牌型号: 发动机号: 驾驶员: 报案人: 张明
事故联系人: 准驾车型: 驾驶证号: 车架号:
受理人: 王强 调度人: 王妮 出险地点: 调度类型: 本车定损
调度状态: 定调暂存 搜索 取消

保险单号	报案号	调度人	调度时间	受理人	调度类型	报案人	选择
YHVI20091128BJ00054	YHCM20101026BJ00171	王妮	2010-10-27 15:38:17	王强	本车定损	张明	更新

图8-15 定损调度案件信息列表

3）第三步　进入定损调度修改界面

选择需要进行定损调度修改的案件信息，点击“更新”按钮，弹出定损调度修改界面（见图8-16）。

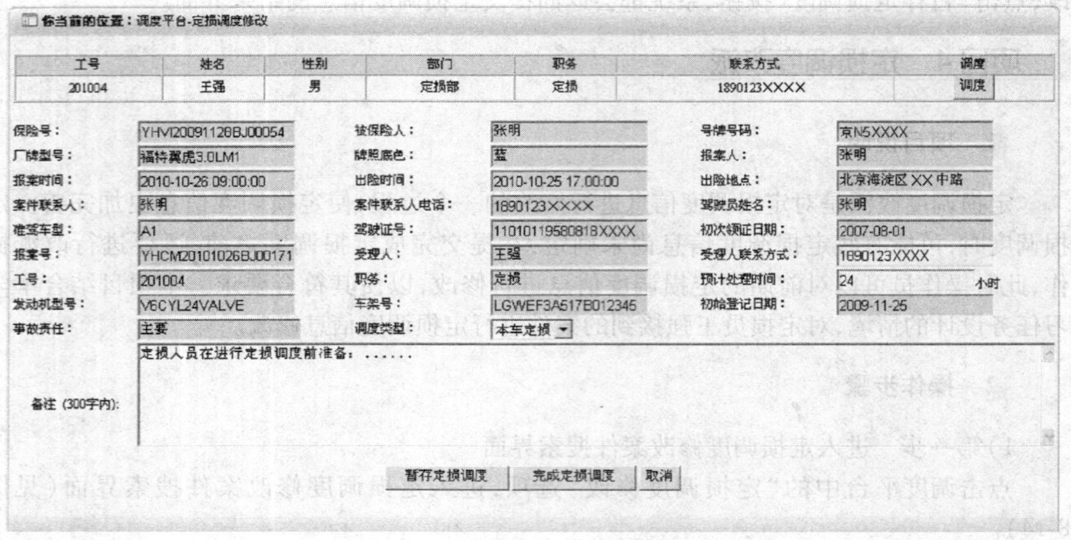

你当前的位置：调度平台-定损调度修改

工号	姓名	性别	部门	职务	联系方式	调度
201004	王强	男	定损部	定损	1890123XXXX	调度

保险号：YHVI20091128BJ00054　被保险人：张明　号牌号码：京N5XXXX
厂牌型号：福特翼虎3.0LM1　牌照底色：蓝　报案人：张明
报案时间：2010-10-26 09:00:00　出险时间：2010-10-25 17:00:00　出险地点：北京海淀区XX中路
案件联系人：张明　案件联系人电话：1890123XXXX　驾驶员姓名：张明
准驾车型：A1　驾驶证号：11010119580818XXXX　初次领证日期：2007-08-01
报案号：YHCM20101026BJ00171　受理人：王强　受理人联系方式：1890123XXXX
工号：201004　职务：定损　预计处理时间：24小时
发动机型号：V6CYL24VALVE　车架号：LGWEF3A517B012345　初始登记日期：2009-11-26
事故责任：主要　调度类型：本车定损
备注（300字内）：定损人员在进行定损调度前准备：……

暂存定损调度　完成定损调度　取消

图8-16　定损调度改派界面

4）第四步　修改定损调度信息

在定损调度改派界面中，对预计处理时间、受理人联系方式进行修改（见图8-17）。

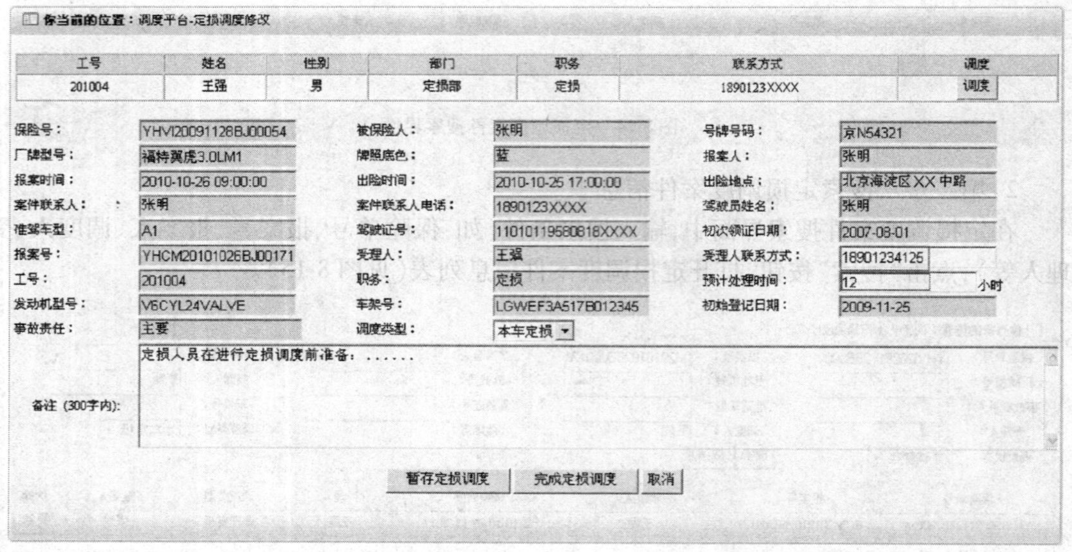

你当前的位置：调度平台-定损调度修改

工号	姓名	性别	部门	职务	联系方式	调度
201004	王强	男	定损部	定损	1890123XXXX	调度

保险号：YHVI20091128BJ00054　被保险人：张明　号牌号码：京N54321
厂牌型号：福特翼虎3.0LM1　牌照底色：蓝　报案人：张明
报案时间：2010-10-26 09:00:00　出险时间：2010-10-25 17:00:00　出险地点：北京海淀区XX中路
案件联系人：张明　案件联系人电话：1890123XXXX　驾驶员姓名：张明
准驾车型：A1　驾驶证号：11010119580818XXXX　初次领证日期：2007-08-01
报案号：YHCM20101026BJ00171　受理人：王强　受理人联系方式：18901234125
工号：201004　职务：定损　预计处理时间：12小时
发动机型号：V6CYL24VALVE　车架号：LGWEF3A517B012345　初始登记日期：2009-11-25
事故责任：主要　调度类型：本车定损
备注（300字内）：定损人员在进行定损调度前准备：……

暂存定损调度　完成定损调度　取消

图8-17　修改定损调度信息

5)第五步　提交定损调度改派信息

调度员在定损调度改派界面中,修改定损调度信息并确定无误可提交;如果有些定损调度信息尚未确定,需要修改,点击“暂存定损调度”按钮,系统会返回改派信息的结果界面。

项目5　调度查询

1　项目说明

调度查询功能用于对调度记录的管理,再现调度流程内容。

2　操作步骤

1)第一步　进入调度案件搜索界面

点击调度平台中的“调度查询”选项,进入调度案件搜索界面(见图8-18)。

你当前的位置:调度平台-查勘调度修改

保险单号:　报案号:　被保险人:　号牌号码:
厂牌型号:　发动机号:　驾驶员:　报案人:
事故联系人:　准驾车型:　驾驶证号:　车架号:
受理人:　调度人:　出险地点:　调度状态:查调暂存

搜索　取消

保险单号	报案号	调度人	调度时间	受理人	调度类型	报案人	选择

图8-18　调度案件搜索界面

2)第二步　搜索调度案件信息

在调度案件搜索界面中,输入搜索条件(如:保险单号、报案号、报案人、调度人、受理人等),点击“搜索”按钮,打开定损调度案件信息列表(见图8-19)。

你当前的位置:调度平台-调度查询

保险单号:VI20091128BJ00054　被保险人:张明　号牌号码:　厂牌型号:
照牌底色:　发动机号:　驾驶员:张明　报案人:
事故联系人:　准驾车型:　驾驶证号:　车架号:
报案号:M20101026BJ00171　调度人:王妮　出险地点:　受理人:王强
调度类型:------　调度状态:------　搜索　取消

保险单号	报案号	调度人	调度时间	受理人	调度类型	报案人	状态	选择
YHVI20091128BJ00054	YHCM20101026BJ00171	王妮	2010-10-27 15:38:17	王强	本车定损	张明	定调结束	详细

图8-19　定损调度案件信息列表

提示:在调度平台上,案件的调度状态有6种,包括查调暂存、查调结束、查调锁定、定调暂存、定调结束、定调锁定。查调暂存是暂存查勘调度操作的案件状态;查调结束是完成查勘调度操作的案件状态;查调锁定是完成查勘操作后对案件进行锁定的案件状态;定调暂存是暂存定损调度操作的案件状态；定调结束是完成定损调度操作的案件状态；定调锁定是完成定损操作后对案件进行锁定的案件状态。通过不同的调度状态可以查询出处于不同状态的案件信息。

3)第三步　查看案件调度信息

选择需要查看调度案件信息，点击“详细”按钮，弹出调度案件详细界面。

三、学 习 评 价

1 理论考核

1)选择题

(1)在车险理赔估损系统中，关于查勘受理人的说法正确的是(　　)。

A. 在查勘调度界面中，可以添加新查勘受理人信息，并对其进行分配查勘工作

B. 在查勘调度界面中，可以删除查勘受理人信息

C. 在查勘调度界面中，可以在查勘受理人列表中，选择查勘受理人，并对其进行分配查勘工作

D. 在查勘调度界面中，不可以更改案件受理人

(2)在车险理赔估损系统中，关于查勘调度操作说法正确的是(　　)。

A. 在查勘调度界面中，查勘受理人信息是系统自动调入的

B. 在查勘调度界面中的预计处理时间处，输入查勘处理人对该案件的预计查勘处理时间

C. 查勘受理人可以对案件进行非现场查勘

D. 以上说法都不对

(3)关于调度平台的主要工作说法错误的是(　　)。

A. 调度平台下调度员可以进行查勘调度、查勘调度改派、定损调度、定损调度改派操作

B. 调度平台下调度员可以进行查勘调度、定损调度、调度查询操作

C. 调度平台下调度员可以进行定损调度、定损调度改派、调度查询操作

D. 调度平台下调度员可以进行查勘调度、新建查勘、定损调度、调度查询操作

(4)下列哪个案件状态不是调度平台下进行操作直接产生的？(　　)

A. 定调暂存

B. 定调锁定

C. 定调结束

D. 查调结束

(5)关于调度平台下的案件状态描述错误的是(　　)。

A. 查调暂存是查勘调度案件进行暂存操作的状态

B. 查调结束是查勘调度案件进行完成查勘调度操作的状态

C. 查调锁定是查勘调度案件进行完成查勘调度操作的状态

D. 定调结束是定损调度案件进行完成定损调度操作的状态

(6)关于调度平台下定损调度说法错误的是(　　)。

A. 定损调度是对已立案成功的案件安排进行定损的操作

B. 在定损调度界面中可以给案件调度定损受理人、受理人的联系方式

C. 在定损调度界面中可以填写预计定损处理时长,并安排定损调度类型

D. 完成定损调度后可以进行新建查勘操作

(7)关于调度查询说法有误的是(　　)。

A. 在调度查询窗口中,对查调暂存状态的案件可以查看该案件的查勘调度详情

B. 在调度查询窗口中,对查调锁定状态的案件可以查看该案件的查勘调度详情

C. 在调度查询窗口中,对定调暂存状态的案件可以查看该案件的定损调度详情

D. 在调度查询窗口中,对定调锁定状态的案件可以查看该案件的查勘立案信息

(8)对于调度平台工作流程说法错误的是(　　)。

A. 对报案结束的案件可以进行查勘调度操作

B. 查调结束的案件无法进行定损调度

C. 查调结束的案件直接可以进行定损调度

D. 查调结束的案件直接可以进行新建查勘操作

(9)下面这些操作不是调度员来完成的是(　　)。

A. 调度员完成对案件进行查勘调度,并使其处于查调锁定状态

B. 调度员对查勘调度的案件进行暂存操作,使其处于查调暂存状态

C. 调度员对立案的案件完成定损调度,并使其处于定调结束状态

D. 调度员对定损调度的案件进行暂存操作,使其处于定调暂存状态

(10)下面这些操作哪一项是正确的?(　　)

A. 在查勘调度改派中可以对查调结束的案件进行修改

B. 在查勘调度改派中可以对查调锁定的案件进行修改

C. 在定损调度改派中可以对定调暂存的案件进行修改

D. 在定损调度改派中可以对定调锁定的案件进行修改

2)思考题

(1)在调度平台下为什么分为查勘调度和定损调度?为什么?

(2)对定调结束的案件怎样进行查勘调度信息修改?

2 技能考核

1)考核项目 1

请针对学习任务 6 中考核项目 1 的结果完成查勘调度暂存的操作。

2)考核项目 2

请根据学习任务 8 考核项目 1 的结果完成查勘调度改派的操作。

3 考核评价表

考核评价表见表 8-1。

调度管理操作项目评分表　　表8-1

<table>
<tr><td rowspan="2">基本信息</td><td>姓名</td><td></td><td>学号</td><td></td><td>班级</td><td></td><td>组别</td><td></td></tr>
<tr><td>规定时间</td><td></td><td>完成时间</td><td></td><td>考核日期</td><td></td><td>总评成绩</td><td></td></tr>
<tr><td rowspan="21">任务工单</td><td>序号</td><td colspan="2">步骤</td><td>标准分</td><td colspan="3">评分标准</td><td>评分</td></tr>
<tr><td>1</td><td colspan="2">考核准备：
成功启动电脑
成功启动车险理赔估损系统
正确登录车险理赔估损系统</td><td>3</td><td colspan="3">确保调度操作正常进行，根据实际情况酌情扣分</td><td></td></tr>
<tr><td>2</td><td colspan="2">进入查勘调度案件搜索界面</td><td>3</td><td colspan="3">没有正确打开操作界面，扣3分</td><td></td></tr>
<tr><td>3</td><td colspan="2">搜索查勘调度案件</td><td>3</td><td colspan="3">没有正确输入，每错一处扣1分，没有唯一搜索出查勘案件，扣3分，扣完为止</td><td></td></tr>
<tr><td>4</td><td colspan="2">进入查勘调度界面</td><td>2</td><td colspan="3">没有正确打开操作界面，扣2分</td><td></td></tr>
<tr><td>5</td><td colspan="2">进行查勘调度</td><td>4</td><td colspan="3">没有正确录入调度信息，没错一处扣2分，扣完为止</td><td></td></tr>
<tr><td>6</td><td colspan="2">完成查勘调度</td><td>3</td><td colspan="3">没有进行完成操作的扣3分，完成查勘调度后没有弹出正确提示扣3分，扣完为止</td><td></td></tr>
<tr><td>7</td><td colspan="2">进入查勘调度案件搜索界面</td><td>3</td><td colspan="3">没有正确打开操作界面，扣3分</td><td></td></tr>
<tr><td>8</td><td colspan="2">搜索查勘调度案件信息</td><td>3</td><td colspan="3">需修改的案件记录没有唯一单独检索出来的扣3分</td><td></td></tr>
<tr><td>9</td><td colspan="2">进入查勘调度改派界面</td><td>3</td><td colspan="3">没有正确打开操作界面，扣3分</td><td></td></tr>
<tr><td>10</td><td colspan="2">修改查勘调度信息</td><td>8</td><td colspan="3">没有正确修改调度信息，没错一处扣2分，扣完为止</td><td></td></tr>
<tr><td>11</td><td colspan="2">提交查勘调度改派信息</td><td>3</td><td colspan="3">没有进行完成操作的扣3分，完成提交后没有弹出正确提示扣3分，扣完为止</td><td></td></tr>
<tr><td>12</td><td colspan="2">进入定损调度案件搜索界面</td><td>3</td><td colspan="3">没有正确打开窗口的扣3分</td><td></td></tr>
<tr><td>13</td><td colspan="2">搜索定损调度案件</td><td>3</td><td colspan="3">没有唯一搜索出需要的案件扣3分</td><td></td></tr>
<tr><td>14</td><td colspan="2">进入定损调度界面</td><td>3</td><td colspan="3">没有正确打开操作界面，扣3分</td><td></td></tr>
<tr><td>15</td><td colspan="2">录入定损调度信息</td><td>8</td><td colspan="3">录入定损调度信息没错一处口2分，扣完为止</td><td></td></tr>
<tr><td>16</td><td colspan="2">提交定损调度信息</td><td>3</td><td colspan="3">没有进行完成操作的扣3分，完成提交后没有弹出正确提示扣3分，扣完为止</td><td></td></tr>
<tr><td>17</td><td colspan="2">进入定损调度改派案件</td><td>3</td><td colspan="3">没有正确打开操作界面，扣3分</td><td></td></tr>
<tr><td>18</td><td colspan="2">搜索定损调度案件信息</td><td>3</td><td colspan="3">没有唯一搜索出需要的案件扣3分</td><td></td></tr>
<tr><td>19</td><td colspan="2">进入定损调度改派界面</td><td>3</td><td colspan="3">没有正确打开操作界面，扣3分</td><td></td></tr>
<tr><td>20</td><td colspan="2">修改定损调度信息</td><td>8</td><td colspan="3">修改定损调度信息，每错一处扣2分，扣完为止</td><td></td></tr>
</table>

续上表

	序号	步骤	标准分	评分标准	评分
任务工单	21	提交定损调度改派信息	3	没有进行完成操作的扣3分,完成提交后没有弹出正确提示扣3分,扣完为止	
	22	进入调度案件搜索界面	3	没有正确打开操作界面,扣3分	
	23	搜索调度案件信息	3	没有唯一搜索出需要的案件扣3分	
	24	查勘案件调度信息	8	没有正确打开操作界面,扣8分	
团队协作			5	根据实际情况酌情扣分	
总分合计			100	评分合计	

学习任务9　查勘、立案平台操作

工作情境描述

2010年10月26日上午11时，某保险公司查勘员李宏接到公司调度安排，对张明先生的报案进行现场查勘。李宏与张明先生取得电话联系后，立即赶往北京海淀区××中路对事故现场进行查勘。然后李宏返回保险公司，在车险理赔估损系统查勘平台上进行查勘信息录入、上传查看资料等操作。

在查勘信息上传完毕后，立案员冯嘉根据查勘信息在车险理赔估损系统立案平台上对该案件进行立案操作。

学习目标

1. 了解查勘平台的基本功能；
2. 能够使用软件进行案件查勘信息录入；
3. 了解立案平台的基本功能；
4. 能够使用软件进行立案管理。

学习时间

6学时。

学习引导

本学习任务沿着以下脉络进行学习：

教学组织建议

学生两人一组(教师可根据实训条件自行安排分组人数),其中:一个人进行平台操作,另一个人对操作过程进行记录与分析。完成后学生交换角色练习,教师对全过程进行把控。

一、知识准备

1 现场查勘工作内容

处理现场:当事故尚未控制或保险车辆及人员尚处于危险状态时,应采取积极的施救、保护措施,协助客户及有关人员向交警部门报案、保护现场、抢救伤员、消除危险因素。

确认承保标的:查验出险车辆的牌照号码、铭牌、车架(或车型编号)及发动机号码,与保单信息、行驶证进行核对,确认是否为承保标的。

调查取证:询问当事人和目击者,了解事故原因和事故经过,核对并记录肇事车辆行驶证、驾驶证是否合格有效,为保险责任和事故责任的判定提供依据。

现场勘查:查看有关痕迹和物证,记录事故现场有关物体的原有形态及相互位置关系,分析事故的成因,为保险责任和事故责任的判定提供依据。

事故拍照、完成查勘报告:对事故现场及受损车辆损失情况进行拍照、记录。照片应从技术角度记录判断事故责任、确定损失的关键场面和损失部位,照片包括事故现场全貌、车辆整体及局部损失照片。根据事故相关信息填写现场查勘报告。

案件上传:现场查勘完成后,将现场采集到的信息录入公司系统、递交原始资料。它是现场查勘工作中最后一个步骤,也是体现保险公司整体水平及个人业务能力的一个重要方面。保险公司根据案件大小和难易程度确定信息上传时间的要求。

2 立案

立案是车险理赔的重要环节,案件立案后才进行定损理赔等一系列操作,否则该案件将被撤销,不予理赔。

二、任务实施

1 技术要求与标准

(1)录入信息时,必须按照规定的字符格式进行;

(2)录入信息后进行核对,确保查勘信息正确无误;

(3)按顺序依次上传查勘图片。

2 设备器材

所用设备器材同学习任务6。

3 作业准备

(1)检查车险理赔估损系统是否正常工作; □任务完成

(2)确认查勘资料上传所需要的数据信息。 □任务完成

项目1 新建查勘

1 项目说明

当查勘员接到查勘调度并完成实地查勘后,需要将查勘信息(如:查勘基本信息、第三者车辆基本信息、事故基本信息、事故详细信息、责任判断及损失估计信息等)录入车险理赔估损系统中。当查勘员将查勘信息录入到系统后,立案人员可以在此查勘数据的基础上,借助系统平台完成立案工作,确定该案件是否进入定损调度操作。

本项目结合本学习任务设计的情境,对查勘员李宏2010年10月26日上午查勘的案件进行新建查勘操作。

2 操作步骤

1)第一步 进入查勘操作界面

(1)在系统主界面中点击"查勘平台"按钮,系统会自动展开查勘平台的功能菜单(见图9-1)。

(2)选择功能菜单中的"新建查勘"选项,系统显示可进行查勘操作的案件信息列表(见图9-2)。

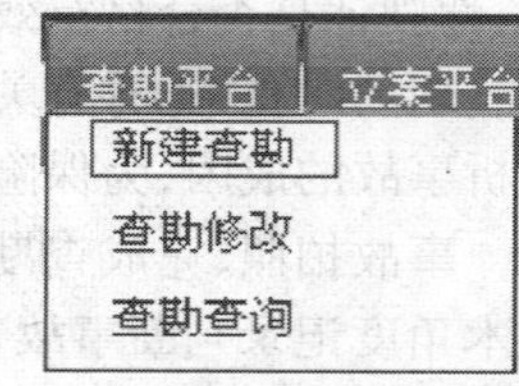

图9-1 查勘平台功能菜单

你当前的位置:查勘平台-新建查勘

报案号	调度类型	调度人	调度人电话	调度时间	保险号	处理
YHCM20101026BJ00170	现场查勘	王妮	1580123XXXX	2010-10-26 10:36:22	YHVI20091128BJ00054	详细 查勘

图9-2 案件信息列表

2)第二步 确定查勘案件

(1)查看查勘调度信息。

①从案件信息列表中选择需要进行定损操作的报案信息,并点击其对应行中"详细"按钮,打开针对该查勘员的查勘调度详细信息界面(见图9-3)。

②点击查勘调度详细信息界面中的"关闭"按钮,关闭该界面。

(2)进入查勘操作界面。

从案件信息列表中选择需要进行查勘操作的案件信息,并点击其对应行中"查勘"按

钮，进入查勘信息录入界面。

机动车保险调度单

保险号：	YHVI20091128BJ00054	被保险人：	张明	号牌号码：	京N5XXXX
厂牌型号：	福特翼虎3.0L M1	牌照底色：	蓝	报案人：	张明
报案时间：	2010-10-26 09:00:00	出险时间：	2010-10-25 17:00:00	出险地点：	北京海淀区XX中路
案件联系人：	张明	案件联系人电话：	1580123XXXX	驾驶员姓名：	张明
准驾车型：	C1	驾驶证号：	11010119580818XXXX	初次领证日期：	2007-08-01
报案号：	YHCM20101026BJ00170	受理人：	李宏	受理人联系方式：	1580123XXXX
工号：	xy003	职务：	查勘	预计处理时间：	12
发动机型号：	LGWEF3A517	车架号：	LGWEF3A517B012345	初始登记日期：	2009-11-25
调度类型：	现场查勘				
备注：					

关　闭

图9-3　查勘调度信息

3）第三步　录入查勘基本信息

在查勘信息录入界面的查勘基本信息录入栏目（见图9-4）中，录入案件性质、查勘地点、驾驶员姓名、驾驶证号、准驾车型、初次领证日期、性别、联系方式等信息。

报案号：	YHCM20101026BJ00170	保险号：	YHVI20091128BJ00054	出险时间：	2010-10-25 17:00:00
出险地点：	北京海淀区XX中路	案件性质：	自赔	查勘地点：	北京海淀区XX中路
厂牌型号：	福特翼虎3.0L M1	发动机号：	LGWEF3A517	号牌底色：	蓝
号牌号码：	京N5XXXX	车架号：	LGWEF3A517B012345	初次登记日期：	2009-11-25
驾驶员姓名：	张明	驾驶证号：	11010119580818XXXX	准驾车型：	C1:小型汽车和C2,C3
初次领证日期：	2007-08-01	性别：	男	联系方式：	1580123XXXX

图9-4　查勘基本信息录入栏目

提示：

①界面中灰色的文本框不可进行录入操作，其信息皆从车辆保险单中动态提取。

②驾驶员相关信息是从报案单中动态提取的，此处须根据实际情况进行修改。

4）第四步　录入第三者车辆基本信息

在查勘信息录入界面的第三者车辆基本信息录入栏目（见图9-5）中，录入第三者车辆的相关信息。

第三者车辆基本信息

厂牌型号：		号牌号码：		交强险单号：	
驾驶员姓名：		驾驶证号：		起保日期：	
初次领证日期：		准驾车型：	A1:大型客车和A3,B1,E	联系方式：	
性别：	男				

图9-5　第三者车辆基本信息录入界面

提示：当案件中不涉及第三者车辆时，此处可不录入相关信息。

5）第五步　录入事故基本信息

在查勘信息录入界面的事故基本信息录入栏目（见图9-6）中，根据实际情况，对出险原因、事故类型、涉及三方机动车数、是否需要施救等信息，进行相应的勾选或者录入操作。

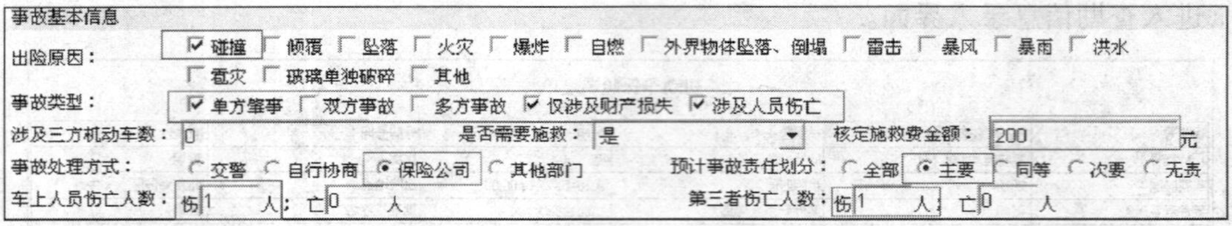

事故基本信息
出险原因：☑碰撞 □倾覆 □坠落 □火灾 □爆炸 □自燃 □外界物体坠落、倒塌 □雷击 □暴风 □暴雨 □洪水 □雹灾 □玻璃单独破碎 □其他
事故类型：☑单方肇事 □双方事故 □多方事故 ☑仅涉及财产损失 ☑涉及人员伤亡
涉及三方机动车数：0　是否需要施救：是　核定施救费金额：200 元
事故处理方式：○交警 ○自行协商 ◉保险公司 ○其他部门　预计事故责任划分：○全部 ◉主要 ○同等 ○次要 ○无责
车上人员伤亡人数：伤 1 人；亡 0 人　第三者伤亡人数：伤 1 人；亡 0 人

图 9-6　事故基本信息录入栏目

6)第六步　录入事故详细信息

在查勘信息录入界面的事故详细信息录入项目(见图 9-7)中,根据实际情况,对被保险机动车出险时的使用性质、被保险机动车驾驶人是否持有有效驾驶证等信息,进行点选操作,并录入免赔说明、查勘意见、访问笔录等信息。

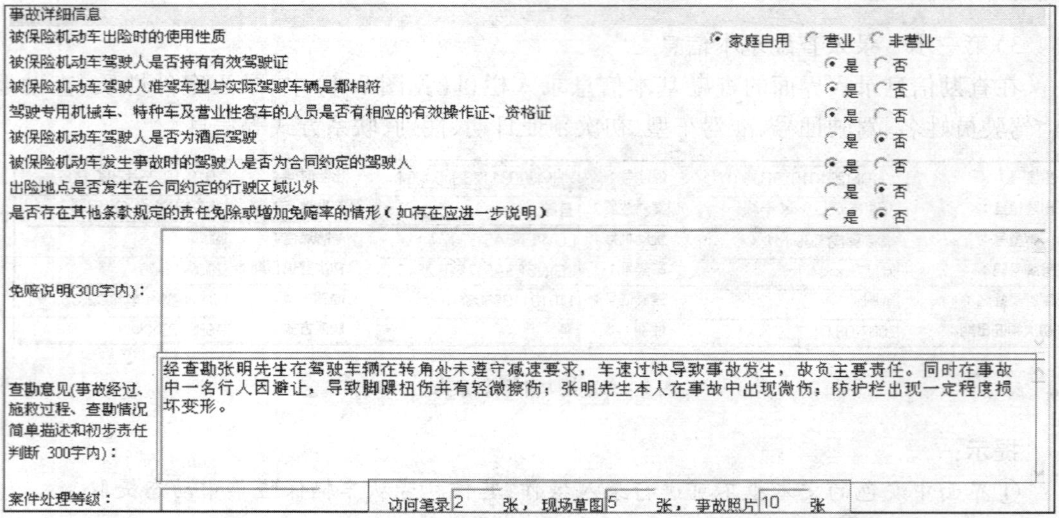

事故详细信息
被保险机动车出险时的使用性质　◉家庭自用 ○营业 ○非营业
被保险机动车驾驶人是否持有有效驾驶证　◉是 ○否
被保险机动车驾驶人准驾车型与实际驾驶车辆是都相符　◉是 ○否
驾驶专用机械车、特种车及营业性客车的人员是否有相应的有效操作证、资格证　◉是 ○否
被保险机动车驾驶人是否为酒后驾驶　○是 ◉否
被保险机动车发生事故时的驾驶人是否为合同约定的驾驶人　◉是 ○否
出险地点是否发生在合同约定的行驶区域以外　○是 ◉否
是否存在其他条款规定的责任免除或增加免赔率的情形（如存在应进一步说明）　○是 ◉否
免赔说明(300字内)：
查勘意见(事故经过、施救过程、查勘情况简单描述和初步责任判断 300字内)：经查勘张明先生在驾驶车辆在转角处未遵守减速要求，车速过快导致事故发生，故负主要责任。同时在事故中一名行人因避让，导致脚踝扭伤并有轻微擦伤；张明先生本人在事故中出现微伤；防护栏出现一定程度损坏变形。
案件处理等级：　访问笔录 2 张，现场草图 5 张，事故照片 10 张

图 9-7　事故详细信息录入界面

7)第七步　录入责任判断及损失估计信息

(1)在查勘信息录入界面的责任判断及损失估计信息录入栏目(见图 9-8)中,根据实际情况,录入涉及险种、立案建议、事故估损金额等相关信息。

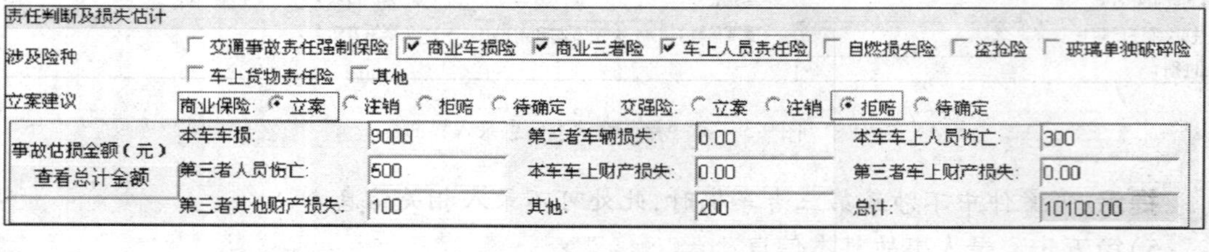

责任判断及损失估计
涉及险种　□交通事故责任强制保险 ☑商业车损险 ☑商业三者险 ☑车上人员责任险 □自燃损失险 □盗抢险 □玻璃单独破碎险 □车上货物责任险 □其他
立案建议　商业保险：◉立案 ○注销 ○拒赔 ○待确定　交强险：○立案 ○注销 ◉拒赔 ○待确定

事故估损金额（元） 查看总计金额						
	本车车损:	9000	第三者车辆损失:	0.00	本车车上人员伤亡:	300
	第三者人员伤亡:	500	本车车上财产损失:	0.00	第三者车上财产损失:	0.00
	第三者其他财产损失:	100	其他:	200	总计:	10100.00

图 9-8　责任判断及损失估计信息录入界面

(2)点击“查看总计金额”按钮,将本车车损、第三者车辆损失等事故估损金额总和显示在总计栏目里。

提示:当在事故估损金额中录入了非数值的信息(见图9-9),点击“查看总计金额”按钮,会弹出“请正确填写事故估损金额”的提示窗口(见图9-10)。

事故估损金额(元)	本车车损:	9000	第三者车辆损失:	qq	本车车上人员伤亡:	300
查看总计金额	第三者人员伤亡:	500	本车车上财产损失:	0.00	第三者车上财产损失:	0.00
	第三者其他财产损失:	100	其他:	200	总计:	10100.00

图9-9　非数值信息录入

图9-10　提示窗口

8)第八步　提交查勘信息

在查勘信息录入完毕并检查无误后,提交查勘信息。如果查勘员确认该查勘信息可直接进入立案环节,可点击“完成查勘”按钮;如果查勘员确认该查勘信息仍需要进行修改操作,不可直接进入立案环节,可点击“暂存查勘”按钮,二者都可将查勘信息进行提交,并返回操作结果界面。

提示:如果此时发现有误操作,需要将录入的信息全部清空,可点击“取消”按钮。

项目2　查勘修改

1　项目说明

查勘员完成新建查勘操作后,考虑到一些信息尚未确定,不能提交立案人员进行立案操作,故会选择暂存查勘操作,此时查勘员可以对前期录入的查勘信息进行修改,以使其符合条件。

当查勘员最终确认查勘信息,并在车险理赔估损系统查勘平台上完成相应的查勘修改后,查勘操作即完成,该查勘信息进入立案状态。本项目结合本学习任务设计的情境,对查勘员李宏处理的案件查勘信息进行修改。

2　操作步骤

1)第一步　进入查勘修改操作界面

选择查勘平台中的“查勘修改”选项,系统显示查勘案件搜索界面(见图9-11)。

你当前的位置：查勘平台-查勘修改

保险单号：		报案号：	BJ00170	号牌号码：		厂牌型号：	
照牌底色：		发动机号：		驾驶员：		驾驶证号：	
准驾车型：		驾驶员性别：	----------	查勘人：		查勘时间：	
查勘地点：		案件性质：	----------	查勘状态：	暂存	搜索	取消

保险单号	报案号	查勘人	查勘时间	驾驶员	驾驶证号	查勘状态	选择

图 9-11 查勘案件搜索界面

2）第二步 搜索确认查勘修改案件

（1）在查勘案件搜索界面中录入相应的搜索信息，点击“搜索”按钮，显示搜索到的查勘信息列表（见图 9-12）。

你当前的位置：查勘平台-查勘修改

保险单号：		报案号：		号牌号码：		厂牌型号：	
照牌底色：		发动机号：		驾驶员：		驾驶证号：	
准驾车型：		驾驶员性别：	----------	查勘人：		查勘时间：	
查勘地点：		案件性质：	----------	查勘状态：	暂存	搜索	取消

保险单号	报案号	查勘人	查勘时间	驾驶员	驾驶证号	查勘状态	选择
YHVI20091128BJ00054	YHCM20101026BJ00170	李宏	2010-10-26 12:34:54	张明	1101011958081 8XXXX	查勘暂存	更新

图 9-12 查勘信息列表

（2）点击查勘信息列表中的“更新”按钮，进入查勘修改界面。

3）第三步 修改查勘基本信息

在查勘修改界面的查勘基本信息录入栏目中，对案件性质、查勘地点、驾驶员姓名、驾驶证号、准驾车型、初次领证日期、性别、联系方式等信息做相应的修改。图 9-13 所示为对联系方式进行修改。

报案号：	YHCM20101026BJ00170	保险号：	YHVI20091128BJ00054	出险时间：	2010-10-25 17:00:00
出险地点：	北京海淀区XX中路	案件性质：	自赔	查勘地点：	北京海淀区XX中路
厂牌型号：	福特翼虎3.0L M1	发动机号：	LGWEF3A517	号牌底色：	蓝
号牌号码：	京N5XXXX	车架号：	LGWEF3A517B012345	初次登记日期：	2009-11-25
驾驶员姓名：	张明	驾驶证号：	11010119580818XXXX	准驾车型：	C1:小型汽车和C2,C3
初次领证日期：	2007-08-01	性别：	男	联系方式：	1580123XXXX

图 9-13 查勘基本信息录入

4）第四步 修改事故基本信息

在查勘修改界面的事故基本信息录入栏目中，对出险原因、事故类型、涉及三方机动车数、是否需要施救、核定施救费金额等信息，进行相应的修改，以下对核定施救费金额进行了修改（见图 9-14）。

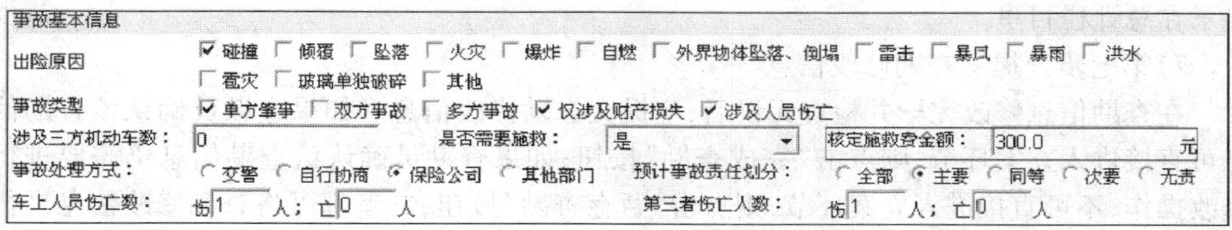

事故基本信息

出险原因：☑碰撞 ☐倾覆 ☐坠落 ☐火灾 ☐爆炸 ☐自燃 ☐外界物体坠落、倒塌 ☐雷击 ☐暴风 ☐暴雨 ☐洪水 ☐雹灾 ☐玻璃单独破碎 ☐其他

事故类型：☑单方肇事 ☐双方事故 ☐多方事故 ☑仅涉及财产损失 ☑涉及人员伤亡

涉及三方机动车数：0　是否需要施救：是　核定施救费金额：300.0 元

事故处理方式：○交警 ○自行协商 ◉保险公司 ○其他部门　预计事故责任划分：○全部 ◉主要 ○同等 ○次要 ○无责

车上人员伤亡数：伤1 人；亡0 人　第三者伤亡人数：伤1 人；亡0 人

图9-14　事故基本信息录入

5)第五步　修改事故详细信息

在查勘修改界面的事故详细信息录入栏目中,对被保险机动车出险时的使用性质、被保险机动车驾驶人是否持有有效驾驶证、免赔说明、查勘意见、访问笔录等信息进行相应的修改。图9-15所示为对被保险机动车出险时的使用性质以及现场草图数量的修改。

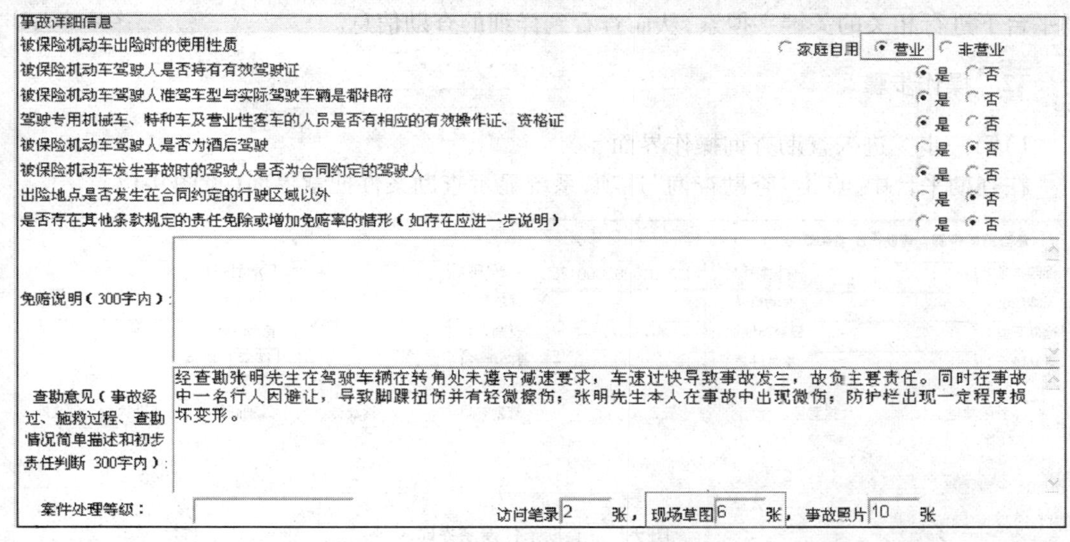

事故详细信息

被保险机动车出险时的使用性质：○家庭自用 ◉营业 ○非营业

被保险机动车驾驶人是否持有有效驾驶证：◉是 ○否

被保险机动车驾驶人准驾车型与实际驾驶车辆是都相符：◉是 ○否

驾驶专用机械车、特种车及营业性客车的人员是否有相应的有效操作证、资格证：◉是 ○否

被保险机动车驾驶人是否为酒后驾驶：○是 ◉否

被保险机动车发生事故时的驾驶人是否为合同约定的驾驶人：◉是 ○否

出险地点是否发生在合同约定的行驶区域以外：○是 ◉否

是否存在其他条款规定的责任免除或增加免赔率的情形（如存在应进一步说明）：○是 ◉否

免赔说明（300字内）：

查勘意见（事故经过、施救过程、查勘情况简单描述和初步责任判断 300字内）：经查勘张明先生在驾驶车辆在转角处未遵守减速要求，车速过快导致事故发生，故负主要责任。同时在事故中一名行人因避让，导致脚踝扭伤并有轻微擦伤；张明先生本人在事故中出现微伤；防护栏出现一定程度损坏变形。

案件处理等级：　访问笔录2 张，现场草图6 张，事故照片10 张

图9-15　事故详细信息录入栏目

6)第六步　修改责任判断及损失估计信息

(1)在查勘修改界面的责任判断及损失估计信息录入栏目中,对涉及险种、立案建议、事故估损金额等相关信息,做相应的修改。图9-16所示为对事故估损金额做修改。

责任判断及损失估计

涉及险种：☐交通事故责任强制保险 ☑商业车损险 ☑商业三者险 ☑车上人员责任险 ☐自燃损失险 ☐盗抢险 ☐玻璃单独破碎险 ☐车上货物责任险 ☐其他

立案建议：商业保险：◉立案 ○注销 ○拒赔 ○待确定　交强险：○立案 ○注销 ◉拒赔 ○待确定

事故估损金额（元）　查看总计金额

本车车损：9000.0	第三者车辆损失：0.0	本车车上人员伤亡：300.0
第三者人员伤亡：500.0	本车车上财产损失：0.0	第三者车上财产损失：0.0
第三者其他财产损失：100.0	其他：300.0	总计：10100.0

图9-16　责任判断及损失估计信息录入栏目

(2)点击“查看总计金额”按钮,将本车车损、第三者车辆损失等事故估损金额中的总和

显示在总计栏目里。

7）第七步　提交查勘修改信息

在查勘信息修改完毕并检查无误后，应提交查勘修改信息。如果查勘员确认该查勘信息可直接进入立案环节，则点击“完成查勘”按钮；如果查勘员确认该查勘信息仍需要进行修改操作，不可直接进入立案环节，则点击“暂存查勘”按钮，二者都可将查勘修改信息进行提交，并返回操作结果界面。

项目3　查勘查询

1　项目说明

当查勘员需要对某个事故案件的查勘信息进行详细的了解，可在车险理赔估损系统查勘平台下进行相关的关键字搜索，从而查看到详细的查勘信息。

2　操作步骤

1）第一步　进入查勘查询操作界面

在查勘平台中，点击“查勘查询”选项，系统显示查勘案件搜索界面（见图 9-17）。

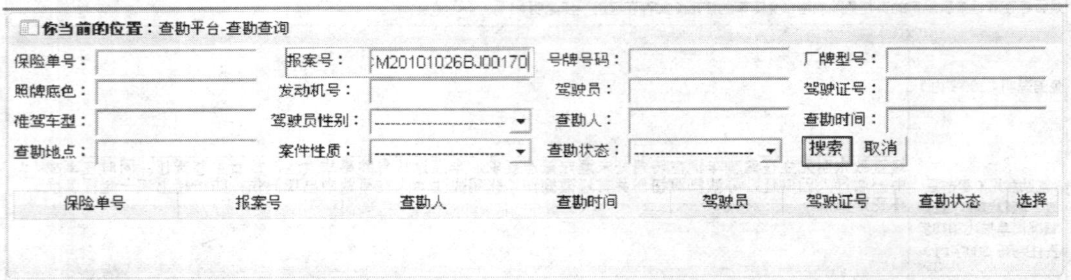

你当前的位置：查勘平台-查勘查询

保险单号：　报案号：M20101026BJ00170　号牌号码：　厂牌型号：
照牌底色：　发动机号：　驾驶员：　驾驶证号：
准驾车型：　驾驶员性别：　查勘人：　查勘时间：
查勘地点：　案件性质：　查勘状态：　搜索　取消

保险单号	报案号	查勘人	查勘时间	驾驶员	驾驶证号	查勘状态	选择

图 9-17　查勘案件搜索界面

2）第二步　查询查勘案件

在查勘案件搜索界面中输入搜索条件，点击“搜索”按钮，系统显示搜索结果列表（见图 9-18）。

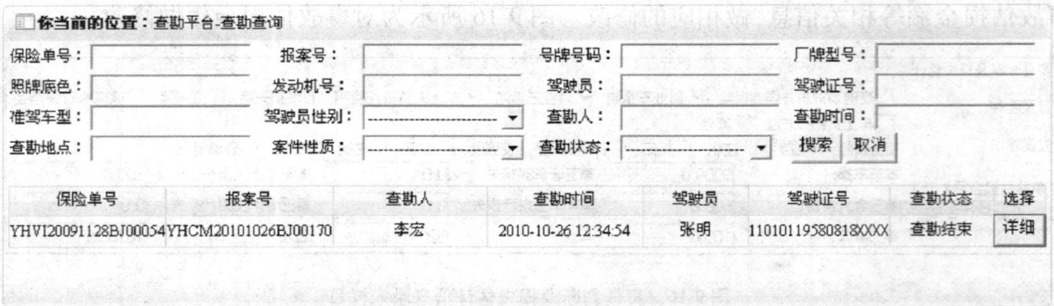

你当前的位置：查勘平台-查勘查询

保险单号：　报案号：　号牌号码：　厂牌型号：
照牌底色：　发动机号：　驾驶员：　驾驶证号：
准驾车型：　驾驶员性别：　查勘人：　查勘时间：
查勘地点：　案件性质：　查勘状态：　搜索　取消

保险单号	报案号	查勘人	查勘时间	驾驶员	驾驶证号	查勘状态	选择
YHVI20091128BJ00054	YHCM20101026BJ00170	李宏	2010-10-26 12:34:54	张明	11010119580818XXXX	查勘结束	详细

图 9-18　查勘信息列表

3)第三步　查看查勘详细信息

点击查勘信息列表中的“详细”按钮,进入查勘详细信息界面。

项目4　进行立案

1　项目说明

当立案人员接到查勘员提交的查勘信息后,应该根据获得的信息和有关资料,判断该案件是否应当准予立案,并进行相应的操作。本项目结合本学习任务中考核项目2的查勘信息进行案件的立案操作。

2　操作步骤

1)第一步　进入立案操作界面

(1)在系统主界面中点击“立案平台”按钮,系统会展开功能菜单(见图9-19)。

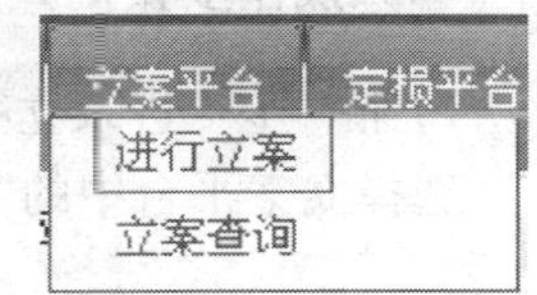

图9-19　立案平台功能菜单

(2)选择立案平台功能菜单中的“进行立案”选项,系统显示立案操作界面(见图9-20)。

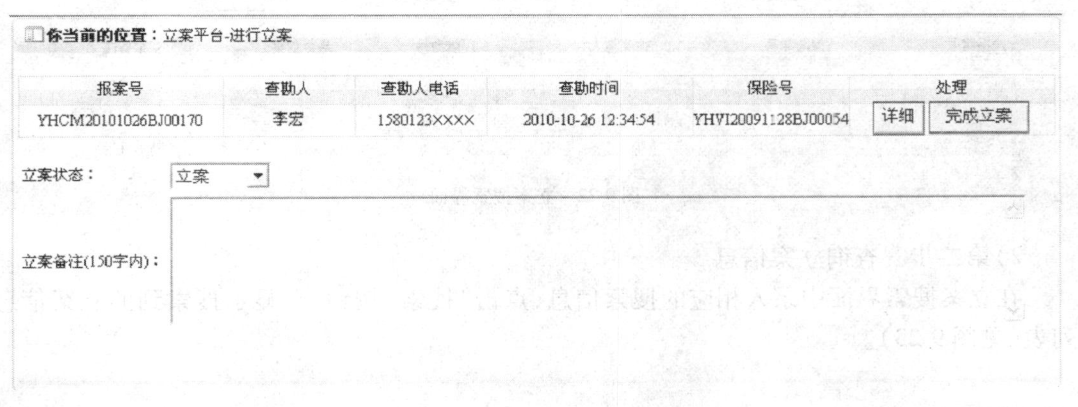

图9-20　立案操作界面

2)第二步　查看查勘详细信息

(1)在立案操作界面中点击“详细”按钮,打开查勘详细信息界面,对该案件能否立案进行判断。

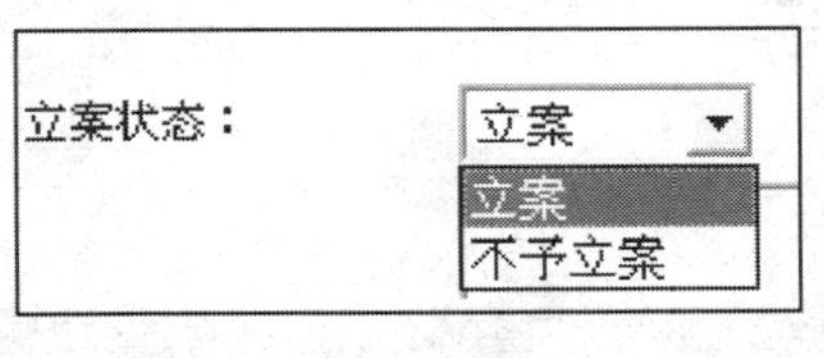

图9-21　选择立案状态

(2)点击查勘详细信息界面下部的“关闭”按钮,将该界面关闭。

3)第三步　录入立案信息

在立案操作界面中选择立案状态(见图9-21),“立案”表示该案件可以立案成功,“不予立案”表示该案件不能立案成功,并在立案备注中录入需要填写的信息。

4）第四步　提交立案信息

点击立案操作界面中“完成立案”按钮，将立案信息提交，并返回操作结果界面。

项目5　立案查询

1　项目说明

当立案员需要了解某案件的立案信息时，可以在车险理赔估损系统立案平台下进行立案查询操作，通过关键字检索到需要查看的立案信息。

2　操作步骤

1）第一步　进入立案查询操作界面

选择立案平台中的“立案查询”选项，系统显示立案搜索界面（见图9-22）。

你当前的位置：立案平台-立案查询

保险单号：		被保险人：		号牌号码：		厂牌型号：	
车架号：		发动机号：		报案号：	CM20101026BJ00170	报案人：	
驾驶员：		驾驶证号：		事故联系人：		事故联系电话：	
报案方式：	------------	立案状态：	------------	案件状态：	立案处理	搜索	取消

报案号	保险单号	被保险人	厂牌型号	是否立案	立案备注

图9-22　立案搜索界面

2）第二步　查询立案信息

在立案搜索界面中录入相应的搜索信息，点击“搜索”按钮，会显示搜索到的立案信息列表（见图9-23）。

你当前的位置：立案平台-立案查询

保险单号：		被保险人：		号牌号码：		厂牌型号：	
车架号：		发动机号：		报案号：		报案人：	
驾驶员：		驾驶证号：		事故联系人：		事故联系电话：	
报案方式：	------------	立案状态：	------------	案件状态：	立案处理	搜索	取消

报案号	保险单号	被保险人	厂牌型号	是否立案	立案备注
YHCM20091128BJ00170	YHVI20091128BJ00054	张明	福特翼虎3.0L M1	予以立案	
YHCM20101026BJ00171	YHVI20100721BJ00053	曹操	奇瑞	予以立案	

图9-23　立案信息列表

三、学 习 评 价

1　理论考核

1)选择题

(1)查勘单不包含以下哪些信息?(　　)

A. 事故基本信息　　　　B. 事故详细信息

C. 事故责任鉴定书　　　　D. 事故估损金额信息

(2)以下关于新建查勘操作错误的是(　　)。

A. 不录入第三者车辆信息便不可以进行提交查勘信息操作

B. 驾驶员信息可以进行修改

C. 不录入事故基本信息可以进行提交查勘信息操作

D. 不录入事故估损金额可以进行提交查勘信息操作

(3)以下关于查勘单内容描述正确的是(　　)。

A. 预计事故责任只有全部、主要、次要、无责4类

B. 被保险机动车出险时的使用性质包含家庭自用、营业、非营业、特种使用4类

C. 事故处理方式有交警、自行协商、保险公司、其他部门4类

D. 案件性质只包含自赔和本代两类

(4)关于使案件进入立案环节描述错误的是(　　)。

A. 在新建查勘的时候,点击"完成查勘"按钮成功提交的查勘信息

B. 在重开赔案操作中,将案件操作重开至查勘处理状态

C. 在查勘修改的时候,点击"完成查勘"按钮后成功提交的查勘修改信息

D. 在重开赔案操作中,将案件操作重开至立案处理状态

(5)关于进行立案操作描述正确的是(　　)。

A. 进行立案操作中可以进行暂存,稍后再进行修改操作

B. 立案备注必须要填写

C. 完成立案后的案件都能进行定损调度操作

D. 立案结果分为立案和不予立案

(6)以下关于案件的查勘提交状态正确的是(　　)。

A. 点击"完成查勘"按钮成功提交的查勘信息可以进入立案操作

B. 新建查勘提交的查勘信息全部可以进行查勘修改操作

C. 新建查勘提交的查勘信息全部可以进入立案操作

D. 查勘修改后的查勘信息全部可以进入立案操作

(7)关于查勘修改操作描述正确的是(　　)。

A. 查勘修改后就不可以再进行修改

B. 新建查勘后的查勘信息都可以进行查勘修改操作

C. 在查勘修改操作中点击"完成查勘"按钮,成功提交查勘信息后可以再修改

D. 在查勘修改操作中点击“完成查勘”按钮,成功提交查勘信息后便不可以再修改

(8)关于查勘查询操作说法错误的是(　　)。

A. 案件查勘信息只有进入立案环节后才可以查看

B. 可查看的查勘信息状态分为暂存和结束两种

C. 所有进行了新建查勘操作的查勘信息都可以查询

D. 当不在查勘搜索界面中输入任何搜索条件时,可以查询出全部可查看的查勘信息

(9)以下不属于事故类型的是(　　)。

A. 双方事故　　B. 单方事故

C. 多方事故　　D. 群体事故

(10)查勘修改操作流程正确的是(　　)。

A. 搜索确认查勘修改案件→进入查勘修改操作界面→修改查勘信息→提交查勘修改信息

B. 进入查勘修改操作界面→搜索确认查勘修改案件→修改查勘信息

C. 进入查勘修改操作界面→搜索确认查勘修改案件→修改查勘信息→提交查勘修改信息

D. 进入查勘修改操作界面→搜索确认查勘修改案件→修改查勘信息→修改查勘状态→提交查勘修改信息

2)思考题

(1)不予立案的案件信息将做如何处理?

(2)立案员查看到的查勘信息出现严重错误,查勘员该做如何处理?

2 技能考核

1)考核项目 1

请根据表 9-1 中的案例数据完成某事故新建查勘操作。

案例信息表　　表 9-1

查勘基本信息			
案件性质:本代	查勘地点:月亮湾		
驾驶员姓名:李力强	驾驶证号:1101011965 0912××××	准驾车型:C1	
初次领证日期:2001 年 2 月 3 日	性别:男	联系方式:1580123××××	
第三者车辆基本信息			
无			
事故基本信息			
出险原因:碰撞	事故类型:单方肇事	涉及三方机动车数:0	是否需要施救:否
事故处理方式:交警	预计事故责任:全部	车上人员伤亡人数:伤 0 人,亡 0 人	
第三者伤亡人数:伤 0 人,亡 0 人			

续上表

事故详细信息	
被保险机动车出险时使用性质	家庭自用
被保险机动车驾驶人是否持有有效驾驶证	是
被保险机动车驾驶人准驾车型与实际驾驶车辆是都相符	是
驾驶专用机械车、特种车及营业性客车的人员是否有相应的有效操作证、资格证	是
被保险机动车驾驶人是否为酒后驾驶	否
被保险机动车发生事故时的驾驶人是否为合同约定的驾驶人	是
出险地点是否发生在合同约定的行驶区域以外	否
是否存在其他条款规定的责任免除或增加免赔率的情形	否

查勘意见：

案件处理等级：一级　　访问笔录：3 张，现场草图 5 张，事故照片 15 张

责任判断及损失估计

涉及险种：商业车损险　　立案建议：商业保险立案

本车车损	3000 元	第三者车辆损失	0 元
本车车上人员伤亡	0 元	第三者人员伤亡	0 元
本车车上财产损失	0 元	第三者车上财产损失	0 元
第三者其他财产损失	0 元	其他	0 元

2）考核项目 2

查勘员将查勘信息录入后，发现一部分信息需要做修改（表 9-2），故执行查勘修改操作：

查 勘 基 本 信 息　　表 9-2

案件性质：本代　　查勘地点：月亮湾

驾驶员姓名：李力强　　驾驶证号：11010119650912××××　　准驾车型：C1

初次领证日期：2001 年 2 月 3 日　　性别：男　　联系方式：1580123××××

责任判断及损失估计

涉及险种：商业车损险　　立案建议：商业保险立案

本车车损	3500 元	第三者车辆损失	0 元
本车车上人员伤亡	0 元	第三者人员伤亡	0 元
本车车上财产损失	0 元	第三者车上财产损失	0 元
第三者其他财产损失	0 元	其他	0 元

3 考核评价表

考核评价表见表 9-3。

查勘、立案平台操作项目评分表 表9-3

基本信息	姓名		学号		班级		组别	
	规定时间		完成时间		考核日期		总评成绩	

	序号	步骤	标准分	评分标准	评分
任务工单	1	考核准备： 成功启动电脑 成功启动车险理赔估损系统 正确登录车险理赔估损系统	5	确保定损操作正常进行，根据实际情况酌情扣分	
	2	进入查勘操作界面	2	没有正确打开操作界面扣1分	
	3	确定查勘案件	2	错误选择查勘案件扣2分	
	4	录入查勘信息	25	没有进行录入查勘信息操作扣25分，查勘信息录入错误一处扣1分	
	5	提交查勘信息	4	没有进行提交查勘信息操作扣4分	
	6	进入查勘修改操作界面	2	没有正确进入操作界面扣2分	
	7	搜索确认查勘修改案件	4	选错查勘修改案件扣4分	
	8	修改查勘信息	15	没有进行修改查勘信息操作扣15分；修改信息错误一处扣1分	
	9	提交查勘修改信息	3	没有提交查勘修改信息扣3分	
	10	进入查勘查询操作界面	2	没有进入正确的操作界面扣2分	
	11	查询查勘案件	4	查询错误的查勘案件扣4分	
	12	查看查勘详细信息	3	没有查看详细信息操作扣3分	
	13	关闭查勘详细信息界面	4	没有关闭查勘详细信息界面扣4分	
	14	进入立案操作界面	4	没有正确的进入立案操作界面扣4分	
	15	查看查勘详细信息	3	没有查看详细信息扣3分	
	16	录入立案信息	5	没有进行录入立案信息操作扣5分；录入信息错误一处扣1分	
	17	提交立案信息	3	没有提交立案信息扣3分	
	18	进入立案查询操作界面	2	没有正确地进入操作界面扣2分	
	19	查询立案信息	3	没有进行查询立案信息操作扣3分	
团队协作			5	根据实际情况酌情扣分	
总分合计			100	评分合计	

学习任务10 定损平台操作

工作情境描述

2010年10月27日上午9时,某保险公司定损员王强接到公司调度安排,对张明先生的事故车进行损失确定。王强在与张明先生取得电话联系后,双方于约定当日下午一点在北京××汽车销售服务有限公司对事故车辆的损坏情况、维修项目及工时进行了确定。然后王强回到保险公司,在车险理赔估损系统的定损平台上对事故车修理项目、更换零配件、定损照片等信息进行录入和上传;并利用定损平台对维修工时费进行核定。

学习目标

1. 了解定损平台的基本功能;

2. 能够使用软件完成案件损失相关信息录入,配件价格和工时费查询,并上传定损照片等资料。

学习时间

8学时。

学习引导

本学习任务沿着以下脉络进行学习:

教学组织建议

学生两人一组(教师可根据实训条件自行安排分组人数),其中:一个人进行平台操作,另一个人对操作过程进行记录与分析。完成后学生交换角色练习,教师对全过程进行把控。

一、知识准备

1 定损岗位的基本知识

定损岗位的工作职责:定损岗位的工作职责是对事故损失进行调查和取证,确定事故损失项目和损失金额,并进行案件信息的系统平台录入。此外还负有协助核损岗收集汽车配件、物损定价标准等信息的职责。

定损岗位的工作流程:首先了解现场查勘情况;电话联系客户和第三者,确定好定损方式、地点和时间;确定损失项目和程度;缮制定损单;系统信息查询与录入。

定损工作的注意事项:超权限案件不得擅自拟定损失金额;对于受损的物件,无论是车辆还是除车辆以外的其他财物均必须遵循“以修为主,能修不换”的原则;在对车辆维修工时进行拟定时,应综合考虑当地维修市场的工时额度、维修单位的资质、维修车辆的价值以及车辆的具体受损状况和部位;对于车辆部件的价格应注意区分 4S 店价格与市场价格并结合维修单位资质进行确定;对于车辆以外的物件维修与更换应做好市场查询工作,详尽记录,为维修与更换提供依据。

定损照片的拍摄:定损照片主要是反映车损的详尽情况,包括需要修复的部位、需要更换的部件,为损失的拟定提供依据。

2 车辆构造

车身结构的分类:车身结构按照受力情况可分为承载式、非承载式、半承载式 3 种。大多数中级、普通级、微型轿车和部分客车车身常采用承载式结构。

汽车车身的基本构成:车身是由车身壳体、车身钣金件、车门车窗、车身内外装饰件及车身附件构成。

车身钣金件:它包括散热器、发动机罩、翼子板、挡泥板、驾驶室上的踏脚板、承载式轿车的保险杆等。

车门、车窗的构件:它包括门泵、摇窗机构、车锁等总成。

车身内外装饰件:它主要包括仪表板、顶篷、侧壁、座位的表面覆饰等。车身外装饰件则有装饰条、车轮装饰罩、车辆标志等。

车身附件:它包括车门锁、门铰链、玻璃升降器、各种密封件、扶手及辅助车身电器元件、安全带、安全气囊及座椅头枕等。

3 车辆常见维修项目的工艺及工时费用

事故车辆维修项目:它包括机修、钣金、电工、油漆。

汽车修理的工时:它包括更换、拆装项目的工时、修理项目的具体操作工时和辅助作业的工时等。工时费的确定一般对应维修项目的作业工时、单位工时价格来确定。具体方法有依据相关标准逐件核定工时费，工时费大包干、小包干的办法以及谈判法。

4 常见车型配件的询价方式

配件价格数据库查询：保险公司设置专门的配件信息采集维护部门，负责对当地的汽车配件供应商和配件价格信息进行采集，建立配件价格数据库并随时更新维护。对于规定需要询报价的事故车辆，报价员根据公司的配件价格数据库进行询报价工作。

市场报价：通过多家修理厂，4S 店或汽车配件供应商实际报价进行比较，得以确定。

二、任 务 实 施

1 操作要求

(1)录入信息时，必须按照规定的字符格式进行；

(2)按照要求选择车型，如果找不到相匹配的车型信息可选择相似车型。

(3)按照零件、维修项的规范学名进行数据录入，切勿随意使用俗称。

(4)遵守新开定损操作步骤。

2 设备器材

所需设备器材同学习任务 6。

3 作业准备

(1)检查车险理赔估损系统是否正常工作；　□任务完成

(2)确认定损操作的车型、换件、维修、辅料等信息。　□任务完成

项目1　新开定损

1 项目说明

当定损员接到定损调度并完成实地定损后，需要将定损信息(如定损基本信息、定损换件信息、定损维修信息、定损辅料信息等)录入车险理赔估损系统中。

本项目结合本学习任务设计的情境，对定损员王强定损的事故车辆在理赔系统上进行新开定损操作。

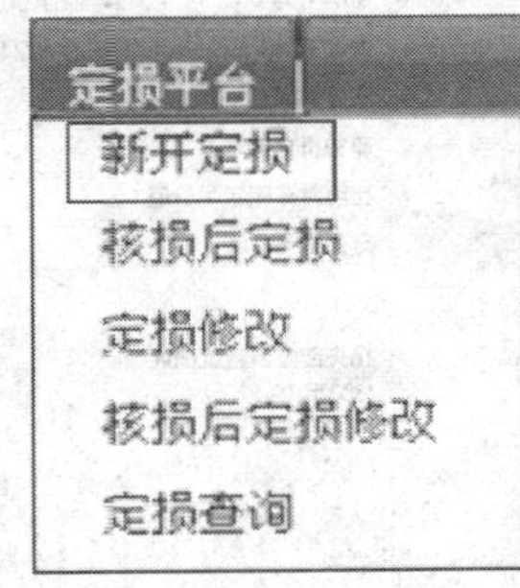

图 10-1　定损平台功能菜单

2 操作步骤

1)第一步　进入定损操作界面

(1)在系统主界面中点击“定损平台”按钮，系统会自动展开定损平台下的功能菜单(见图 10-1)。

(2)选择点击功能菜单中的"新开定损"选项,系统显示可进行定损操作的案件信息列表(见图 10-2)。

你当前的位置：定损平台-新开定损

报案号	调度人	调度人电话	调度时间	保险号	事故联系人	处理
YHCM20100805BJ00170	王妮	1581098××××	2010-08-05 16:37:20	YHVI20100805BJ00054	张明	详细 定损

图 10-2　案件信息列表

2)第二步　确认定损案件

(1)查看调度信息。

①从案件信息列表中选择需要进行定损操作的报案信息,并点击其对应行中"详细"按钮,即可打开针对该定损员的定损调度详细信息界面(见图 10-3)。

机动车保险调度单

保险号：	YHVI20100805BJ00054	被保险人：	张明	号牌号码：	京N54321
厂牌型号：	福特翼虎3.0LM1	牌照底色：	蓝	报案人：	张明
报案时间：	2010-12-26 17:00:00	出险时间：	2010-12-25 17:00:00	出险地点：	海淀区××中路
案件联系人：	张明	案件联系人电话：	01890123××××	驾驶员姓名：	张明
准驾车型：	C1	驾驶证号：	110101958081 8××××	初次领证日期：	2007-08-01
报案号：	YHCM20100805BJ00170	受理人：	王强	受理人联系方式：	1324566××××
工号：	20090909	职务：	定损	预计处理时间：	12
发动机型号：	V6CYL24VALVE DO	车架号：	LGWEF3A517B012345	初始登记日期：	2009-11-25
调度类型：	本车定损				
备注 ：					

关　闭

图 10-3　定损调度信息

②点击定损调度详细信息界面中的"关闭"按钮,即可关闭该界面。

(2)进入定损案件操作。从案件信息列表中选择需要进行定损操作的案件信息,并点击其对应行中"定损"按钮,即可进入定损基础信息录入界面(见图 10-4)。

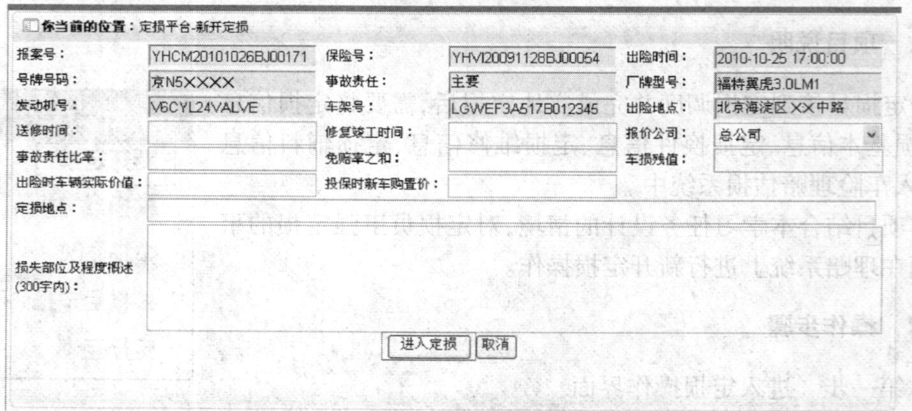
你当前的位置：定损平台-新开定损

报案号：	YHCM20101026BJ00171	保险号：	YHVI20091128BJ00054	出险时间：	2010-10-25 17:00:00
号牌号码：	京N5××××	事故责任：	主要	厂牌型号：	福特翼虎3.0LM1
发动机号：	V6CYL24VALVE	车架号：	LGWEF3A517B012345	出险地点：	北京海淀区××中路
送修时间：		修复竣工时间：		报价公司：	总公司
事故责任比率：		免赔率之和：		车损残值：	
出险时车辆实际价值：		投保时新车购置价：			
定损地点：					
损失部位及程度概述(300字内)：					

进入定损　取消

图 10-4　定损基础信息

3）第三步 定损基本信息录入

在定损基础信息界面中的“送修时间”文本框中可弹出日期选择面板，在时间选择面板中选择选中的时间点，即可将该日期录入到送修时间文本框中。

在“修复竣工时间”文本框中可弹出日期选择面板，在时间选择面板中选择选中的时间点，即可将该日期录入到送修时间文本框中，在“报价公司”下拉菜单中选择合适的报价公司，并在定损地点文本框，损失部位及程度概述文本域中录入相应的信息。检查录入的定损基本信息，确认录入信息无误（见图10-5）。

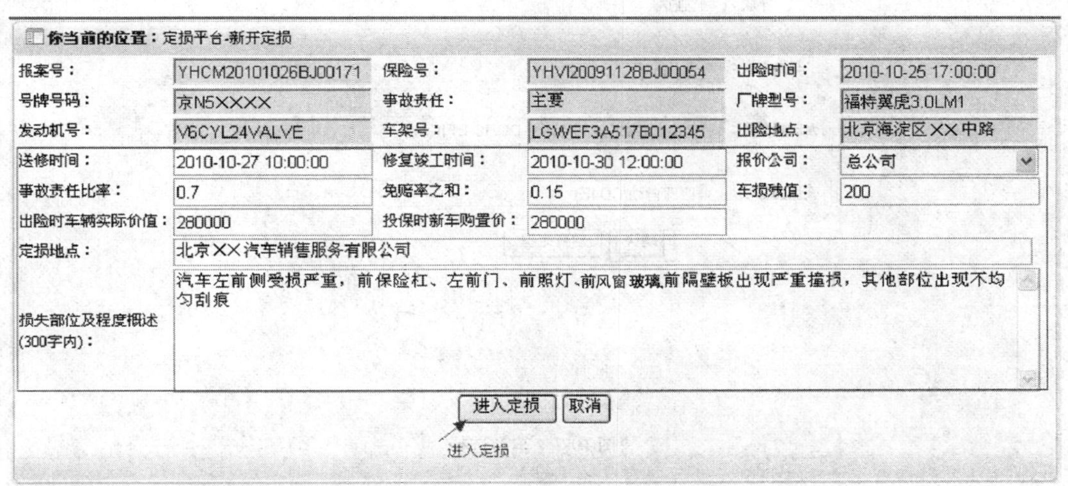

图10-5 确认定损基本信息

4）第四步 选车操作

（1）点击“进入定损”按钮，弹出的“确定提交定损基本信息”确认窗口如图10-6所示。

图10-6 确认窗口

（2）点击“确定”按钮，即可打开车型选择界面。在该界面制造厂商、车系、车型、年款、车身类型、发动机型号、变速器型号下拉框中依次选择对应的信息（见图10-7）。

提示：该系统提供了多套常见的车型图形库，涵盖了国内国外常见车型，可有效的满足教学实践需求。

5）第五步 定损换件操作

（1）点击“确认”按钮，弹出的“确认选择该车型”确认窗口如图10-8所示。

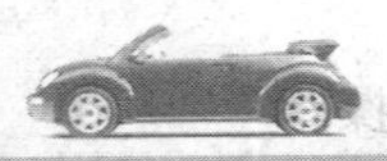

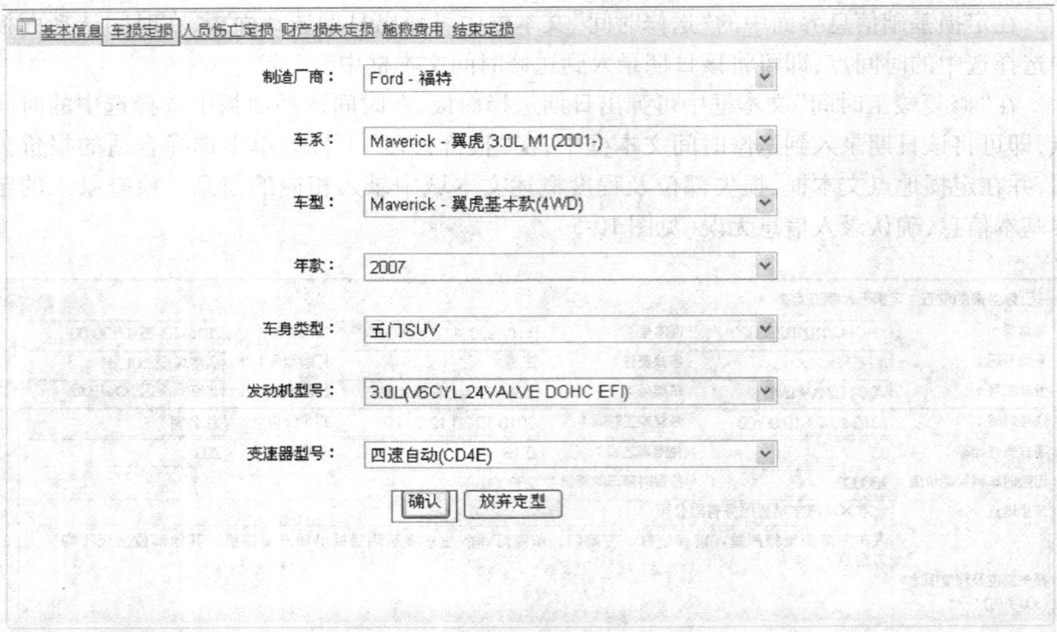

基本信息 车损定损 人员伤亡定损 财产损失定损 施救费用 结束定损
制造厂商： Ford - 福特
车系： Maverick - 翼虎 3.0L M1(2001-)
车型： Maverick - 翼虎基本款(4WD)
年款： 2007
车身类型： 五门SUV
发动机型号： 3.0L(V6CYL 24VALVE DOHC EFI)
变速器型号： 四速自动(CD4E)
确认
放弃定型

图 10-7　车型选择

Microsoft Internet Explorer
确定选择该车型吗？
确定
取消

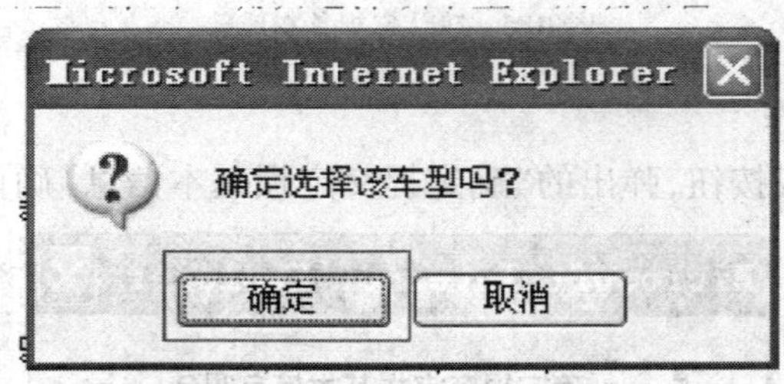

图 10-8　车型选择

(2)点击“确定”按钮，即可进入定损换件界面(见图 10-9)。

提示：该界面包含图形库、菜单列表、换件信息列表三部分。图形库将车身构造中的总成、分总成、零件信息通过图像地表现形式，真实、形象地表现出来；菜单列表，则将这一系列信息通过分级菜单清晰直观地显示出来，以满足不同定损员的操作习惯。

图形库：图形库根据车身构造将整车划分为各个独立的总成，全面涵盖车辆构造信息。同时图形库中标注了各个总成相对于车辆整个系统的具体位置，以便于定损员查找相关零件信息。

菜单列表：菜单列表和图形库相配套，它将图形库中总成、分总成、零件信息依次整合，并使其全部显示在菜单列表中，定损员可通过展开总成菜单列表，快速找寻相应的分总成以及零件信息。同时,在操作菜单列表的时候,图形库会做同步切换,使二者更有效的结合。

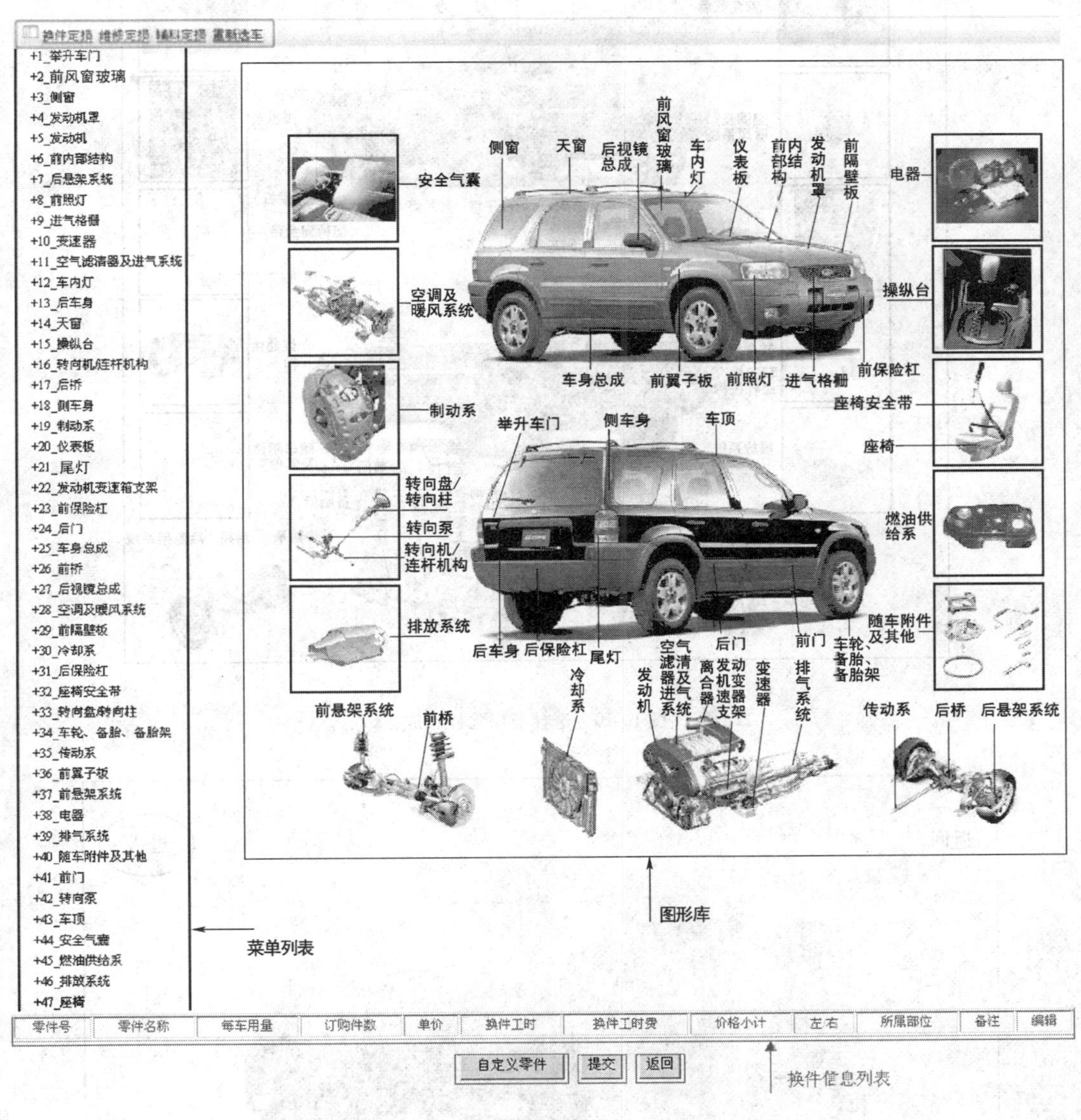

图10-9　换件定损

换件信息列表:换件信息列表,可将选中的换件信息动态的添加到该列表中。

(1)换件一　添加前保险杠杠体。

①在换件定损界面,点击“前保险杠”总成按钮(见图10-10)。

②进入前保险杠总成图形界面(见图10-11)。

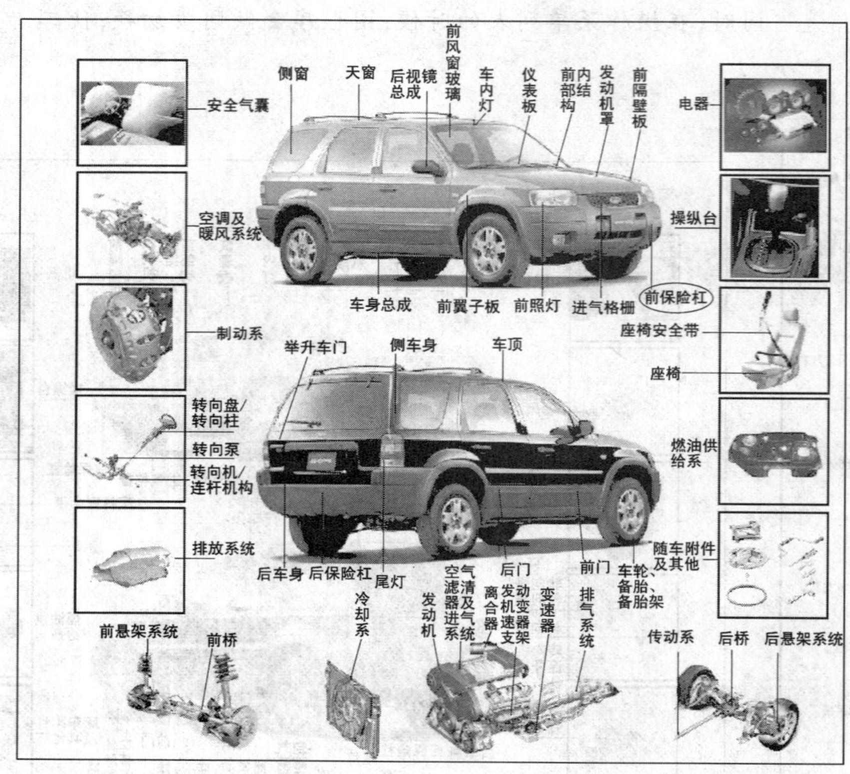

图 10-10　选择前保险杠总成

图 10-11　(前保险杠)总成图

提示：在进入前保险杠总成图形界面的同时，会将左侧菜单列表中前保险杠下拉菜单自动展开，从而直观地显现该总成中所包含的一系列零件信息（见图10-12）。单击该菜单列表中零件信息，可进入前保险杠总成下的零件图形界面；双击该菜单列表中零件信息，可打开零件列表面板。

③点击前保险杠总成图中的“进入”按钮，即可打开前保险杠总成下的零件图形界面（见图10-13）。

提示：零件图形界面中，当一个图形界面无法将该总成下所有零件全部显示时，会在该界面右上角显示“下页”按钮，可通过点击该按钮，进入下一幅零件图形界面。

④在零件图形界面中，双击“前保险杠体A”按钮，可打开该车型图形库中同名称的所有零件列表面板。点击该零件列表信息行中“选择”按钮，即可将该零件信息添加到面板底部的换件信息面板中（见图10-14）。

-23_前保险杠
- 前保险杠杠体
- 前保险杠杠体A
- 前保险杠杠体支架
- 前保险杠外皮
- 前保险杠外皮A
- 前保险杠支架
- 前杠外皮固定支架
- 前牌照板
- 前牌照板A
- 前牌照托架
- 外皮装饰条

图10-12　前保险杠总成菜单列表

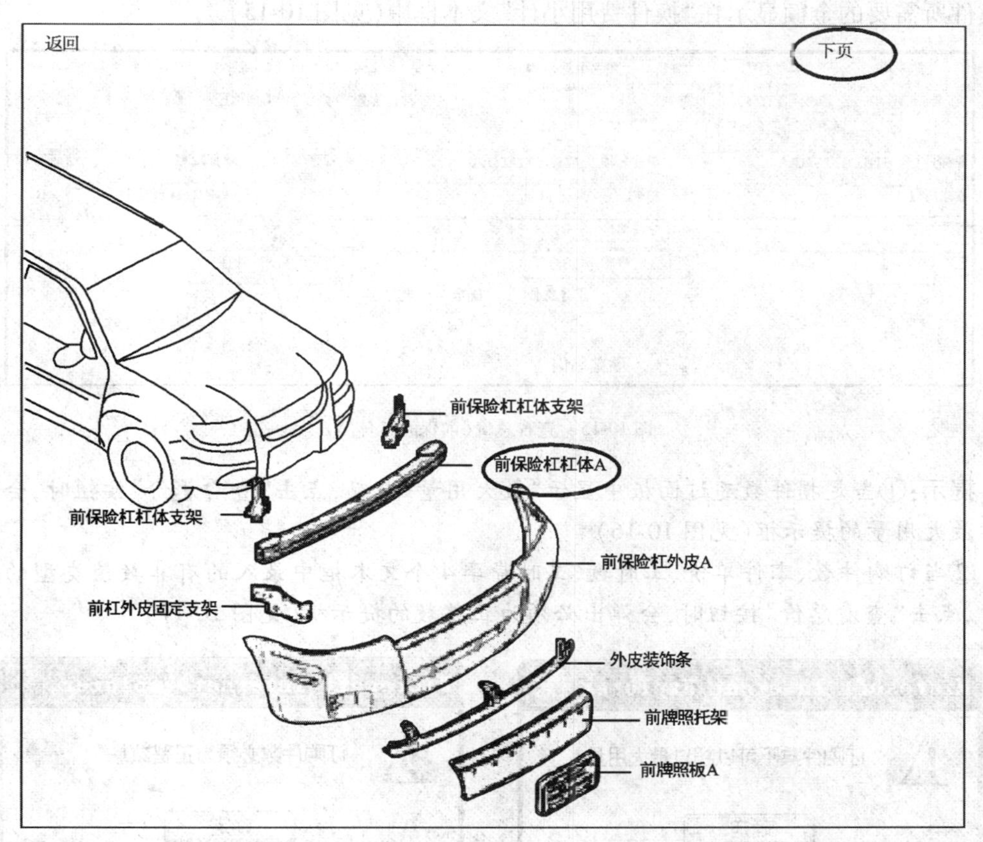

图10-13　（保险杠总成）零件图形界面

提示:该零件列表面板中将该车系中同一零件名称不同零件号的零件信息全部显示出来,同时还显示了各零件的零件参考单价、最大用量、拆装该零件的参考工时费率、参考工时等信息。该信息取自于该车系零件的平均参考值,可为定损员进行换件数据录入提供标准参考。

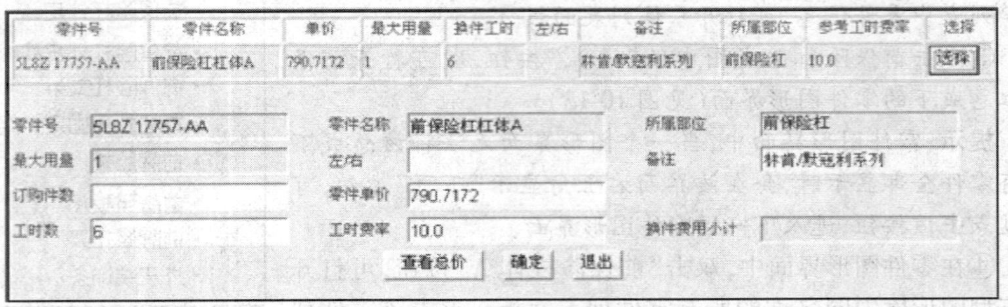

图 10-14 (前保险杠体 A)零件列表

⑤在"订购件数"文本框中录入需要换的零件件数,然后点击"查看总价"按钮,即可将该换件所需要的金额显示在"换件费用小计"文本框中(见图 10-15)。

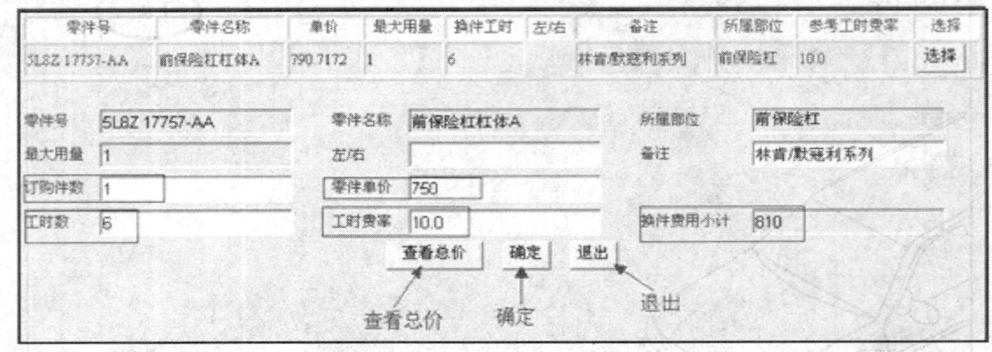

图 10-15 查看总价(前保险杠体 A)

提示:①当定损件数超过面板中显示"最大用量"数额,点击"查看总价"按钮时,会弹出超过最大用量的提示框(见图 10-16)。

②当订购件数、零件单价、工时数、工时费率 4 个文本框中录入的有非数值类型的字符串时,点击"查看总价"按钮时,会弹出必须为正整数的提示框(见图 10-17)。

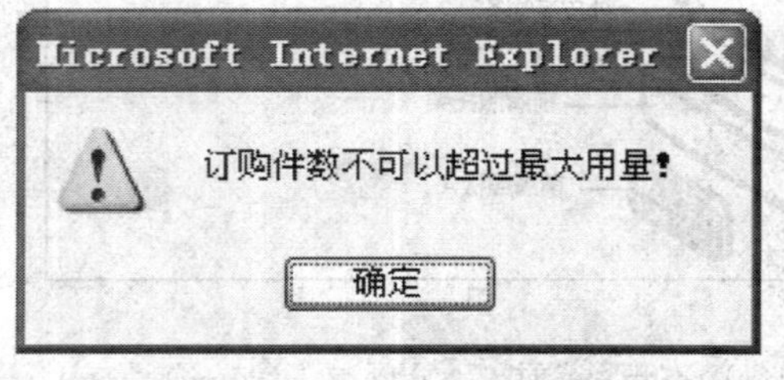

图 10-16 超过最大用量提示框

图 10-17 提示框

⑥在换件信息录入并核实后,点击零件列表面板中"确定"按钮,便可将该换件信息,保存到定损换件界面的换件信息列表中(见图10-18)。

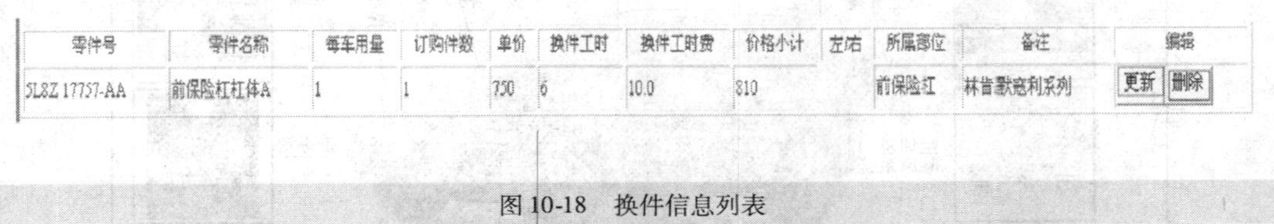

零件号	零件名称	每车用量	订购件数	单价	换件工时	换件工时费	价格小计	左右	所属部位	备注	编辑
5L8Z 17757-AA	前保险杠杠体A	1	1	750	6	10.0	810		前保险杠	林肯默寇利系列	更新 删除

图10-18 换件信息列表

提示:如不需要选择该换件信息,可点击该面板中"退出"按钮,便可关闭该零件列表面板。此时不会将该换件信息保存到定损界面的换件信息列表中。

⑦点击换件信息列表中的"更新"按钮,可打开该换件更新面板(见图10-19)。

零件号	5L8Z 17757-AA	零件名称	前保险杠杠体A			所属部位	前保险杠
零件单价	750	订购件数	1	工时数	6	工时费率	10.0
费用小计	810	最大用量	1	左/右		备注	林肯/默寇利系列

查看总价　确定　退出

图10-19 换件更新面板

提示:当需要去除已经选择的换件信息,可点击换件信息列表中"删除"按钮,即可将该对应的换件信息删除。

⑧在换件更新面板的零件单价、订购件数、工时数、工时费率文本框中录入相应的修改信息,点击"确定"按钮,便可将修改后的换件信息重新录入到换件信息列表中。

提示:①换件更新面板中的"查看总价"按钮的功能及操作与零件列表中查看总价按钮功能相同。②当不需要在换件更新面板中进行修改操作时,可点击"退出"按钮,关闭该面板。

⑨点击"前保险杠"零件图左上角"返回"按钮,即可退回到"前保险杠总成"图中,点击总成图左上角"返回"按钮,即可退回到"换件定损界面全车图"中。

(2)换件二 添加前门外把手

①在换件定损界面,点击"前门"总成按钮(见图10-20)。

②进入前门总成图形界面(见图10-21)。

提示:在进入前门总成图形界面的同时,会将左侧菜单列表中前门下拉菜单自动展开,从而直观地显现该总成中所包含的一系列零件信息(图10-22)。单击该菜单列表中零件信息,可进入前门总成下的零件图形界面;双击该菜单列表中零件信息,可打开零件列表面板。

③点击前保险杠总成图中的 附件 图形按钮,即可打开附件分总成图形界面(见图10-23)。

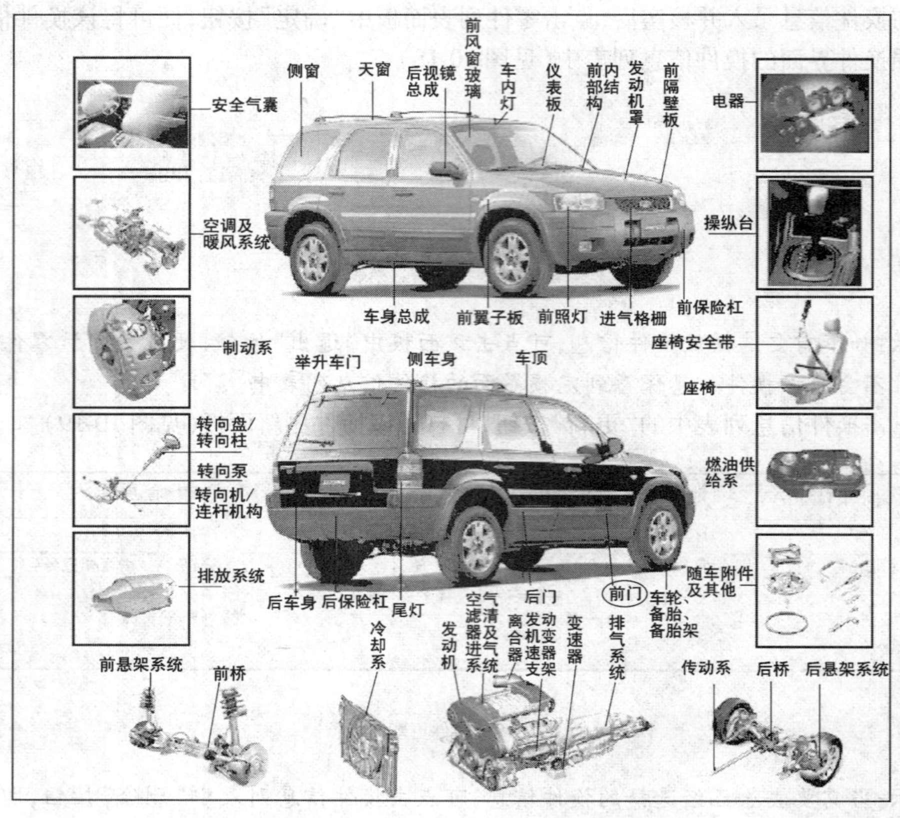

图 10-20　选择前门总成

图 10-21　(前门)总成图

-41_前门
+玻璃和零部件
+附件
+内饰
· 车门门挡雨条
· 前车门
· 前门密封条
· 前门上密封条
· 前门外板焊接总成

图 10-22　前门总成菜单列表

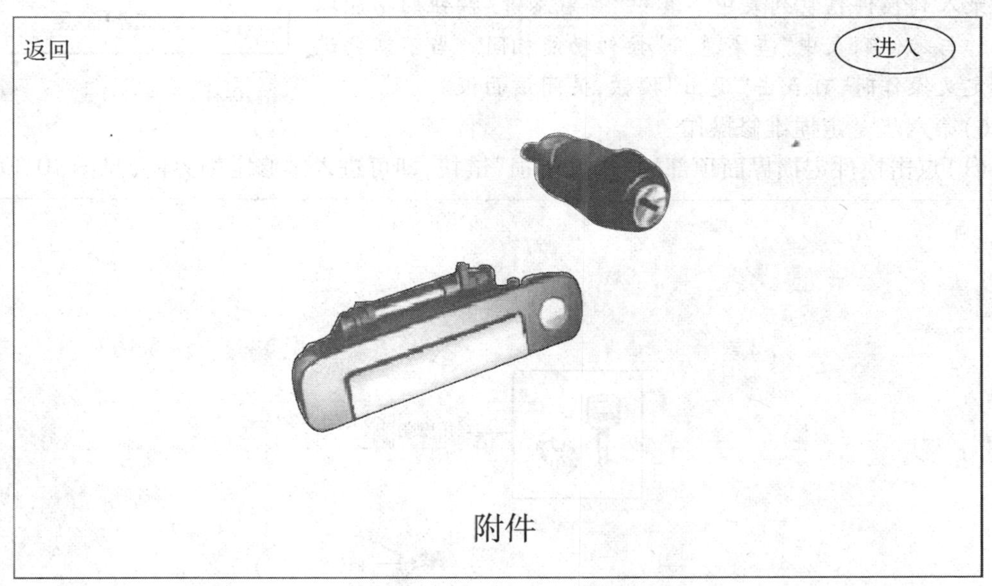

图 10-23　(附件)分总成图形界面

提示:在进入附件分总成图形界面的同时,会将左侧菜单列表中附件下拉菜单自动展开,从而直观地显现该分总成中所包含的一系列零件信息(图 10-24)。单击该菜单列表中零件信息,可进入附件分总成下的零件图形界面;双击该菜单列表中零件信息,可打开零件列表面板。

④点击附件分总成界面中“进入”按钮,即可进入附件零件界面(见图 10-25)。

⑤在附件零件图形界面中,双击“前门外把手”按钮,可打开该车型图形库中同名称的所有零件列表面板;点击该零件列表信息行中“选择”按钮,即可将该零件信息添加到面板底部的换件信息面板中(见图 10-26)。

⑥在“订购件数”文本框中录入需要换的零件件数,然后点击“查看总价”按钮,即可将该换件所需要的金额显示在“换件费用小计”文本框中(见图 10-27)。

⑦在换件信息录入并核实后,点击零件列表面板中"确定"按钮,便可将该换件信息,保存到定损换件界面的换件信息列表中(见图10-28)。

换件三添加雾灯总成、换件四添加前风窗玻璃、换件五添加前隔壁板与前面的操作类似。

提示:①当需要更换的零件在定损换件图形库以及菜单列表中都无法找到时,可通过自定义零件进行录入,以达到目标。点击定损换件界面底部的"自定义零件"按钮,即可打开零件自定义面板(见图10-29)。

②在该零件自定义面板中录入零件号、零件名称、所属部位、单价、订购件数等信息后,点击"确定"按钮,即可将该零件信息录入到换件信息列表中。其中"查看总价"按钮的功能以及操作与零件列表中"查看总价"按钮功能相同。当不需要进行自定义操作时,可点击"退出"按钮,关闭该面板。

-41_前门
+玻璃和零部件
-附件
- 前门内把手连杆
- 前门内把手饰框
- 前门上铰链
- 前门锁栓
- 前门锁体
- 前门锁芯
- 前门外把手
- 前门下铰链
- 前门限位器
- 外把手底座

图10-24 附件分总成菜单列表

6)第六步 定损维修操作

(1)点击换件定损界面顶部的"维修定损"链接,即可进入维修定损界面(见图10-30)。

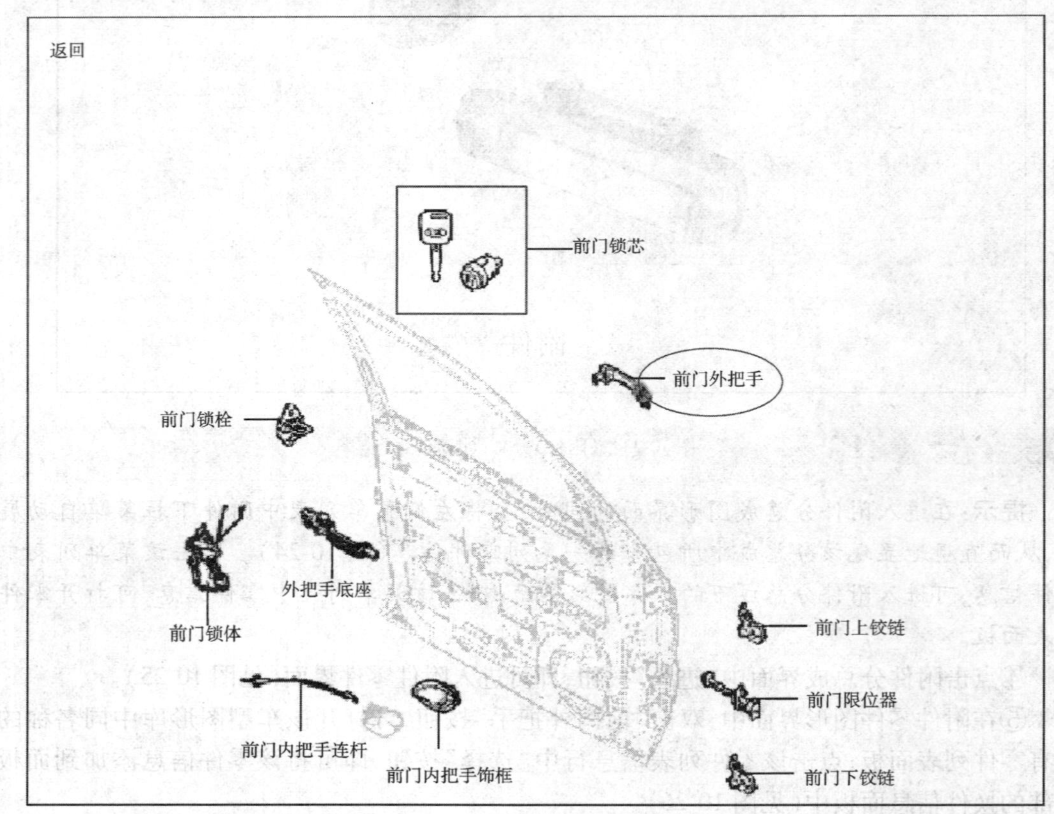

图10-25 (附件)零件界面

5L8Z 7822404-EC	前门外把手	465.1218	2	5	R/L	前门	10.0	选择
5L8Z 7822404-ED	前门外把手	458.0238	2	5	R/L	前门	10.0	选择
5L8Z 7822404-EE	前门外把手	458.0238	2	5	R/L	前门	10.0	选择
5L8Z 7822404-EG	前门外把手	458.0238	2	5	R/L	前门	10.0	选择
5L8Z 7822404-EH	前门外把手		2	5	R/L	前门	10.0	选择
5L8Z 7822404-EJ	前门外把手		2	5	R/L	前门	10.0	选择
5L8Z 7822404-EK	前门外把手	458.0238	2	5	R/L	前门	10.0	选择
6L8Z 7822404-BAPTM	前门外把手	261.612	2	5	R/L	前门	10.0	选择

零件号	2L8Z 7822404-AAA	零件名称	前门外把手	所属部位	前门
最大用量	2	左/右	R/L	备注	
订购件数		零件单价	270.0282		
工时数	5	工时费率	10.0	换件费用小计	

查看总价 确定 退出

查看总价

图10-26 （前门外把手）零件列表

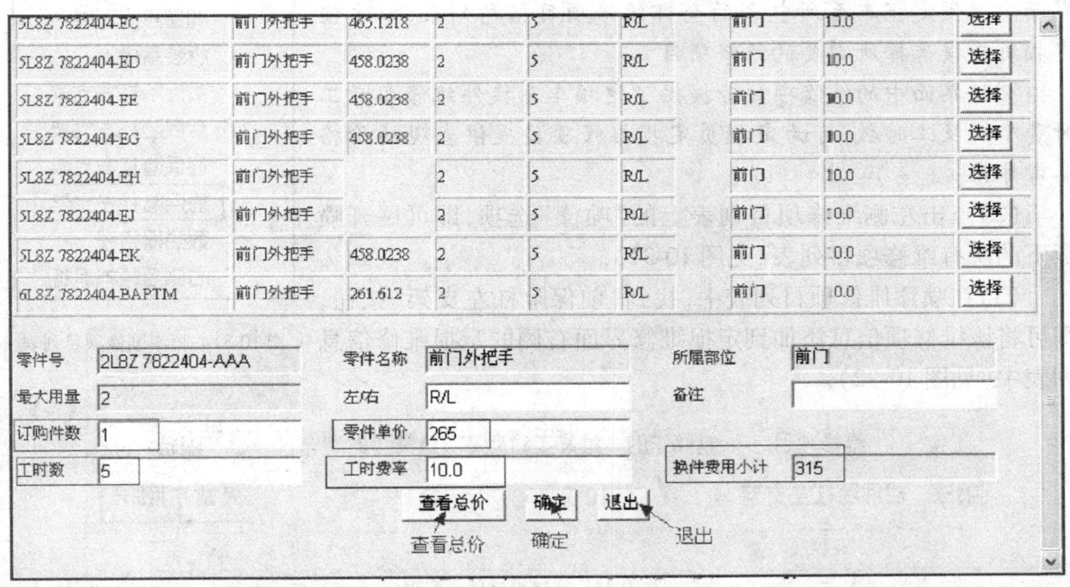

5L8Z 7822404-EC	前门外把手	465.1218	2	5	R/L	前门	10.0	选择
5L8Z 7822404-ED	前门外把手	458.0238	2	5	R/L	前门	10.0	选择
5L8Z 7822404-EE	前门外把手	458.0238	2	5	R/L	前门	10.0	选择
5L8Z 7822404-EG	前门外把手	458.0238	2	5	R/L	前门	10.0	选择
5L8Z 7822404-EH	前门外把手		2	5	R/L	前门	10.0	选择
5L8Z 7822404-EJ	前门外把手		2	5	R/L	前门	10.0	选择
5L8Z 7822404-EK	前门外把手	458.0238	2	5	R/L	前门	10.0	选择
6L8Z 7822404-BAPTM	前门外把手	261.612	2	5	R/L	前门	10.0	选择

零件号	2L8Z 7822404-AAA	零件名称	前门外把手	所属部位	前门
最大用量	2	左/右	R/L	备注	
订购件数	1	零件单价	265		
工时数	5	工时费率	10.0	换件费用小计	315

查看总价 确定 退出

查看总价 确定 退出

图10-27 查看总价（前门外把手）

零件号	零件名称	每车用量	订购件数	单价	换件工时	换件工时费	价格小计	左/右	所属部位	备注	编辑
5L8Z 17757-AA	前保险杠杠体A	1	1	750	6	10.0	810		前保险杠	林肯[illegible]利系列	更新 删除
2L8Z 7822404-AAA	前门外把手	2	1	265	5	10.0	315	R/L	前门		更新 删除

图10-28 换件信息列表

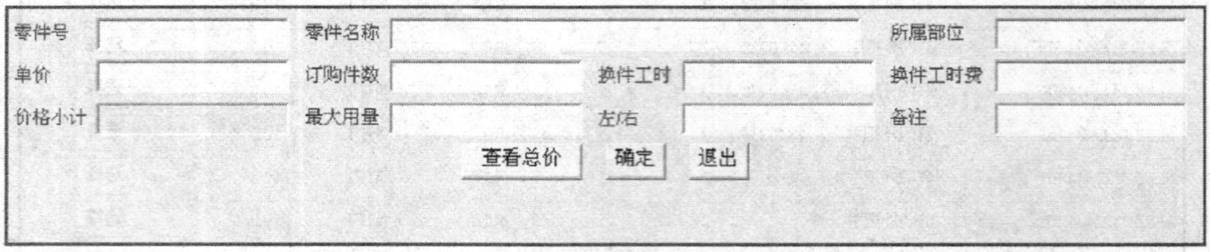

图 10-29　零件自定义面板

图 10-30　维修定损界面

提示:①维修项目信息分为机修、喷漆、电工、钣金 4 类,该界面中提供定损车系所包含的全部维修项目信息列表,以方便定损员直接选择所需要的维修项目。

②该界面中的维修项目皆提供了定损车系换件维修参考工时费率以及工时数,可为定损员定损维修项目提供直观的价格参考体系。

(2)点击左侧维修项目列表上的“喷漆”选项,即可展开喷漆下的所有维修项目列表(见图 10-31)。

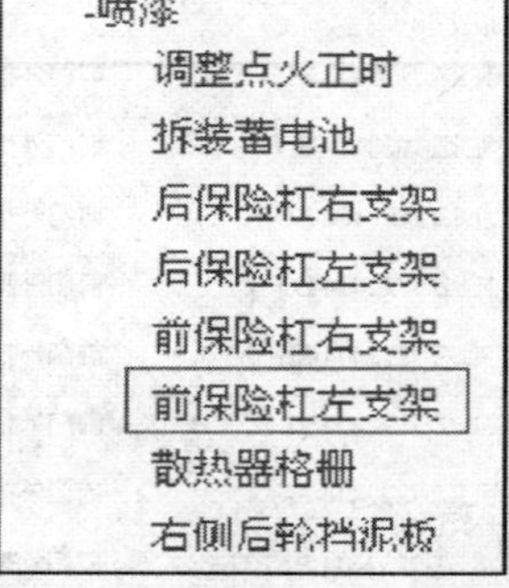

图 10-31　喷漆维修项目列表

(3)在喷漆维修项目列表中,找到“前保险杠左支架”按钮,即可将该维修项信息添加到定损维修界面右侧的定损维修信息列表中(见图 10-32)。

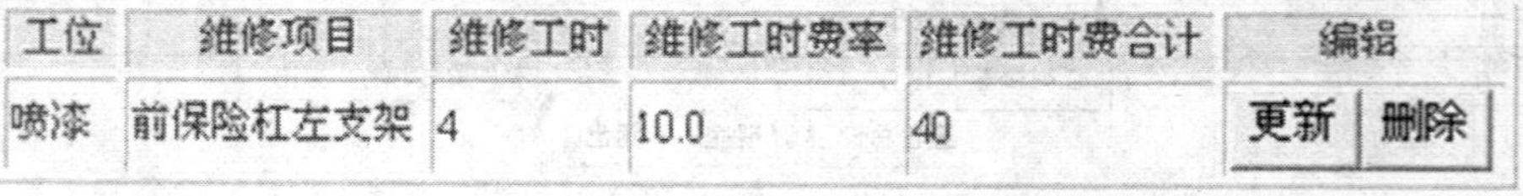

工位	维修项目	维修工时	维修工时费率	维修工时费合计	编辑
喷漆	前保险杠左支架	4	10.0	40	更新 删除

图 10-32　定损维修信息列表

提示:当在左侧维修信息列表中,重复选择了某维修信息时,会弹出不可重复录入的提示框(见图 10-33)。

(4)点击定损维修信息列表中“更新”按钮,即可打开维修项目更新面板(见图 10-34)。

提示:如需要删除定损维修信息列表中某维修信息,可点击信息行中的“删除”按钮,即可将该维修定损项删除。

(5)在维修项目更新面板中对维修工时、维修工时费率修改后,点击“确定”按钮,即可将更新后的维修信息重新录入定损维修项目列表(见图10-35)。

图10-33　提示框

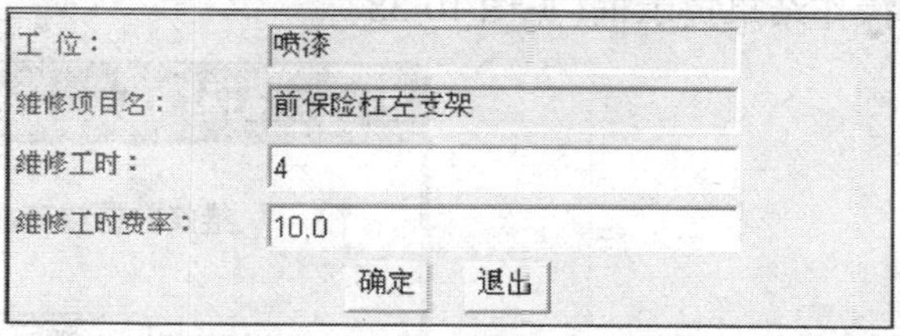

工 位：喷漆
维修项目名：前保险杠左支架
维修工时：4
维修工时费率：10.0
确定　退出

图10-34　维修项目更新面板

工位	维修项目	维修工时	维修工时费率	维修工时费合计	编辑
喷漆	前保险杠左支架	5	15	75	更新 删除

图10-35　更新后维修项目列表

提示:①当维修工时、维修工时费率不是数值类型的字符串时,点击“确定”按钮,会弹出必须为正数或者正整数的提示框(见图10-36)。

图10-36　提示框

②当不需要对维修项目更新面板中的维修项目进行修改时,点击“退出”按钮,即可关闭该面板。

(6)以同样的方式,添加其他维修信息,直至维修信息选择完毕(见图10-37)。

工位	维修项目	维修工时	维修工时费率	维修工时费合计	编辑
喷漆	前保险杠左支架	4	10.0	40	更新 删除
喷漆	左后门锁及锁芯	6	10.0	60	更新 删除
喷漆	左前门	16	10.0	160	更新 删除
喷漆	散热器格栅	4	10.0	40	更新 删除

自定义维修　提交

图10-37　选择完毕后的维修项目列表

(7)点击定损维修界面中的“提交”按钮,即可将选中的维修项目列表信息提交,并弹出操作结果提示框(见图10-38)。

图10-38 维修操作结果提示框

(8)点击“确定”按钮,即可关闭该提示框。

提示:①当在左侧维修项目列表中无法找到需要的维修项目时,可通过自定义维修操作将该维修项目录入,点击定损维修界面中的“自定义维修”按钮,即可打开自定义维修面板。

②在该面板中录入相应的定损项目信息后,点击“确定”按钮,即可将维修信息录入到定损维修界面的维修项目列表中。点击“退出”按钮,可关闭该界面。

7)第七步 定损辅料操作

(1)点击维修定损界面中的“辅料定损”链接,即可进入辅料定损界面(见图10-39)。

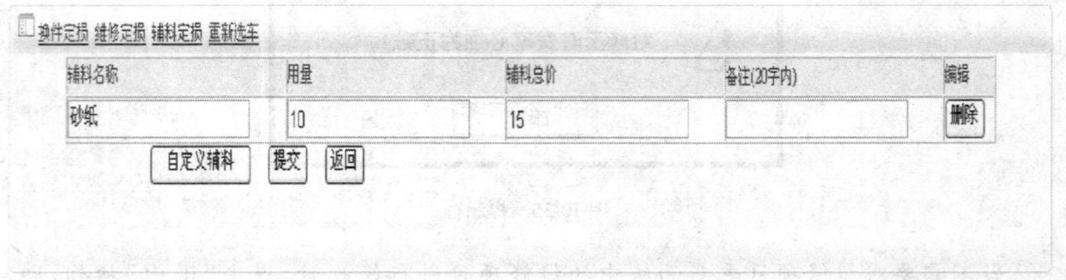

图10-39 定损辅料界面

(2)如果并不需要该界面中显示的辅料信息,点击该辅料信息行中的“删除”按钮,即可将该辅料信息删除。如果该界面中显示的辅料信息不能满足需要,点击该界面中的“自定义辅料”按钮,即可在该界面中动态添加一行信息(见图10-40)。

辅料名称	用量	辅料总价	备注(20字内)	编辑
砂纸	0.0	0.0		删除
机油	0.0	0.0		删除
石蜡	0.0	0.0		删除
	0.0	0.0		删除

图10-40 辅料信息列表

(3)在辅料信息列表中录入需要的辅料信息(见图10-41)。

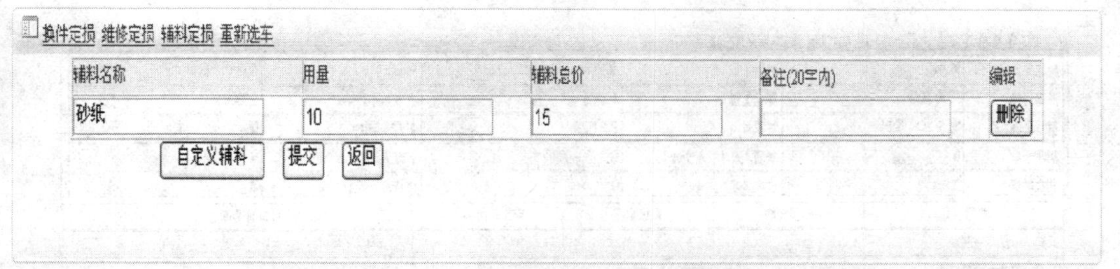

图10-41 录入完毕后的辅料信息列表

(4)点击辅料定损界面中的"提交"按钮,即可弹出"确定提交辅料定损信息"的确认框(见图10-42)。

图10-42 确认框

(5)点击"确定"按钮,即可将辅料信息提交,并返回操作结果提示框。

(6)点击"确定"按钮,即可关闭该结果提示框。

(7)点击辅料定损界面中"返回"按钮,进入定损基本信息界面(见图10-43)。

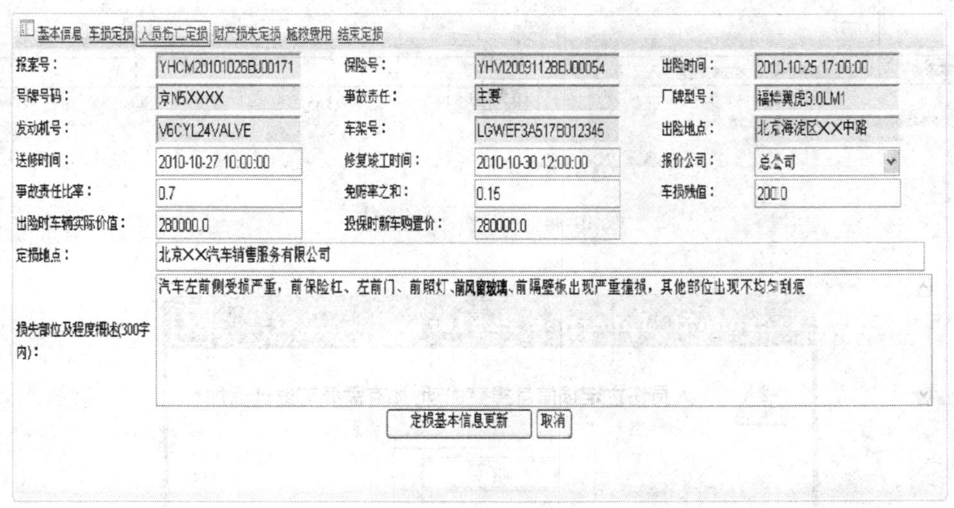

图10-43 定损基本信息界面

8)第八步 人员伤亡定损

(1)点击定损基本信息界面顶部的"人员伤亡定损"链接,即可进入人员伤亡定损界面,在该界面中录入人员伤亡定损相关信息(见图10-44)。

(2)检查确认该人员伤亡定损信息准确无误后,点击"提交"按钮,将信息提交并返回操作结果提示框(见图10-45)。

基本信息 车损定损 人员伤亡定损 财产损失定损 施救费用 结束定损

姓名：	张明	性别：	男	年龄：	52
从事行业：	广告宣传	标准工资：	15000	月收入小计：	20000
就诊医院：	北京××医院	住院号：	BJ_023	护理人数：	0
护理天数：	0	护理人A月收入小计：	0	护理人B月收入小计：	0
伤亡等级：	非残疾	住院天数：	0	继续治疗天数：	0

费用项目	报损金额	剔除金额	定损赔偿金额	计算标准或公式
医药、诊疗、住院费	450	150	300	非残疾医疗标准
后续治疗费(含整容费)				
住院伙食补助费目				
营养费				
护理费				
康复费				
丧葬费				
死亡补偿费				
残疾赔偿金				
残疾辅助器具费				
交通费				
住宿费				
误工费				
被扶养人生活费小计				
其他费用				
合计				

情况说明：

险种类别：◉车上人员责任险 ○第三者责任险

提交 取消

此处可根据需要连续提交多个人员伤亡定损信息

图10-44 人员伤亡定损界面

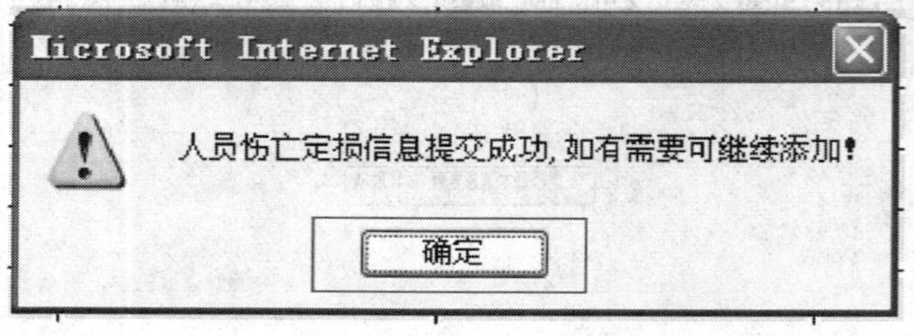

图10-45 操作结果提示框

(3)点击“确定”按钮,即可关闭该提示框,并返回一个空白的人员伤亡定损界面,如果需要继续录入其他人员伤亡定损信息,可继续录入并提交。

9)第九步 财产损失定损

(1)点击人员伤亡定损界面顶部的“财产损失定损”链接,即可进入财产损失定损界面,在该界面中录入财产损失定损相关信息(见图10-46)。

基本信息 车损定损 人员伤亡定损 财产损失定损 施救费用 结束定损

费用项目	报损金额	剔除金额	定损赔偿金额	计算标准或公式
第三者车辆换件费用小计:				
第三者车辆维修费用小计:				
第三者车辆辅料费用小计:				
第三者车辆施救费用小计:				
第三者车辆残值小计:				
第三者财产损失小计:				
本车车上货物损失小计:				
本车车上其他财产损失小计:				
本车停驶天数:				
公共设施损失小计:	500	0	500	公共设施损坏赔偿标准
代查勘费:				
鉴定费:				
诉讼、仲裁费:				
其他费用小计:				
合计				
其他费用说明:				

提交财产定损信息　取消

图10-46　财产损失定损界面

(2)检查确认该财产损失定损信息准确无误后,点击“提交财产定损信息”按钮会弹出“确定提交财产定损信息”的提示框。

(3)点击“确定”按钮,即可将财产定损信息提交,并返回操作结果提示框。

10)第十步　施救费用定损

(1)点击财产损失定损界面顶部的“施救费用”链接,即可进入施救费用定损界面,在该界面中录入施救费用定损相关信息(见图10-47)。

(2)检查确认该施救费用定损信息准确无误后,点击“提交救助定损信息”。

11)第十一步　结束定损

(1)点击施救费用定损界面顶部的“结束定损”链接,会弹出确认是否进行结束定损操作确认框(见图10-48)。

(2)点击确认框中的“确定”按钮,可结束该定损操作,使其进入核损操作状态。点击“取消”按钮,可暂存定损操作,使其仍可以进行定损修改操作,二者都能返回操作结果界面。

基本信息 车损定损 人员伤亡定损 财产损失定损 施救费用 结束定损

驾驶员姓名：	张明	联系电话：	1890123XXXX	救助车辆颜色：	白
厂牌型号：	福特翼虎3.0LM1	号牌号码：	京N54321	救助类别：	车险条款救助
救助公司：	北京车险救助中心	事故发生时间：	2010-10-26 09:00:00	付费方式：	现场收费
救助项目：	简易故障	救助地点：	北京海淀区XX中路	车辆送至地点：	北京XX汽车销售服务有限公司
托运路线：		救助距离：	5KM	收费标准：	
救助车到达时间：	2010-10-26 10:00:00	救助费用：	600	施救财产总价值：	280000
救助单位经办人：					
备注：					

提交救助定损信息 取消

图 10-47 施救费用定损界面

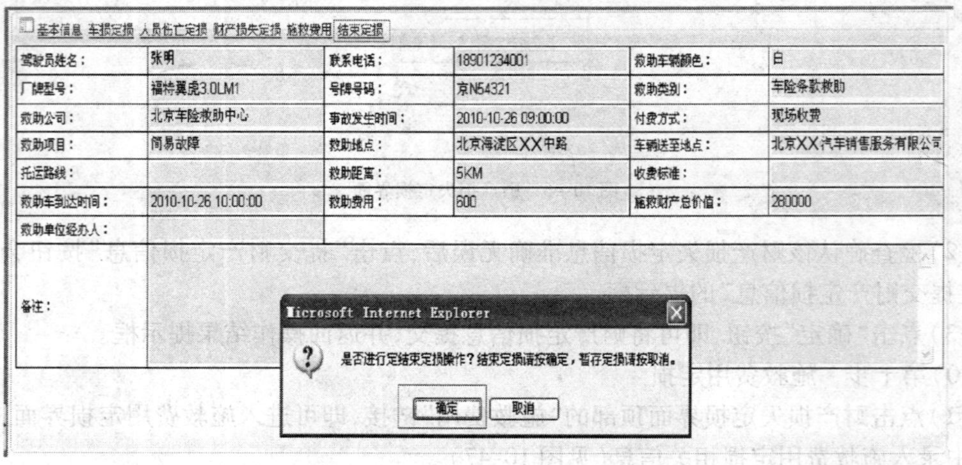
基本信息 车损定损 人员伤亡定损 财产损失定损 施救费用 结束定损

驾驶员姓名：	张明	联系电话：	18901234001	救助车辆颜色：	白
厂牌型号：	福特翼虎3.0LM1	号牌号码：	京N54321	救助类别：	车险条款救助
救助公司：	北京车险救助中心	事故发生时间：	2010-10-26 09:00:00	付费方式：	现场收费
救助项目：	简易故障	救助地点：	北京海淀区XX中路	车辆送至地点：	北京XX汽车销售服务有限公司
托运路线：		救助距离：	5KM	收费标准：	
救助车到达时间：	2010-10-26 10:00:00	救助费用：	600	施救财产总价值：	280000
救助单位经办人：					
备注：					

Microsoft Internet Explorer

是否进行定结束定损操作?结束定损请按确定,暂存定损请按取消。

确定 取消

图 10-48 结束定损确认框

项目2 定损修改

1 项目说明

定损员完成新开定损后,考虑到一些信息尚未确定,不能提交核损人员进行核损操作,故应选择暂存定损,此时定损员可以对前期操作的定损信息进行修改,以使其符合条件。

将定损状态修改为结束定损，从而使核损人员可以进行核损操作。本项目将对考核项目1中完成的定损信息进行部分修改。

2　操作步骤

1）第一步　进入定损修改操作界面

选择定损平台中的“定损修改”选项，系统显示出定损案件搜索界面（见图10-49）。

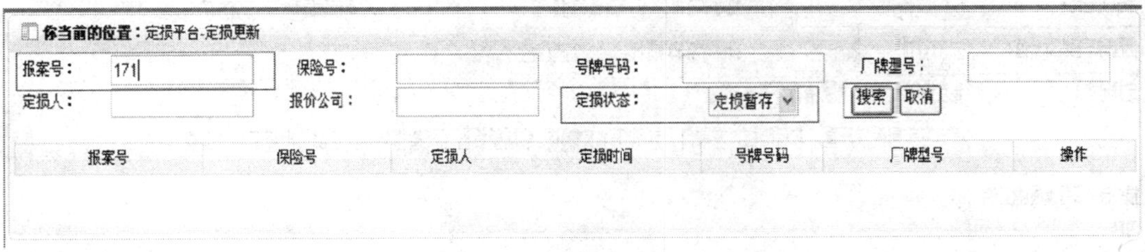

你当前的位置：定损平台-定损更新

报案号：171　保险号：　号牌号码：　厂牌型号：

定损人：　报价公司：　定损状态：定损暂存　搜索　取消

报案号	保险号	定损人	定损时间	号牌号码	厂牌型号	操作

图10-49　定损案件搜索界面

2）第二步　搜索定损修改案件

在案件搜索界面中录入相应的检索信息，例如报案号、保险号等信息，点击“搜索”按钮，即可返回相应的可进行修改操作的案件信息列表（见图10-50），如不录入任何信息，即为搜索全部可进行修改操作的案件信息。

你当前的位置：定损平台-定损更新

报案号：171　保险号：　号牌号码：　厂牌型号：

定损人：　报价公司：　定损状态：定损暂存　搜索　取消

报案号	保险号	定损人	定损时间	号牌号码	厂牌型号	操作
YHCM20101026BJ00171	YHVI20091128BJ00054	王强	2010-10-06 10:23:10	京N5XXXX	福特翼虎3.0LM1	定损修改

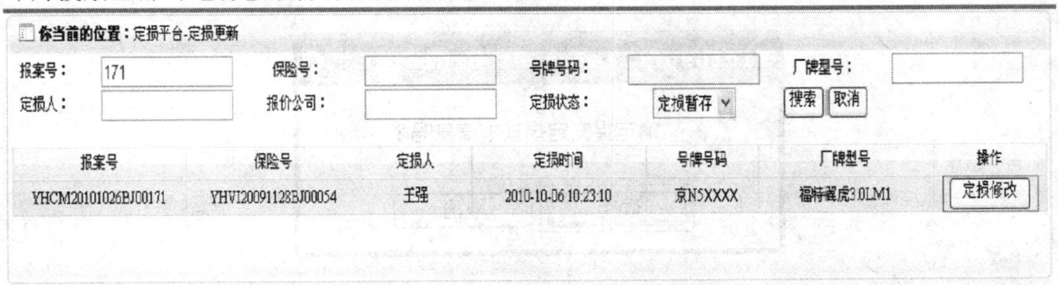

图10-50　案件信息列表

3）第三步　修改定损基本信息

（1）在需要进行修改操作的案件信息中，点击“定损修改”按钮，即可打开定损基本信息更新界面（见图10-51）。

（2）在该界面对需要修改的送修时间、修复竣工时间、报价公司等信息进行录入修改操作。

（3）当修改信息录入完毕，检查无误后，点击“定损基本信息更新”按钮，弹出的“确定提交定损基本信息”确认框如图10-52所示。

4）第四步　修改定损换件信息

（1）在定损基本信息更新界面顶部点击“车损定损”链接，即可打开定损换件信息更新界面（见图10-53）。

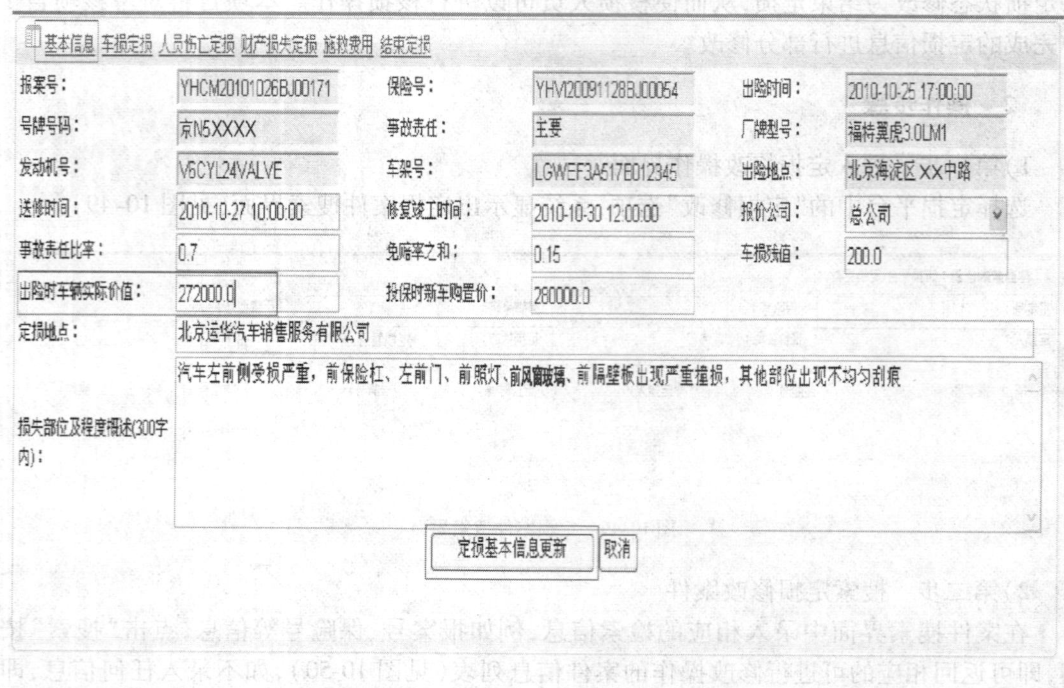

图 10-51　定损基本信息更新界面

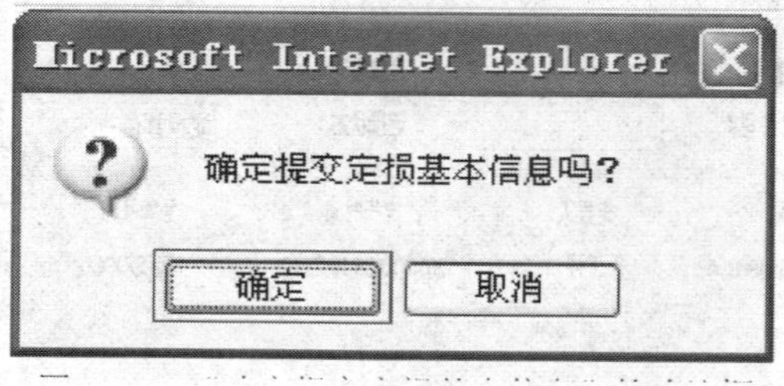

图 10-52　确认框

提示：该界面将定损换件信息依次显示出来，定损员可在原来定损换件信息的基础上进行修改。

(2)在该界面中可进行添加定损换件、自定义零件、删除原有换件信息、更新原有换件信息等操作。

(3)当定损换件信息更新完毕，并检查无误后，点击该界面中的“提交”按钮，会弹出“确定提交换件定损信息”确认框。

(4)点击“确定”按钮，即可将修改后的换件信息提交，并返回操作结果提示窗口。

(5)点击该提示窗口中的“确定”按钮，便可将提示窗口关闭。

5)第五步　修改定损维修信息

(1)在定损换件更新界面顶部，点击“维修定损”链接，即可打开维修定损更新界面（见图 10-54）。

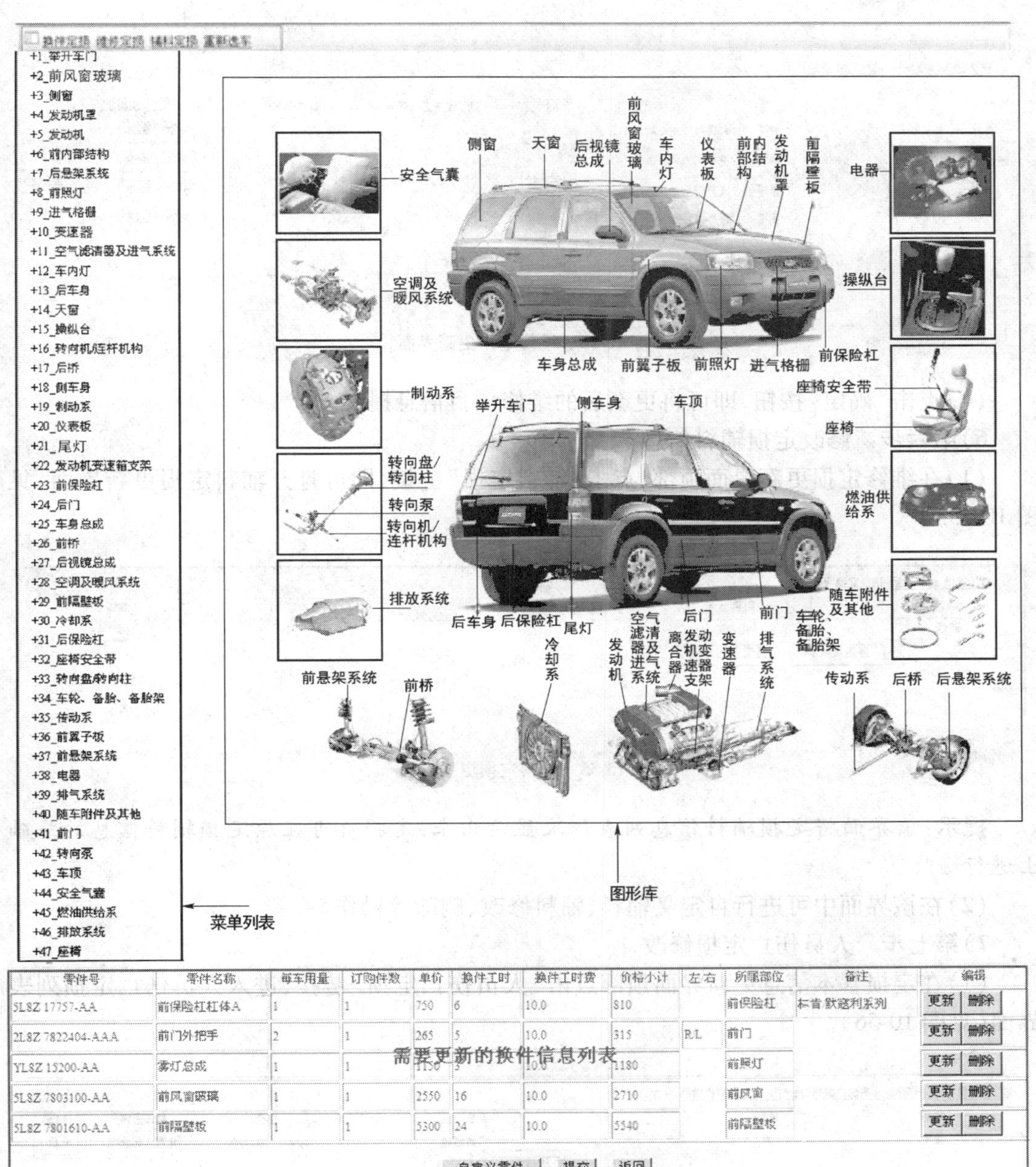

零件号	零件名称	每车用量	订购件数	单价	换件工时	换件工时费	价格小计	左右	所属部位	备注	编辑
5L8Z 17757-AA	前保险杠杠体A	1	1	750	6	10.0	810		前保险杠	本省 默認利系列	更新 删除
2L8Z 7822404-AAA	前门外把手	2	1	265	5	10.0	315	R/L	前门		更新 删除
YL8Z 15200-AA	雾灯总成	1	1	1150	[illegible]	10.0	1180		前照灯		更新 删除
5L8Z 7803100-AA	前风窗玻璃	1	1	2550	16	10.0	2710		前风窗		更新 删除
5L8Z 7801610-AA	前隔壁板	1	1	5300	24	10.0	5540		前隔壁板		更新 删除

图 10-53 定损换件更新界面

提示：该界面将定损维修信息列表依次显示出来，定损员可在原来定损维修信息基础上进行修改。

(2)在该界面中可进行选择维修项目、自定义维修、维修项目更新、删除等操作。

(3)当定损维修信息更新完毕并确认无误后，点击“提交”按钮，弹出“确定提交维修定损信息”确认框。

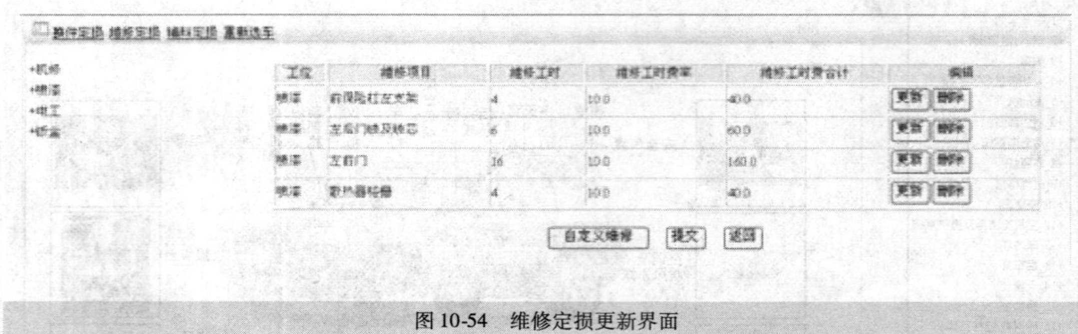

图 10-54 维修定损更新界面

(4)点击“确定”按钮,即可将更新后的维修项目信息提交。

6)第六步 修改定损辅料信息

(1)在维修定损更新界面顶部,点击“辅料定损”链接,即可打开辅料定损更新界面(见图 10-55)。

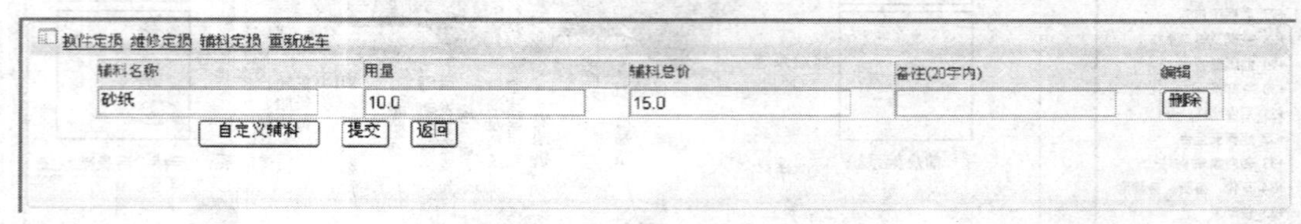

图 10-55 辅料定损更新界面

提示:该界面将定损辅料信息列表依次显示出来,定损员可在原定损辅料信息的基础上进行修改。

(2)在该界面中可进行自定义辅料、辅料修改、删除等操作。

7)第七步 人员伤亡定损修改

(1)在定损基本信息更新界面顶部点击“人员伤亡定损”链接,进入人员伤亡定损列表界面(见图 10-56)。

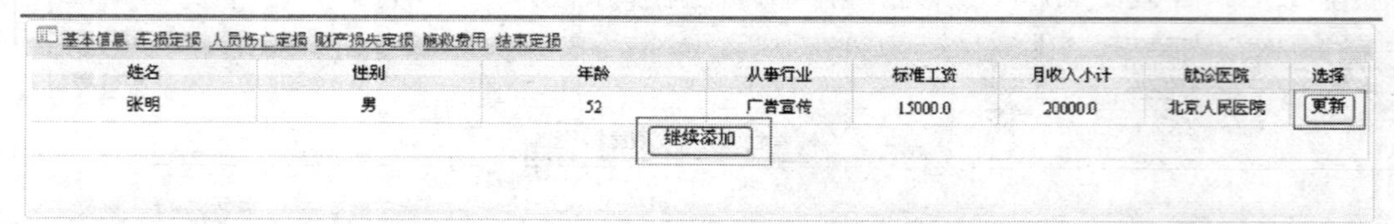

图 10-56 人员伤亡定损列表界面

提示:点击“继续添加”按钮,进入人员伤亡定损录入界面,可在该界面继续添加需要录入的人员伤亡定损信息。

(2)在需要更新的人员伤亡定损信息行中点击“更新”按钮,即可进入人员伤亡定损更新界面,并在该界面中对人员伤亡定损信息做相应的修改(见图 10-57)。

定损平台-人员伤亡定损

姓名：	张明	性别：	男	年龄：	52
从事行业：	广告宣传	标准工资：	15000.0	月收入小计：	20000.0
就诊医院：	北京人民医院	住院号：	BJ_023	护理人数：	0
护理天数：	0	护理人A月收入小计：	0.0	护理人B月收入小计：	0.0
伤亡等级：	非残疾	住院天数：	0	继续治疗天数：	0

费用项目	报损金额	剔除金额	定损赔偿金额	计算标准或公式
医药、诊疗、住院费	450.0	100.0	350.0	非残疾医疗标准
后续治疗费（含整容费）	0.0	0.0	0.0	
住院伙食补助费目	0.0	0.0	0.0	
营养费	0.0	0.0	0.0	
护理费	0.0	0.0	0.0	
康复费	0.0	0.0	0.0	
丧葬费	0.0	0.0	0.0	
死亡补偿费	0.0	0.0	0.0	
残疾赔偿金	0.0	0.0	0.0	
残疾辅助器具费	0.0	0.0	0.0	
交通费	0.0	0.0	0.0	
住宿费	0	0.0	0.0	
误工费	0.0	0.0	0.0	
被扶养人生活费小计	0.0	0.0	0.0	
其他费用	0.0	0.0	0.0	
合计				
情况说明：				
险种类别：	◉车上人员责任险　○第三者责任险			

更新人员伤亡定损信息　取消　返回

图10-57　人员伤亡定损更新界面

(3)点击“更新人员伤亡定损信息”按钮，弹出“确定提交人员伤亡定损更新信息”的确认框(见图10-58)。

(4)点击“确定”按钮，即可将人员伤亡定损更新信息提交。

图10-58　确认框

8)第八步　财产损失定损修改

(1)在人员定损更新列表界面中点击“财产损失定损”链接，进入财产损失定损更新界面，并在该界面对需要修改的财产损失定损信息进行修改(见图10-59)。

(2)检查确认修改的财产损失定损信息无误后，点击“更新财产定损信息”按钮，弹出“确定提交财产定损更新信息”确认框(见图10-60)。

(3)点击“确定”按钮，即可将财产定损更新信息进行提交。

9)第九步　施救费用定损修改

(1)在财产损失定损更新列表界面中点击“施救费用”链接，进入施救费用定损更新界面，并在该界面对需要修改的施救费用定损信息进行修改(见图10-61)。

基本信息 车损定损 人员伤亡定损 财产损失定损 施救费用 结束定损

费用项目	报损金额	剔除金额	定损赔偿金额	计算标准或公式
第三者车辆换件费用小计：	0.0	0.0	0.0	
第三者车辆维修费用小计：	0.0	0.0	0.0	
第三者车辆辅料费用小计：	0.0	0.0	0.0	
第三者车辆施救费用小计：	0.0	0.0	0.0	
第三者车辆残值小计：	0.0	0.0	0.0	
第三者财产损失小计：	0.0	0.0	0.0	
本车车上货物损失小计：	0.0	0.0	0.0	
本车车上其他财产损失小计：	0.0	0.0	0.0	
本车停驶天数：	0	0	0	
公共设施损失小计：	500.0	0.0	500.0	公共设施损坏赔偿标准
代查勘费：	0.0	0.0	0.0	
鉴定费：	0.0	0.0	0.0	
诉讼、仲裁费：	0.0	0.0	0.0	
其他费用小计：	100	0.0	100	
合计				
其他费用说明：				

更新财产定损信息 取消

图 10-59　财产损失定损更新界面

图 10-60　确认框

基本信息 车损定损 人员伤亡定损 财产损失定损 施救费用 结束定损

驾驶员姓名：	张明	联系电话：	1890123XXXX	救助车辆颜色：	白
厂牌型号：	福特翼虎3.0LM1	号牌号码：	京N5XXXX	救助类别：	车险条款救助
救助公司：	北京车险救助中心	事故发生时间：	2010-10-26 09:00:00	付费方式：	现场收费
救助项目：	简易故障	救助地点：	北京海淀区XX中路	车辆送至地点：	北京XX汽车销售服务有限公司
托运路线：		救助距离：	5	收费标准：	
救助车到达时间：	2010-10-26 10:00:00	救助费用：	700.0	施救财产总价值：	280000.0
救助单位经办人：					
备注：					

更新救助定损信息 取消

图 10-61　施救费用定损更新界面

(2)检查确认修改的施救费用定损信息无误后,点击“更新救助定损信息”按钮,弹出的“确定提交救助定损更新信息”确认框如图 10-62 所示。

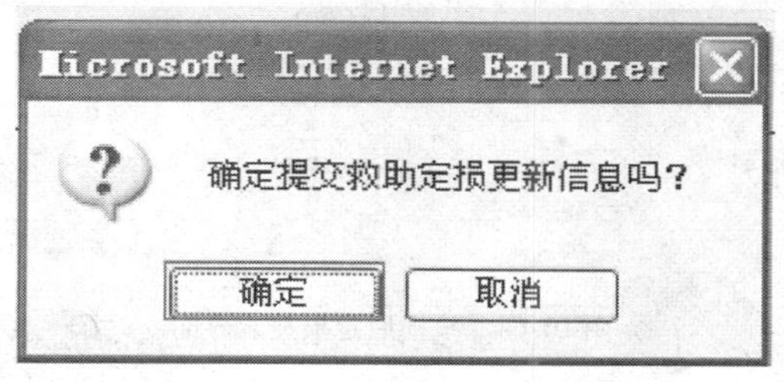

图 10-62　确认框

(3)点击“确定”按钮,即可将救助定损更新信息进行提交。

10)第十步　结束定损修改

(1)点击施救费用定损更新界面顶部的“结束定损”链接,会弹出确认是否进行结束定损操作确认框(见图 10-63)。

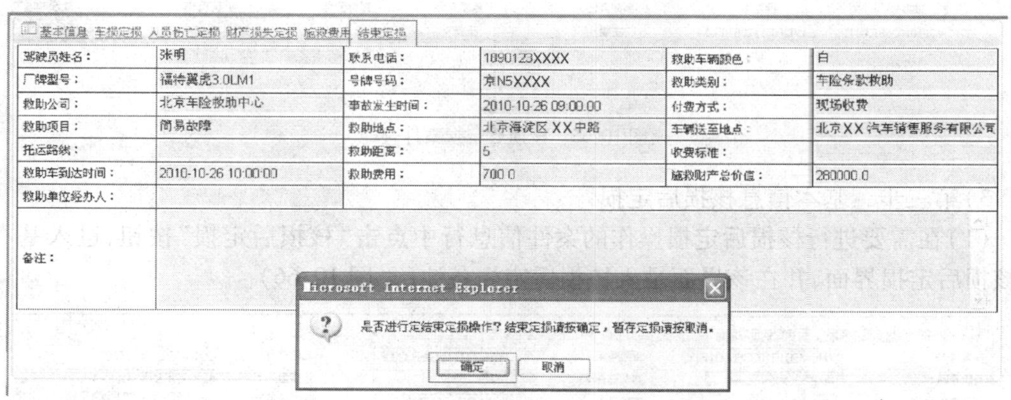

图 10-63　结束定损确认框

(2)点击确认框中的“确定”按钮,可结束该定损操作,使其进入核损操作状态,点击“取消”按钮,可暂存定损操作,使其仍可以进行定损修改操作,二者都会返回操作结果界面。

项目3　核损后定损

1　项目说明

核损后定损是对核损后的定损单进行定损修改的操作,主要是进行对核损后的基本信息、定损换件信息、定损辅料信息进行核对修改,确保定损单据的准确无误,并将修改后的定损单提交到核损环节。本项目将对前面项目所提交的定损信息进行核损后的修改。

2　操作步骤

1)第一步　进入核损后定损界面

选择定损后核损平台中的“核损后定损”选项，系统会显示核损后定损搜索界面（见图10-64）。

你当前的位置：定损平台-核损后定损

报案号：171　保险号：　号牌号码：　厂牌型号：
定损人：　核损人：　报价公司：　搜索　取消

报案号	保险号	事故责任	核损人	报价公司	核损时间	处理

图10-64　核损后定损搜索界面

2）第二步　查询出核损后定损记录

输入查询条件后（如：报案号、保险号、号牌号码、厂牌号码、定损人、核损人、报价公司），点击“搜索”按钮，可查询出核损后定损案件信息（见图10-65）。

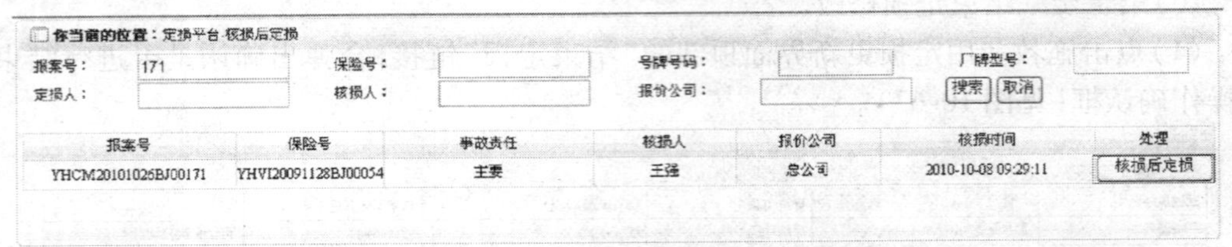

图10-65　核损后定损案件查询

3）第三步　基本信息核损后定损

（1）在需要进行核损后定损操作的案件信息行中点击“核损后定损”按钮，进入基本信息核损后定损界面，并在该界面录入核损后定损备注（见图10-66）。

基本信息　车损核损后定损　人员伤亡核损后定损　财产损失核损后定损　施救费用核损后定损　结束核损后定损

报案号：	YHCM20101026BJ00171	保险号：	YHVI20091128BJ00054	出险时间：	2010-10-25 17:00:00
号牌号码：	京N5XXXX	事故责任：	主要	厂牌型号：	福特翼虎3.0LM1
发动机号：	V6CYL24VALVE	车架号：	LGWEF3A517B012345	出险地点：	北京海淀区XX中路
送修时间：	2010-10-27 10:00:00	修复竣工时间：	2010-10-30 12:00:00	报价公司：	总公司
事故责任比率：	0.7	免赔率之和：	0.15	车损残值：	200.0
出险时车辆实际价值：	272000.0	投保时新车购置价：	280000.0		
定损地点：	北京运华汽车销售服务有限公司				

损失部位及程度概述(300字内)：汽车左前侧受损严重，前保险杠、左前门、前照灯、前风窗玻璃、前隔壁板出现严重撞损，其他部位出现不均匀刮痕

核损总体意见(300字内)：数据存在疑问

核损结果：通过　不通过

核损后定损备注(300字内)：和相关人员及部门沟通后，重新核定数据

提交核损后定损信息　取消

图10-66　基本信息核损后定损界面

(2)检查确认基本信息核损后定损信息准确无误后,点击“提交核损后定损信息”按钮,弹出的“确定提交核损后定损基本信息”确认框如图10-67所示。

图10-67　确认框

(3)点击“确定”按钮,即可将基本信息核损后定损内容提交并返回操作结果提示框。

提示:在核损后定损界面中要认真核对定损的基本信息、换件信息、维修信息以及辅料信息。确定单据信息的有效性和准确性。特别是核损反馈回来的价格变动要进行更新。

4)第四步　车损核损后定损

(1)在基本信息核损后定损界面中点击“车损核损后定损”链接,进入车损核损后定损界面,并在该界面中录入核损后的定损价格信息(见图10-68)。

基本信息 车损核损后定损 人员伤亡核损后定损 财产损失核损后定损 施救费用核损后定损 结束核损后定损

定损信息:

序号	零件名称	零件号	最大用量	选购件数	定损单价	工时数	定损工时费率	核损单价	核损工时费率	核损意见	保留/去除
276	前保险杠杠体A	5L8Z 17757-AA	1	1	750.0	6	10.0	750.0	10.0		保留
277	前门外把手	2L8Z 7822404-AAA	2	1	255.0	5	10.0	255.0	10.0		保留
278	雾灯总成	YL8Z 15200-AA	1	1	1100.0	3	10.0	1100.0	10.0		保留
279	前风窗玻璃	5L8Z 7803100-AA	1	1	2550.0	16	10.0	2550.0	10.0		保留
280	前隔壁板	5L8Z 7801610-AA	1	1	5000.0	24	10.0	5000.0	10.0		保留

维修信息:

序号	工位	项目名称	工时数	定损工时费率	核损工时费率	核损意见	保留/去除
343	喷漆	前保险杠左支架	4	10.0	10.0		保留
344	喷漆	左前门锁及锁芯	6	10.0	10.0		保留
345	喷漆	左前门	12	10.0	10.0		保留
346	喷漆	散热器格栅	4	10.0	8.0		保留

辅料信息:

序号	辅料名称	用量	定损价格	核损价格	核损意见	保留/去除
412	砂纸	10.0	15.0	12.0		保留

提交核损后定损信息

图10-68　车损核损后定损界面

(2)检查确认核损后定损信息无误后,点击“提交核损后定损信息”按钮,弹出的“确定保存该核损后定损信息”确认框如图10-69所示。

(3)点击“确定”按钮，即可将换件核损后定损信息提交并返回操作结果提示框。

5)第五步　人员伤亡核损后定损

(1)在车损核损后定损界面中点击“人员伤亡核损定损”链接，进入人员伤亡信息列表界面(见图10-70)。

(2)在需要进行核损后定损的人员伤亡信息行中点击“核损后定损”按钮，进入该人员伤亡核损后定损界面，并在该界面录入核损后定损信息(见图10-71)。

图10-69　确认框

基本信息　车损核损后定损　人员伤亡核损后定损　财产损失核损后定损　施救费用核损后定损　结束核损后定损

姓名	性别	年龄	从事行业	标准工资	月收入小计	就诊医院	选择
张明	男	52	广告宣传	15000.0	20000.0	北京人民医院	核损后定损

图10-70　人员伤亡信息列表界面

你当前的位置：定损平台-核损后定损

姓名：	张明	性别：	男	年龄：	52
从事行业：	广告宣传	标准工资：	15000.0	月收入小计：	20000.0
就诊医院：	北京人民医院	住院号：	BJ_023	护理人数：	0
护理天数：	0	护理人A月收入小计：	0.0	护理人B月收入小计：	0.0
伤亡等级：	非残疾	住院天数：	0	继续治疗天数：	0

费用项目	报损金额	剔除金额	定损赔偿金额	计算标准或公式	核定赔偿金额
医药、诊疗、住院费	450.0	150.0	300.0	非残疾医疗标准	300.0
后续治疗费(含整容费)	0.0	0.0	0.0		0.0
住院伙食补助费目	0.0	0.0	0.0		0.0
营养费	0.0	0.0	0.0		0.0
护理费	0.0	0.0	0.0		0.0
康复费	0.0	0.0	0.0		0.0
丧葬费	0.0	0.0	0.0		0.0
死亡补偿费	0.0	0.0	0.0		0.0
残疾赔偿金	0.0	0.0	0.0		0.0
残疾辅助器具费	0.0	0.0	0.0		0.0
交通费	0.0	0.0	0.0		0.0
住宿费	0	0.0	0.0		0.0
误工费	0.0	0.0	0.0		0.0
被扶养人生活费小计	0.0	0.0	0.0		0.0
其他费用	0.0	0.0	0.0		0.0

情况说明：

险种类别：车上人员责任险　第三者责任险

提交核损后定损信息　取消　返回

图10-71　人员伤亡核损后定损界面

(3)检查确认人员伤亡核损后定损信息无误后,点击“提交核损后定损信息”按钮,弹出的“确定提交人员伤亡核损后定损信息”确认框如图10-72所示。

图10-72　确认框

(4)点击“确定”按钮,即可将人员伤亡核损后定损信息提交并返回操作结果提示框。

6)第六步　财产损失核损后定损

(1)在人员伤亡信息列表界面中点击“财产损失核损定损”链接,进入财产损失核损后定损界面,并在该界面中录入财产损失核损后的定损信息(见图10-73)。

基本信息　车损核损后定损　人员伤亡核损后定损　财产损失核损后定损　施救费用核损后定损　结束核损后定损

费用项目	报损金额	剔除金额	定损赔偿金额	计算标准或公式	核定赔偿金额
第三者车辆换件费用小计:	0.0	0.0	0.0		0.0
第三者车辆维修费用小计:	0.0	0.0	0.0		0.0
第三者车辆辅料费用小计:	0.0	0.0	0.0		0.0
第三者车辆施救费用小计:	0.0	0.0	0.0		0.0
第三者车辆残值小计:	0.0	0.0	0.0		0.0
第三者财产损失小计:	0.0	0.0	0.0		0.0
本车车上货物损失小计:	0.0	0.0	0.0		0.0
本车车上其他财产损失小计:	0.0	0.0	0.0		0.0
本车停驶天数:	0	0	0		0
公共设施损失小计:	500.0	0.0	500.0	公共设施损坏赔偿标准	500.0
代查勘费:	0.0	0.0	0.0		0.0
鉴定费:	0.0	0.0	0.0		0.0
诉讼、仲裁费:	0.0	0.0	0.0		0.0
其他费用小计:	100.0	0.0	100.0		100.0
其他费用说明:					

提交核损后定损信息　取消

图10-73　财产损失核损后定损界面

(2)检查确认财产损失核损后定损信息无误后,点击“提交核损后定损信息”按钮,弹出的“确定提交财产核损后定损信息”确认框如图10-74所示。

(3)点击“确定”按钮,即可将财产损失核损后定损信息提交并返回操作结果提示框。

7)第七步　施救费用核损后定损

(1)在财产损失核损后定损界面中点击“施救费用核损定损”链接,进入施救费用核损后定损界面,并在该界面中录入施救费用核损后的定损信息(见图10-75)。

图 10-74　确认框

基本信息　车损核损后定损　人员伤亡核损后定损　财产损失核损后定损　施救费用核损后定损　结束核损后定损

驾驶员姓名：	张明	联系电话：	1890123XXXX	救助车辆颜色：	白
厂牌型号：	福特翼虎3.0LM1	号牌号码：	京N54321	救助类别：	车险条款救助
救助公司：	北京车险救助中心	事故发生时间：	2010-10-26 09:00:00	付费方式：	现场收费
救助项目：	简易故障	救助地点：	北京海淀区XX中路	车辆送至地点：	北京XX汽车销售服务有限公司
托运路线：		救助距离：	5.0	收费标准：	
救助车到达时间：	2010-10-26 10:00:00	救助费用：	700.0	施救财产总价值：	272000.0
救助单位经办人：		核定救助费用：	650.0	核定施救财产总价值：	272000.0
备注：					

提交核损后定损信息　取消

图 10-75　施救费用核损后定损界面

(2)检查确认施救费用核损后定损信息无误后,点击“提交核损后定损信息”按钮,弹出“确定提交救助核损后定损信息”确认框(见图 10-76)。

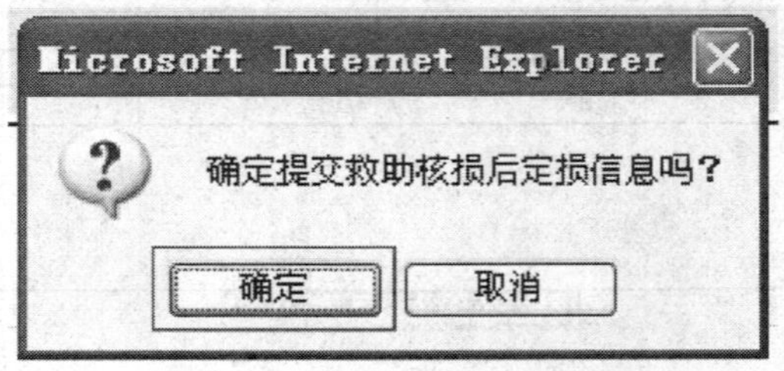

图 10-76　确认框

(3)点击“确定”按钮,即可将施救费用核损后定损信息提交并返回操作结果提示框。

8)第八步　结束核损后定损

(1)在施救费用核损后定损界面中点击“结束核损后定损”链接,弹出“是否进行结束核损后定损操作”确认框(见图 10-77)。

(2)点击确认框中的“确定”按钮,可结束该核损后定损操作,使其进入下一个操作状态;点击“取消”按钮,可暂存核损后定损操作,使其仍可以进行核损后定损修改操作,二者都会返回操作结果界面(见图 10-78)。

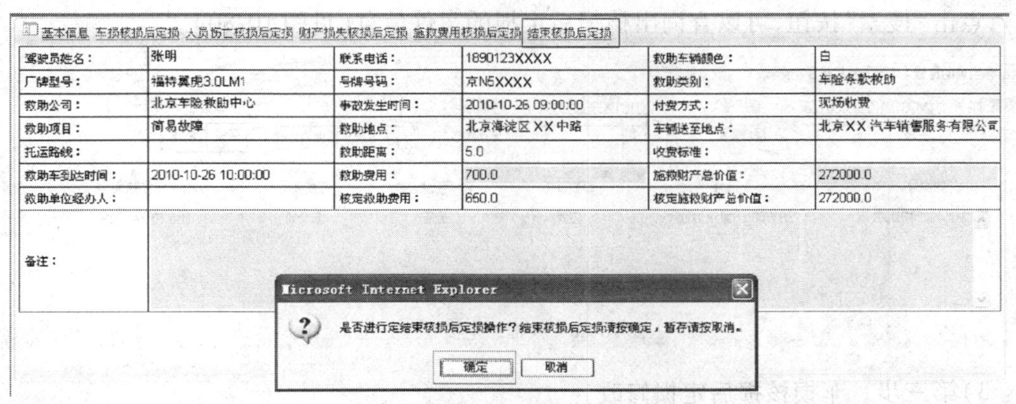

图10-77　“是否进行结束核损后定损操作”确认框

核损后定损操作已经成功暂存

图10-78　操作结果提示

项目4　核损后定损修改

1　项目说明

核损后定损修改是核损后定损工作的继续，以完成核损后定损的操作。本项目的主要在前面核损项目后对定损信息进行修改，与核损后定损类似。

2　操作步骤

1）第一步　进入核损后定损修改窗口

选择定损平台中的“核损后定损修改”选项，系统会显示核损后定损修改搜索界面（见图10-79）。

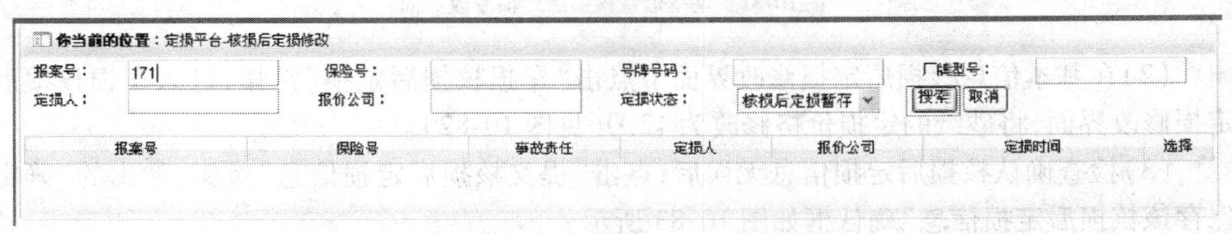

图10-79　核损后定损修改搜索界面

2）第二步　查询核损后定损案件记录

输入查询条件后（如：报案号、保险号、号牌号码、厂牌号码、定损人、核损人、报价公司),点击“搜索”按钮,可以查询出核损后定损的案件信息(见图10-80)。

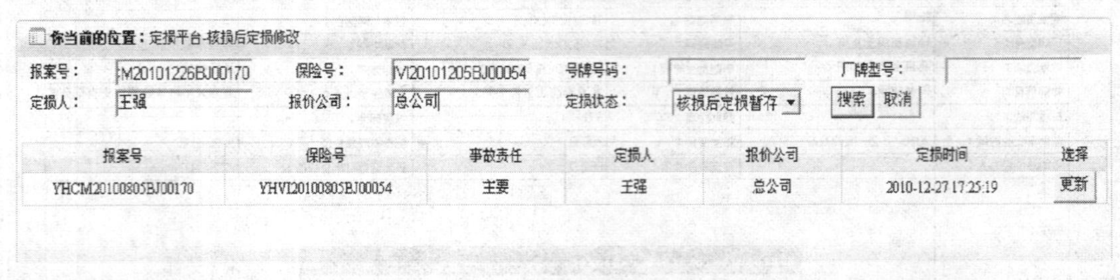

图10-80 核损后定损案件列表

3)第三步 车损核损后定损修改

(1)在需要进行核损后定损修改操作的案件信息行中点击“更新”按钮,进入基本信息核损后定损修改界面(见图10-81)。

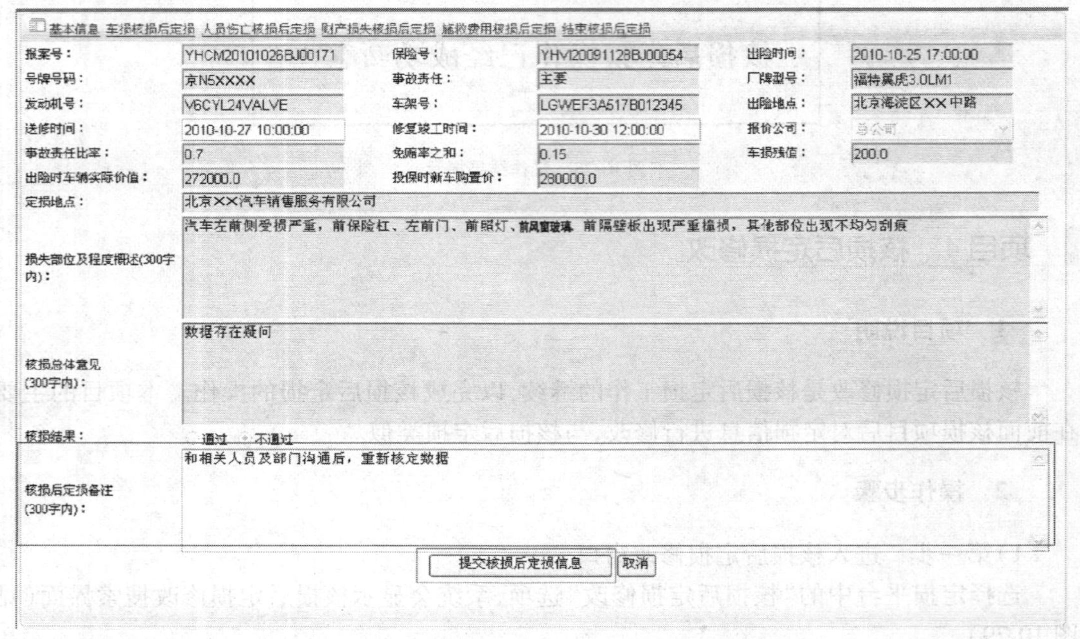

图10-81 基本信息核损后定损修改界面

(2)在基本信息核损后定损修改界面中点击“车损核损后定损”链接,进入车损核损后定损修改界面,将砂纸的定损价格修改为12.0(见图10-82)。

(3)检查确认核损后定损信息无误后,点击“提交核损后定损信息”按钮,弹出的“确定保存该核损后定损信息”确认框如图10-83所示。

(4)点击“确定”按钮,即可将修改后换件核损后定损信息提交并返回操作结果提示框。

4)第四步 施救费用核损后定损修改

(1)在车损核损后定损修改界面中点击“施救费用核损后定损”链接,进入施救费用核损后定损修改界面,将救助费用修改为650(见图10-84)。

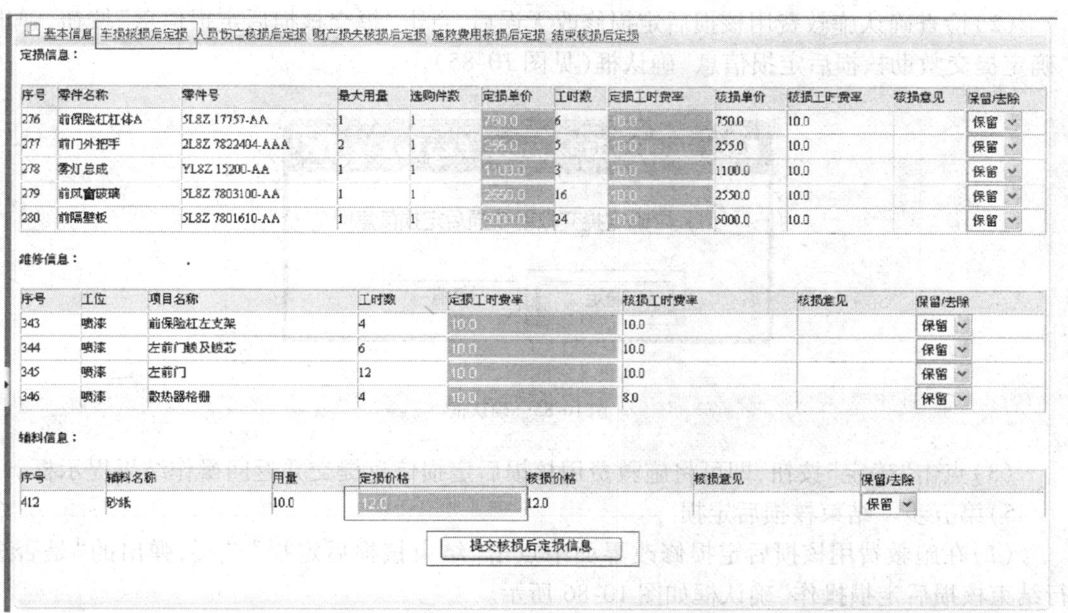

基本信息 车损核损后定损 人员伤亡核损后定损 财产损失核损后定损 施救费用核损后定损 结束核损后定损

定损信息：

序号	零件名称	零件号	最大用量	选购件数	定损单价	工时数	定损工时费率	核损单价	核损工时费率	核损意见	保留/去除
276	前保险杠杠体A	5L8Z 17757-AA	1	1	750.0	6	10.0	750.0	10.0		保留
277	前门外把手	2L8Z 7822404-AAA	2	1	255.0	5	10.0	255.0	10.0		保留
278	雾灯总成	YL8Z 15200-AA	1	1	1100.0	3	10.0	1100.0	10.0		保留
279	前风窗玻璃	5L8Z 7803100-AA	1	1	2550.0	16	10.0	2550.0	10.0		保留
280	前隔壁板	5L8Z 7801610-AA	1	1	5000.0	24	10.0	5000.0	10.0		保留

维修信息：

序号	工位	项目名称	工时数	定损工时费率	核损工时费率	核损意见	保留/去除
343	喷漆	前保险杠左支架	4	10.0	10.0		保留
344	喷漆	左前门槛及锁芯	6	10.0	10.0		保留
345	喷漆	左前门	12	10.0	10.0		保留
346	喷漆	散热器格栅	4	10.0	8.0		保留

辅料信息：

序号	辅料名称	用量	定损价格	核损价格	核损意见	保留/去除
412	砂纸	10.0	12.0	12.0		保留

提交核损后定损信息

图 10-82　车损核损后定损修改界面

图 10-83　确认框

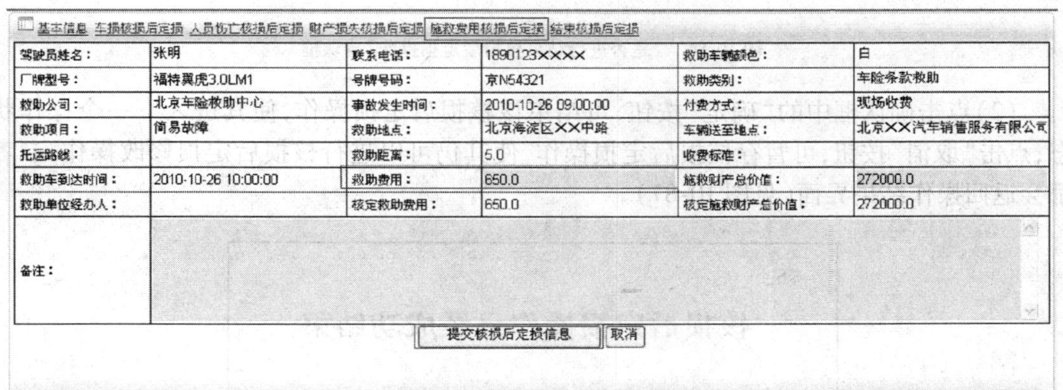

基本信息 车损核损后定损 人员伤亡核损后定损 财产损失核损后定损 施救费用核损后定损 结束核损后定损

驾驶员姓名：	张明	联系电话：	1890123×××××	救助车辆颜色：	白
厂牌型号：	福特翼虎3.0LM1	号牌号码：	京N54321	救助类别：	车险条款救助
救助公司：	北京车险救助中心	事故发生时间：	2010-10-26 09:00:00	付费方式：	现场收费
救助项目：	简易故障	救助地点：	北京海淀区××中路	车辆送至地点：	北京××汽车销售服务有限公司
托运路线：		救助距离：	5.0	收费标准：	
救助车到达时间：	2010-10-26 10:00:00	救助费用：	650.0	施救财产总价值：	272000.0
救助单位经办人：		核定救助费用：	650.0	核定施救财产总价值：	272000.0
备注：					

提交核损后定损信息　取消

图 10-84　施救费用核损后定损修改界面

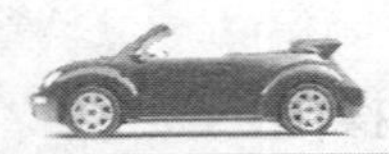

(2)检查确认施救费用核损后定损修改无误后，点击“提交核损后定损信息”按钮，弹出“确定提交救助核损后定损信息”确认框(见图10-85)。

Microsoft Internet Explorer
确定提交救助核损后定损信息吗？
确定
取消

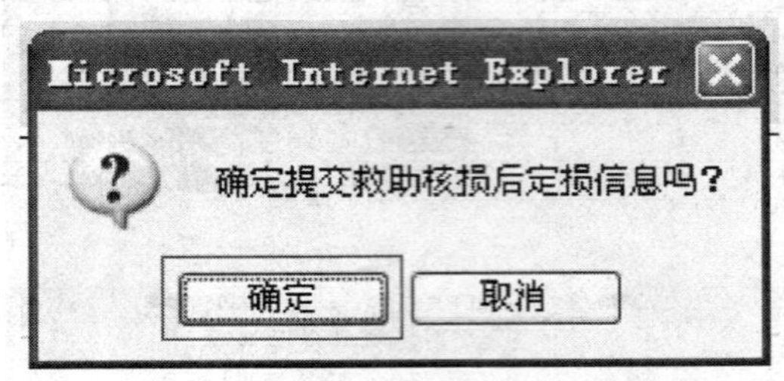

图10-85　确认框

(3)点击“确定”按钮，即可将施救费用核损后定损信息提交并返回操作结果提示框。

5)第五步　结束核损后定损

(1)在施救费用核损后定损修改界面中点击“结束核损后定损”链接，弹出的“是否进行结束核损后定损操作”确认框如图10-86所示。

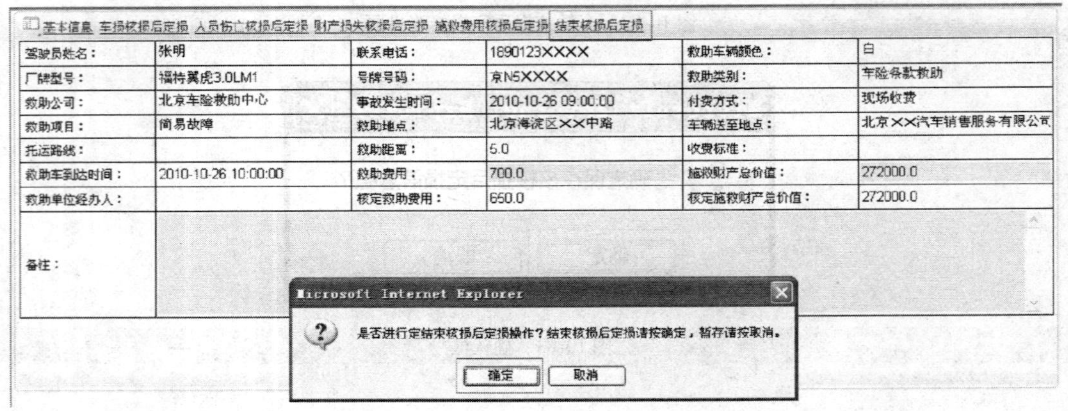

基本信息 车损核损后定损 人员伤亡核损后定损 财产损失核损后定损 施救费用核损后定损 结束核损后定损
驾驶员姓名：张明
联系电话：1890123XXXX
救助车辆颜色：白
厂牌型号：福特翼虎3.0LM1
号牌号码：京N5XXXX
救助类别：车险条款救助
救助公司：北京车险救助中心
事故发生时间：2010-10-26 09:00:00
付费方式：现场收费
救助项目：简易故障
救助地点：北京海淀区XX中路
车辆送至地点：北京XX汽车销售服务有限公司
托运路线：
救助距离：5.0
收费标准：
救助车到达时间：2010-10-26 10:00:00
救助费用：700.0
施救财产总价值：272000.0
救助单位经办人：
核定救助费用：650.0
核定施救财产总价值：272000.0
备注：
Microsoft Internet Explorer
是否进行定结束核损后定损操作？结束核损后定损请按确定，暂存请按取消。
确定
取消

图10-86　“是否进行结束核损后定损操作”确认框

(2)点击确认框中的“确定”按钮，可结束该核损后定损操作，使其进入下一个操作状态；点击“取消”按钮，可暂存核损后定损操作，使其仍可以进行核损后定损修改操作，二者都会返回操作结果界面(见图10-87)。

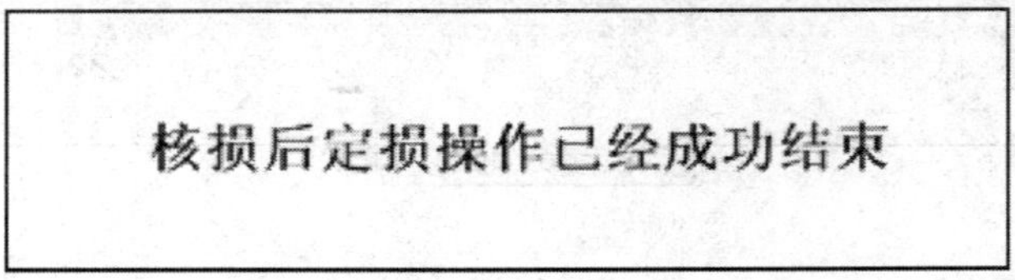

核损后定损操作已经成功结束

图10-87　操作结果提示

项目5　定损查询

1　项目说明

定损查询功能是实现对定损记录的查询，再现定损流程内容，利于对历史定损案件的管理。本项目对本学习任务中定损员王强完成的定损案件进行查询。

2　操作步骤

1）第一步　进入定损查询窗口

选择定损平台中的“定损查询”选项，系统会显示定损查询窗口（见图10-88）。

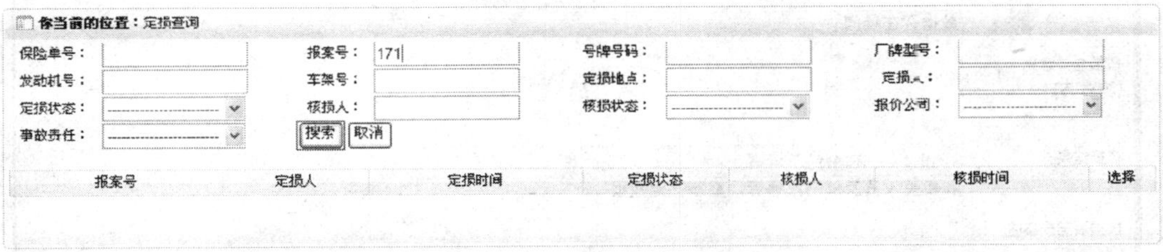

图10-88　定损查询界面

2）第二步　查询出案件记录

输入查询条件后（如：报案号、保险单号、号牌号码、厂牌号码、车架号、定损地点、定损人、定损状态、核损人、核损状态、报价公司、事故责任），点击“搜索”按钮，可以查询出定损案件的信息列表（见图10-89）。

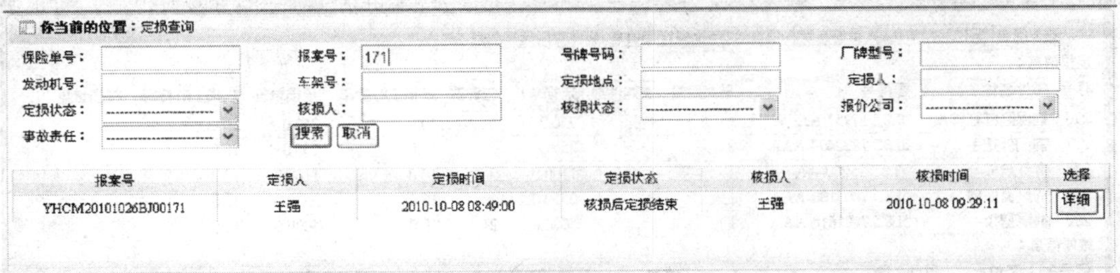

图10-89　定损案件列表

3）第三步　查看基本信息

从案件信息列表中选择需要进行查询的案件信息，并点击其对应行中“详细”按钮，就会弹出定损基本信息界面（见图10-90）。

4）第四步　查看车损定损信息

在定损基本信息界面中点击“车损定损信息”链接，进入车损定损信息界面（见图10-91）。

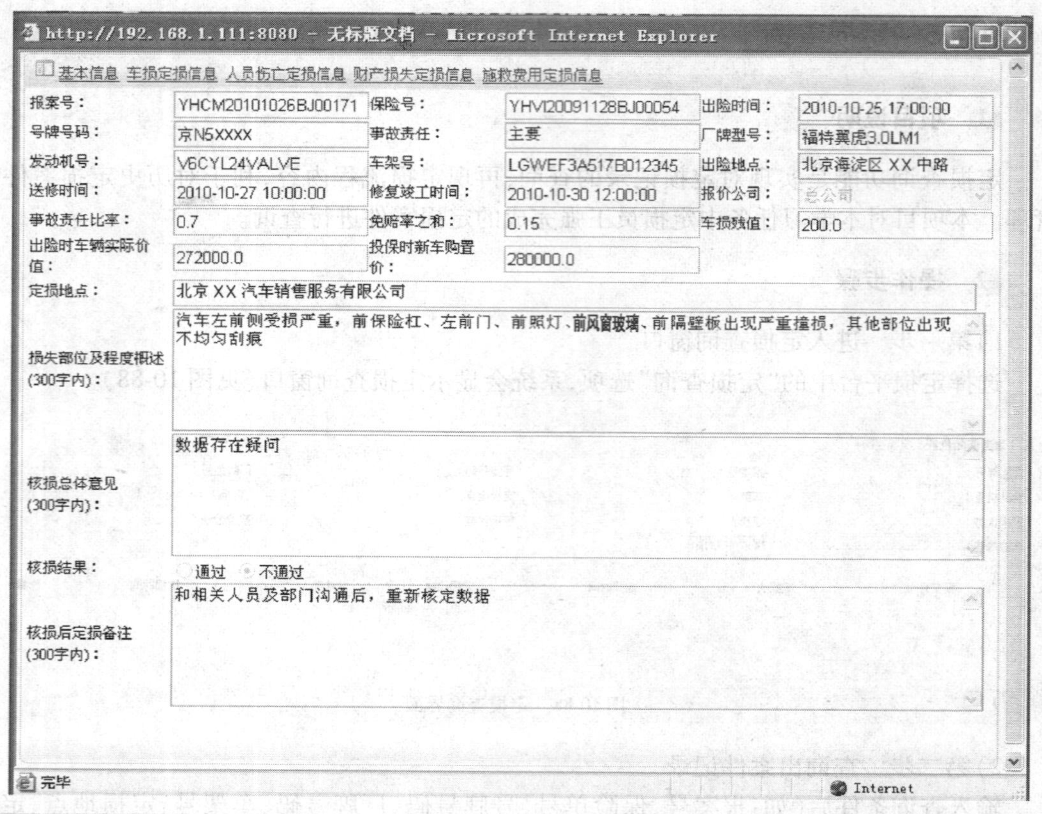

http://192.168.1.111:8080 - 无标题文档 - Microsoft Internet Explorer

基本信息 车损定损信息 人员伤亡定损信息 财产损失定损信息 施救费用定损信息

报案号：	YHCM20101026BJ00171	保险号：	YHVI20091128BJ00054	出险时间：	2010-10-25 17:00:00
号牌号码：	京N5XXXX	事故责任：	主要	厂牌型号：	福特翼虎3.0LM1
发动机号：	V6CYL24VALVE	车架号：	LGWEF3A517B012345	出险地点：	北京海淀区 XX 中路
送修时间：	2010-10-27 10:00:00	修复竣工时间：	2010-10-30 12:00:00	报价公司：	总公司
事故责任比率：	0.7	免赔率之和：	0.15	车损残值：	200.0
出险时车辆实际价值：	272000.0	投保时新车购置价：	280000.0		

定损地点： 北京XX汽车销售服务有限公司

损失部位及程度概述(300字内)： 汽车左前侧受损严重，前保险杠、左前门、前照灯、前风窗玻璃、前隔壁板出现严重撞损，其他部位出现不均匀刮痕

核损总体意见(300字内)： 数据存在疑问

核损结果： 通过 不通过

核损后定损备注(300字内)： 和相关人员及部门沟通后，重新核定数据

完毕 Internet

图 10-90 定损基本信息界面

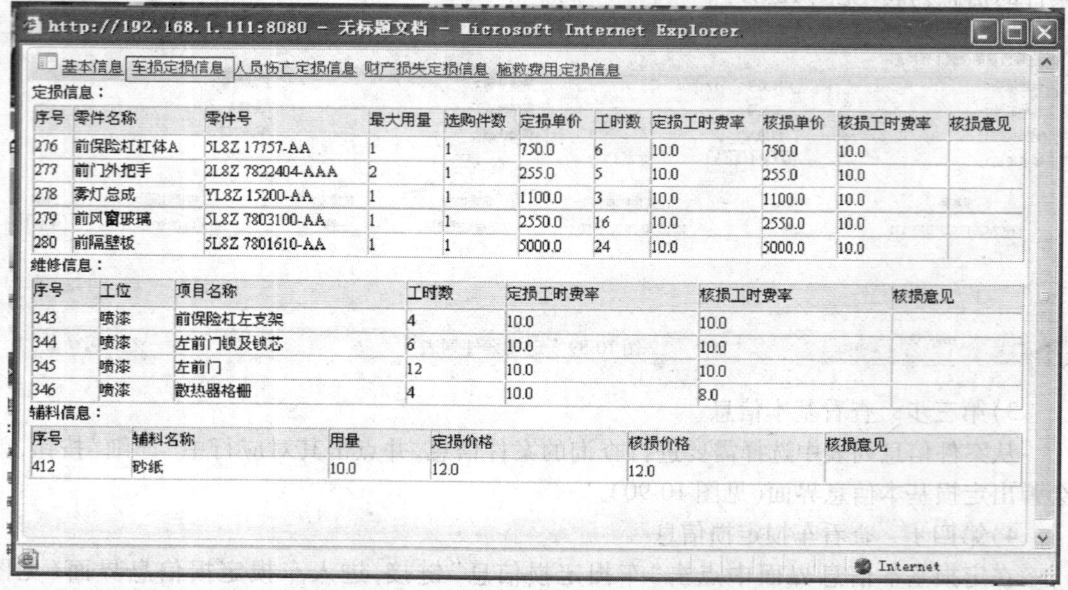

http://192.168.1.111:8080 - 无标题文档 - Microsoft Internet Explorer

基本信息 车损定损信息 人员伤亡定损信息 财产损失定损信息 施救费用定损信息

定损信息：

序号	零件名称	零件号	最大用量	选购件数	定损单价	工时数	定损工时费率	核损单价	核损工时费率	核损意见
276	前保险杠杠体A	5L8Z 17757-AA	1	1	750.0	6	10.0	750.0	10.0	
277	前门外把手	2L8Z 7822404-AAA	2	1	255.0	5	10.0	255.0	10.0	
278	雾灯总成	YL8Z 15200-AA	1	1	1100.0	3	10.0	1100.0	10.0	
279	前风窗玻璃	5L8Z 7803100-AA	1	1	2550.0	16	10.0	2550.0	10.0	
280	前隔壁板	5L8Z 7801610-AA	1	1	5000.0	24	10.0	5000.0	10.0	

维修信息：

序号	工位	项目名称	工时数	定损工时费率	核损工时费率	核损意见
343	喷漆	前保险杠左支架	4	10.0	10.0	
344	喷漆	左前门锁及锁芯	6	10.0	10.0	
345	喷漆	左前门	12	10.0	10.0	
346	喷漆	散热器格栅	4	10.0	8.0	

辅料信息：

序号	辅料名称	用量	定损价格	核损价格	核损意见
412	砂纸	10.0	12.0	12.0	

Internet

图 10-91 车损定损信息界面

5)第五步　查看人员伤亡定损信息

(1)在车损定损信息界面中点击“人员伤亡定损信息”链接,进入人员伤亡定损信息列表界面(见图10-92)。

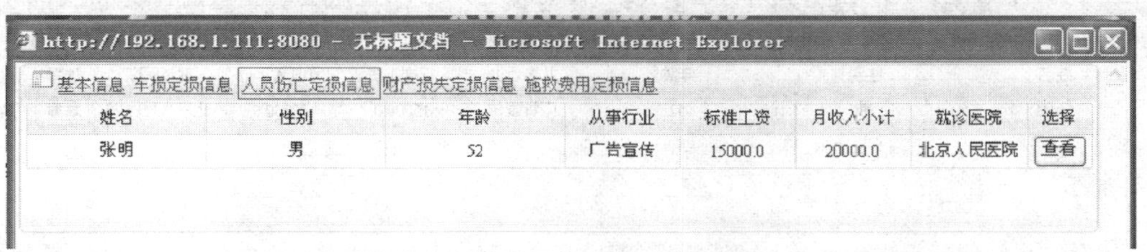

http://192.168.1.111:8080 - 无标题文档 - Microsoft Internet Explorer

基本信息 车损定损信息 人员伤亡定损信息 财产损失定损信息 施救费用定损信息

姓名	性别	年龄	从事行业	标准工资	月收入小计	就诊医院	选择
张明	男	52	广告宣传	15000.0	20000.0	北京人民医院	查看

图10-92　人员伤亡定损信息列表界面

(2)在需要查看的人员伤亡信息行中点击“查看”按钮,则进入该人员伤亡详细信息界面(见图10-93)。

http://192.168.1.111:8080 - 无标题文档 - Microsoft Internet Explorer

你当前的位置:定损平台-信息查看

姓名:	张明	性别:	男	年龄:	52
从事行业:	广告宣传	标准工资:	15000.0	月收入小计:	20000.0
就诊医院:	北京人民医院	住院号:	BJ_023	护理人数:	0
护理天数:	0	护理人A月收入小计:	0.0	护理人B月收入小计:	0.0
伤亡等级:	非残疾	住院天数:	0	继续治疗天数:	0

费用项目	报损金额	剔除金额	定损赔偿金额	计算标准或公式	核定赔偿金额
医药、诊疗、住院费	450.0	150.0	300.0	非残疾医疗标准	300.0
后续治疗费(含整容费)	0.0	0.0	0.0		0.0
住院伙食补助费目	0.0	0.0	0.0		0.0
营养费	0.0	0.0	0.0		0.0
护理费	0.0	0.0	0.0		0.0
康复费	0.0	0.0	0.0		0.0
丧葬费	0.0	0.0	0.0		0.0
死亡补偿费	0.0	0.0	0.0		0.0
残疾赔偿金	0.0	0.0	0.0		0.0
残疾辅助器具费	0.0	0.0	0.0		0.0
交通费	0.0	0.0	0.0		0.0
住宿费	0	0.0	0.0		0.0
误工费	0.0	0.0	0.0		0.0
被扶养人生活费小计	0.0	0.0	0.0		0.0
其他费用	0.0	0.0	0.0		0.0

情况说明:	
险种类别:	车上人员责任险　第三者责任险

返回

完毕　Internet

图10-93　人员伤亡详细信息界面

(3)在人员伤亡详细信息界面中点击“返回”按钮,则返回到人员伤亡定损信息列表界面(见图 10-94)。

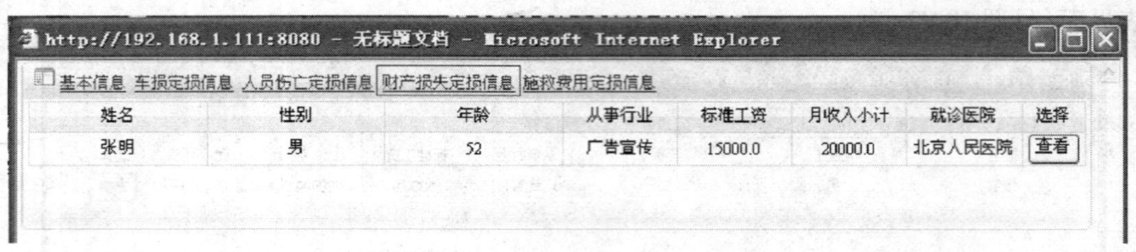
http://192.168.1.111:8080 - 无标题文档 - Microsoft Internet Explorer

基本信息 车损定损信息 人员伤亡定损信息 财产损失定损信息 施救费用定损信息

姓名	性别	年龄	从事行业	标准工资	月收入小计	就诊医院	选择
张明	男	52	广告宣传	15000.0	20000.0	北京人民医院	查看

图 10-94　人员伤亡定损信息列表界面

6)第六步　查看财产损失定损信息

在人员伤亡定损信息列表界面中点击“财产损失定损信息”链接,进入财产损失定损信息界面(见图 10-95)。

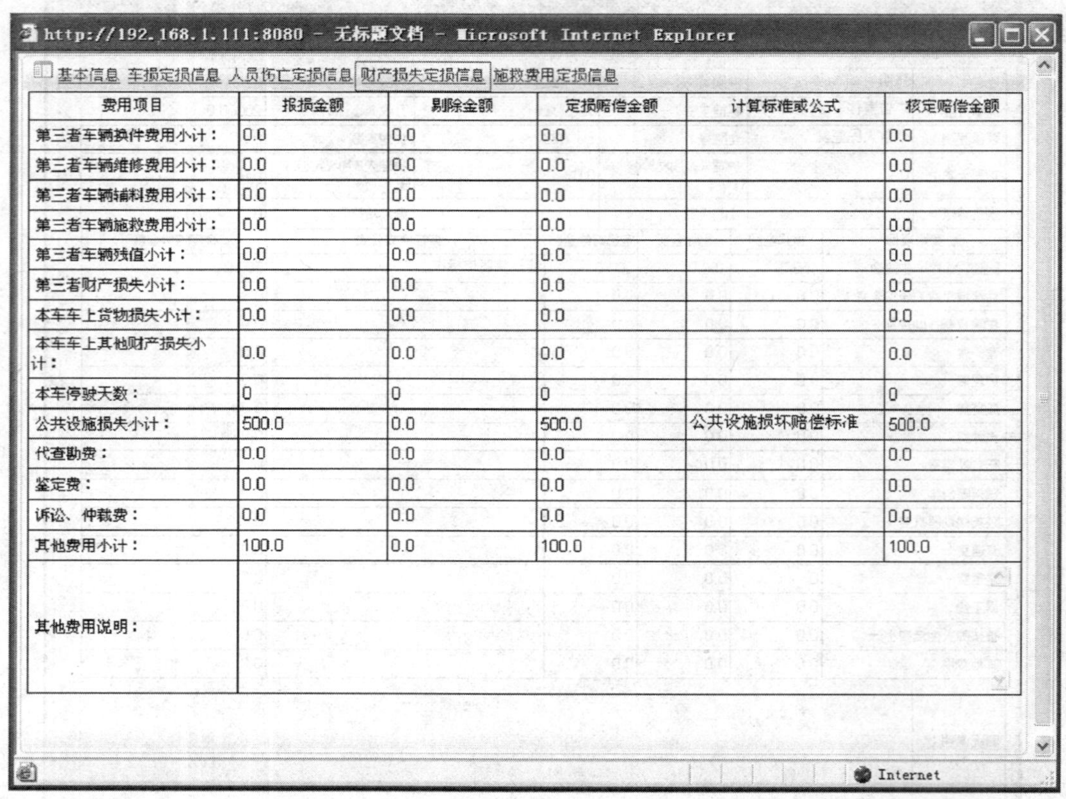
http://192.168.1.111:8080 - 无标题文档 - Microsoft Internet Explorer

基本信息 车损定损信息 人员伤亡定损信息 财产损失定损信息 施救费用定损信息

费用项目	报损金额	剔除金额	定损赔偿金额	计算标准或公式	核定赔偿金额
第三者车辆换件费用小计:	0.0	0.0	0.0		0.0
第三者车辆维修费用小计:	0.0	0.0	0.0		0.0
第三者车辆辅料费用小计:	0.0	0.0	0.0		0.0
第三者车辆施救费用小计:	0.0	0.0	0.0		0.0
第三者车辆残值小计:	0.0	0.0	0.0		0.0
第三者财产损失小计:	0.0	0.0	0.0		0.0
本车车上货物损失小计:	0.0	0.0	0.0		0.0
本车车上其他财产损失小计:	0.0	0.0	0.0		0.0
本车停驶天数:	0	0	0		0
公共设施损失小计:	500.0	0.0	500.0	公共设施损坏赔偿标准	500.0
代查勘费:	0.0	0.0	0.0		0.0
鉴定费:	0.0	0.0	0.0		0.0
诉讼、仲裁费:	0.0	0.0	0.0		0.0
其他费用小计:	100.0	0.0	100.0		100.0
其他费用说明:					

Internet

图 10-95　财产损失定损信息界面

7)第七步　查看施救费用定损信息

在财产损失定损信息界面中点击“施救费用定损信息”链接,进入施救费用定损信息界面(见图 10-96)。

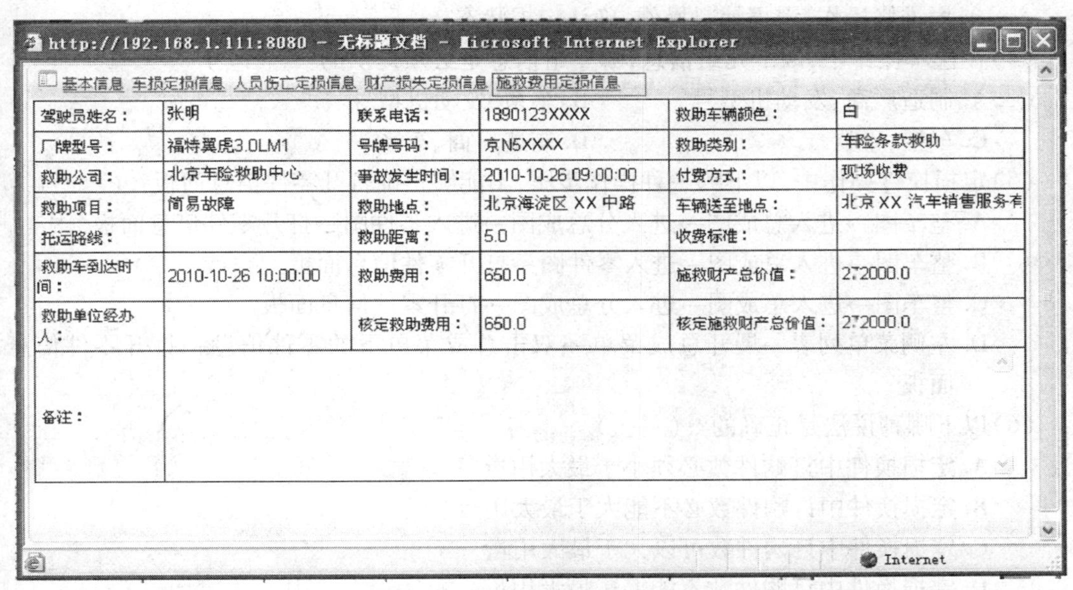
http://192.168.1.111:8080 - 无标题文档 - Microsoft Internet Explorer

基本信息 车损定损信息 人员伤亡定损信息 财产损失定损信息 施救费用定损信息

驾驶员姓名：	张明	联系电话：	1890123XXXX	救助车辆颜色：	白
厂牌型号：	福特翼虎3.0LM1	号牌号码：	京N5XXXX	救助类别：	车险条款救助
救助公司：	北京车险救助中心	事故发生时间：	2010-10-26 09:00:00	付费方式：	现场收费
救助项目：	简易故障	救助地点：	北京海淀区XX中路	车辆送至地点：	北京XX汽车销售服务有
托运路线：		救助距离：	5.0	收费标准：	
救助车到达时间：	2010-10-26 10:00:00	救助费用：	650.0	施救财产总价值：	272000.0
救助单位经办人：		核定救助费用：	650.0	核定施救财产总价值：	272000.0
备注：					

Internet

图10-96 施救费用定损信息界面

8)第八步 退出查看

若退出详细信息查看界面,点击窗口右上角的“退出”按钮即可。

三、学习评价

1 理论考核

1)选择题

(1)对受损车辆原则上应采取(　　)次定损。

A.1　　B.2　　C.3　　D.4

(2)车险定损内容包括几个方面(　　)。

A.2　　B.3　　C.4　　D.5

(3)新开定损项目操作步骤有哪些?(　　)

A.进入定损操作、查看调度信息、选车操作、定损基本信息录入、定损辅料操作、定损换件操作、定损维修操作、确认定损状态

B.进入定损操作界面、确认定损案件、定损基本信息录入、选车操作、定损换件操作、定损维修操作、定损辅料操作、人员伤亡定损、财产损失定损、施救费用定损、结束定损

C.进入定损操作、选车操作、查看调度信息、定损基本信息录入、定损换件操作、定损维修操作、定损辅料操作、确认定损状态

D.定损基本信息录入、选车操作、进入定损操作、查看调度信息、定损换件操作、定

损维修操作、定损辅料操作、确认定损状态

(4)在选车操作中,以下几组信息,哪一组信息是必须提供的?(　　)

A. 制造厂商、发动机型号　　B. 车系、发动机型号

C. 车型、年款　　D. 制造厂商、车系

(5)定损换件操作中,以下哪一种操作步骤,不能够正确打开零件信息面板?(　　)

A. 整车图→进入总成图→进入分总成图→进入零件图→打开零件信息面板

B. 整车图→进入总成图→进入零件图→打开零件信息面板

C. 整车图→进入总成图→进入分总成图→打开零件信息面板

D. 左侧菜单列表→展开总成菜单→双击总成菜单下的零件信息→打开零件信息面板

(6)以下哪种说法是正确的?(　　)

A. 定损换件中订购件数必须小于最大用量

B. 定损换件中订购件数必不能大于最大用量

C. 定损换件中订购件数可以大于最大用量

D. 定损换件中订购件数不能等于最大用量

(7)定损维修操作中维修项分类有哪些?(　　)

A. 机修、喷漆、电工、钣金　　B. 机修、粉刷、钣金、电工

C. 喷漆、矫形、电工、机修　　D. 机修、喷漆、钣金、电焊

(8)以下说法哪个是错误的?(　　)

A. 当在图形库中无法查询到相对应的零件信息时,可通过自定义零件添加相应的换件信息

B. 当在维修项目库中无法查询到相对应的维修项目时,可通过自定义维修添加相应的维修信息

C. 可通过自定义辅料添加相应的辅料信息

D. 在选车操作时没有找到相对应的车型信息时,可通过自定义车型添加相应的车型信息

(9)以下说法错误的是(　　)。

A. 换件信息是可以根据实际情况自定义换件信息的,但是自定义的配件是没有对应的图形

B. 在新开定损操作中,添加后的换件信息、维修信息、辅料信息是可以进行删除、更新操作

C. 在定损修改操作中是可以对基本信息、换件信息、维修信息、辅料信息进行更新操作

D. 核损操作返回到定损平台的案件都是无法修改的

(10)下列说法哪个是正确的?(　　)

A. 核损不通过的单据是可以重新进行新开定损操作

B. 核损不通过的单据可以进入核损后定损,对定损的数据进行修改

C. 结束定损操作后,可直接进入理算操作

D. 完成核损后定损操作后，可直接进入理算操作

2）思考题

（1）在定损操作结束后，发现定损员录入的定损单信息出现严重错误（例如选择的案件信息不一致、车型选择错误等情况），该如何处理？

（2）当定损人员和核损人员对于定损价格出现分歧时，该如何处理？

2 技能考核

1）考核项目 1

请根据表 10-1 中的案例数据完成事故车新开定损操作。

定损信息表 表 10-1

定损基本信息：

号牌号码：京 N5××××　事故责任：主要　厂牌型号：福特翼虎 3.0M1

发动机：V6CYL24VALVE DO　车架号：LGWEF3A517B012345　出险地点：海淀区××牛路

送修时间：2009-9-25	修复竣工时间：2009-9-26	报价公司：总公司

定损地点：北京××汽车销售服务有限公司 4S 店

损失部位及程度概述：

车前保险杠、左前照灯、左前雾灯总成、左前翼子板受损，且损失严重，需要更换配件

定损换件信息

零件号	零件名称	所属部位	零件单价	订购件数	工时数	工时费率	最大用量	左/右
E6Z17D957-ABPTM	前保险杠外皮	前保险杆	6200	1	6	10	1	L
5E6Z 16005-AA	前翼子板	前翼子板	2400	1	10	10	1	L
YL8Z 15200-AB	雾灯总成	前照灯	1300	1	3	10	1	L
5LBZ 13007-AA	前照合灯	前照灯	2000	1	4	10	1	L

定损维修信息

工位	维修项目	维修工时	维修工时费	维修工时费合计
机修	前保险杠杠体	6	10	60
喷漆	左前车门饰板	4	10	40
喷漆	左前门	20	10	200

定损辅料信息

辅料名称	用量	辅料总价	备注
机油	1	200	

2）考核项目 2

某保险公司定损员王强在做完实地定损后，他需要在车险理赔估损系统中录入这些信息，王强获得的定损信息见表 10-2。

定损信息表 表 10-2

定损基本信息： 号牌号码：京 N×××× 事故责任：全部 厂牌型号：福特翼虎 3.0M1 发动机：WF0YU 24VALVE DO 车架号：LGWEF3A517B078945 出险地点：海淀区清河××桥北		
送修时间：2009-7-25	修复竣工时间：2009-7-26	报价公司：总公司
定损地点：北京××汽车销售服务有限公司		
损失部位及程度概述： 右前翼子板、右前照灯总成，且损失严重，需要更换配件		

定损换件信息

零件号	零件名称	所属部位	零件单价	订购件数	工时数	工时费率	最大用量	左/右
5E6Z 16005-AA	前翼子板	前翼子板	2400	1	10	10	1	R
5LBZ 13007-AA	前照合灯	前照灯	2000	1	4	10	1	R

定损维修信息

工位	维修项目	维修工时	维修工时费	维修工时费合计
机修	右外后视镜	4	10	40
喷漆	右前门饰板	4	10	40
喷漆	轮胎动平衡	4	10	40

定损辅料信息

辅料名称	用量	辅料总价	备注
机油	1	200	
砂纸	1	50	

3 考核评价表

考核评价表见表 10-3。

定损平台操作项目评分表 表 10-3

基本信息	姓名		学号		班级		组别	
	规定时间		完成时间		考核日期		总评成绩	

	序号	步骤	标准分	评分标准	评分
任务工单	1	考核准备： 成功启动电脑 成功启动车险理赔估损系统 正确登录车险理赔估损系统	5	确保定损操作正常进行，根据实际情况酌情扣分	
	2	进入定损操作界面	1	没有正确打开操作界面，扣 1 分	
	3	确认定损案件	2	错误选择定损案件扣 2 分	
	4	定损基本信息录入	5	没有录入定损基本信息扣 5 分；定损信息录入错误，一处扣 1 分，扣完为止	

续上表

	序号	步骤	标准分	评分标准	评分
任务工单	5	选车操作	5	没有选择车型,扣5分;车型选择错误扣3分	
	6	定损换件操作	10	没有进行定损换件操作扣10分;换件信息选择错误,一个零件扣3分;换件信息项录入错误,一处扣1分	
	7	定损维修操作	5	没有进行定损维修操作扣5分;维修信息选择错误,一个维修项扣2分;维修项信息录入错误,一处扣1分	
	8	定损辅料操作	3	没有进行定损辅料操作扣3分;辅料信息录入错误一处扣1分	
	9	人员伤亡定损	5	没有进行人员伤亡定损扣5分;人员伤亡定损信息录入错误,一处扣1分	
	10	财产损失定损	5	没有进行财产损失定损扣5分;财产损失定损信息录入错误,一处扣1分	
	11	施救费用定损	5	没有进行施救费用定损扣5分;施救费用定损信息录入错误,一处扣1分	
	12	结束定损	1	没有进行结束定损操作扣1分	
	13	进入定损修改操作界面	1	没有正确进入定损修改界面扣1分	
	14	搜索定损修改案件	1	没有正确搜索案件扣1分	
	15	修改定损基本信息	2	没有修改定损基本信息扣2分;修改错误,一处扣1分	
	16	修改定损换件信息	2	没有修改定损换件信息扣2分;修改错误,一处扣1分	
	17	修改定损维修信息	2	没有修改定损维修信息扣2分;修改错误,一处扣1分	
	18	修改定损辅料信息	2	没有修改定损辅料信息扣2分;修改错误,一处扣1分	
	19	人员伤亡定损修改	2	没有修改人员伤亡定损信息扣2分;修改错误,一处扣1分	
	20	财产损失定损修改	2	没有修改财产损失定损信息扣2分;修改错误,一处扣1分	
	21	施救费用定损修改	2	没有修改施救费用定损信息扣2分;修改错误,一处扣1分	
	22	结束定损修改	1	没有进行结束定损修改操作扣1分	
	23	进入核损后定损界面	1	没有正确进入核损后定损界面扣1分	
	24	查询出核损后定损记录	1	没有正确搜索核损后定损记录扣1分	

续上表

	序号	步骤	标准分	评分标准	评分
任务工单	25	基本信息核损后定损	1	没有进行基本信息核损后定损操作扣1分	
	26	车损核损后定损	3	没有进行车损核损后定损操作扣3分;录入错误,一处扣1分	
	27	人员伤亡核损后定损	2	没有进行人员伤亡核损后定损操作扣2分;录入错误,一处扣1分	
	28	财产损失核损后定损	2	没有进行财产损失核损后定损操作扣2分;录入错误,一处扣1分	
	29	施救费用核损后定损	2	没有进行施救费用核损后定损操作扣2分;录入错误,一处扣1分	
	30	结束核损后定损	1	没有进行结束核损后定损操作扣1分	
	31	进入核损后定损修改窗口	1	没有正确进入核损后定损修改窗口扣1分	
	32	查询核损后定损案件记录	1	没有正确查询核损后定损案件记录扣1分	
	33	车损核损后定损修改	1	没有进行或者错误的进行车损核损后定损修改操作扣1分	
	34	施救费用核损后定损修改	1	没有进行或者错误的进行施救费用核损后定损修改操作扣1分	
	35	结束核损后定损	1	没有进行结束核损后定损修改操作扣1分	
	36	进入定损查询窗口	1	没有正确的进入定损查询窗口扣1分	
	37	查询出案件记录	1	没有正确的查询出案件记录扣1分	
	38	查看基本信息	1	没有正确的查看基本信息扣1分	
	39	查看车损定损信息	1	没有正确的查看车损定损信息扣1分	
	40	查看人员伤亡定损信息	1	没有正确的查看人员伤亡定损信息扣1分	
	41	查看财产损失定损信息	1	没有正确的查看财产损失定损信息扣1分	
	42	查看施救费用定损信息	1	没有正确的查看施救费用定损信息扣1分	
	43	退出查看	1	没有正确的退出查看扣1分	
团队协作			5	根据实际情况酌情扣分	
		总分合计	100	评分合计	

学习任务11　核损平台操作

工作情境描述

某日上午9时，某保险公司核损员赵云在公司车险理赔估损系统核损平台下查看到公司定损员王强于前日下午6时提交的案件定损信息，立即对该案件开展核价核损工作。主要是依据保险公司内部核价核损相关标准和要求对该案件的车辆维修项目、维修工时、配件报价，人员伤亡，财产损失等定损结果进行审核确认。

学习目标

1. 了解核损平台的基本功能；
2. 能够使用软件进行案件损失的核定。

学习时间

4学时。

学习引导

本学习任务沿着以下脉络进行学习：

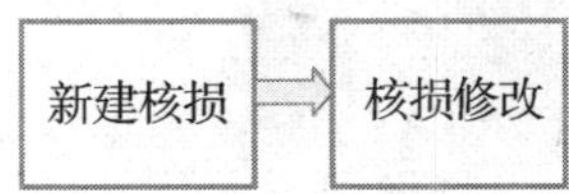

教学组织建议

学生两人一组(教师可根据实训条件自行安排分组人数)，其中：一个人进行平台操作，另一个人对操作过程进行记录与分析。完成后学生交换角色练习，教师对全过程进行把控。

一、知识准备

1 核损岗工作内容

核损岗是车险理赔工作环节中重要的质量管控环节,所有赔案必须经核损岗审核通过方可流转到下一环节。其职责是核实保险责任及事故损失,指导、监督和考核查勘定损工作。查勘员完成查勘定损工作后将完整的查勘资料交核损岗,核损岗经审核后转未决管理岗;未决管理岗对审核通过的赔案及时进行系统录入,对审核未通过的赔案则直接退回查勘人员,但要说明退案的原因,指导或协助查勘员按要求完成查勘定损工作并做登记。

2 核价要求

保险公司根据当地机构业务情况区分为4S店业务、优质客户和一般业务进行核价,一般业务按市场价核定,价格有争议时如需推荐到合作厂修理的,应电话告知核赔人。

3 核损方式和内容

目前各保险公司的核损工作均是在其理赔平台上的定损核价平台进行,车险核损的内容包括损失项目、配件价格和修理工时费等。

二、任务实施

1 操作要求

(1)录入信息时,必须按照规定的字符格式进行;

(2)与相关部门(汽车修理厂、配件供应商)进行有效沟通,确保系统中配件价格的合理性;

(3)录入信息后进行核对,确保核损信息正确无误。

2 设备器材

所用设备器材同学习任务6。

3 作业准备

(1)检查车险理赔估损系统是否正常工作。 □任务完成

(2)确认核损操作所需要的数据信息。 □任务完成

项目1 新建核损

1 项目说明

当核损员在车险理赔估损系统核损平台下查询到需进行核损操作的案件信息后,即对

该定损信息进行核查,核损员可先在系统中查询相关配件价格,或者同相关部门(如汽车修理厂、配件供应商等)沟通调整配件价格,然后将核损后的信息录入到系统中,并确认该定损信息是否能够通过核损进入下一个操作环节。本项目结合本学习任务设计的情境对定损员王强提交的案件在核损平台上开展核价核损工作。

2 操作步骤

1)第一步　进入核损操作界面

(1)在系统主界面中点击“核损平台”按钮,系统会自动展开核损平台的功能菜单(见图 11-1)。

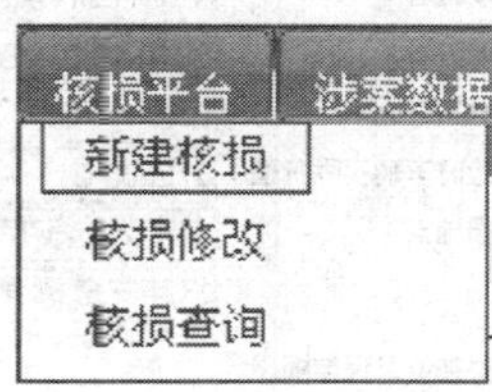

图 11-1　核损平台功能菜单

(2)选择功能菜单中的“新建核损”选项,进入核损信息搜索界面(见图 11-2)。

你当前的位置:核损平台-新建核损

报案号: 171　保险号:　号牌号码:　厂牌型号:
定损人:　报价公司:　搜索　取消

报案号	保险号	事故责任	定损人	报价公司	定损时间	处理

图 11-2　核损信息搜索界面

(3)在核损信息搜索界面中录入报案号、保险单号等检索信息后,点击“搜索”按钮,返回可进行核损操作的案件信息列表(见图 11-3)。

你当前的位置:核损平台-新建核损

报案号: 171　保险号:　号牌号码:　厂牌型号:
定损人:　报价公司:　搜索　取消

报案号	保险号	事故责任	定损人	报价公司	定损时间	处理
YHCM20101026BJ00171	YHVI20091128BJ00054	主要	王强	总公司	2010-10-06 10:23:10	核损

图 11-3　案件信息列表

2)第二步　确定并进入核损案件界面

(1)在需要进行核损操作的案件信息中,点击“核损”按钮,进入核损基本信息录入界面,并在该界面录入核损总体意见以及核损结果信息(见图 11-4)。

(2)点击“提交”按钮,弹出的“确定提交核损基本信息”确认框如图 11-5 所示。

(3)点击“确定”按钮,即可将核损基本信息提交并返回操作结果提示框(见图 11-6)。

(4)点击“确定”按钮,关闭该提示框。

基本信息 车损核损 人员伤亡核损 财产损失核损 施救费用核损 结束核损

报案号：	YHCM20101026BJ00171	保险号：	YHVI20091128BJ00054	出险时间：	2010-10-25 17:00:00
号牌号码：	京N5XXXX	事故责任：	主要	厂牌型号：	福特翼虎3.0LM1
发动机号：	V6CYL24VALVE	车架号：	LGWEF3A517B012345	出险地点：	北京海淀区XX中路
送修时间：	2010-10-27 10:00:00	修复竣工时间：	2010-10-30 12:00:00	报价公司：	总公司
事故责任比率：	0.7	免赔率之和：	0.15	车损残值：	200.0
出险时车辆实际价值：	272000.0	投保时新车购置价：	280000.0		
定损地点：	北京XX汽车销售服务有限公司				
损失部位及程度概述(300字内)：	汽车左前侧受损严重，前保险杠、左前门、前照灯、前风窗玻璃、前隔壁板出现严重撞损，其他部位出现不均匀刮痕				
核损总体意见(300字内)：	数据存在疑问				
核损结果：	○通过 ⊙不通过				

提交 取消

图 11-4　核损基本信息录入界面

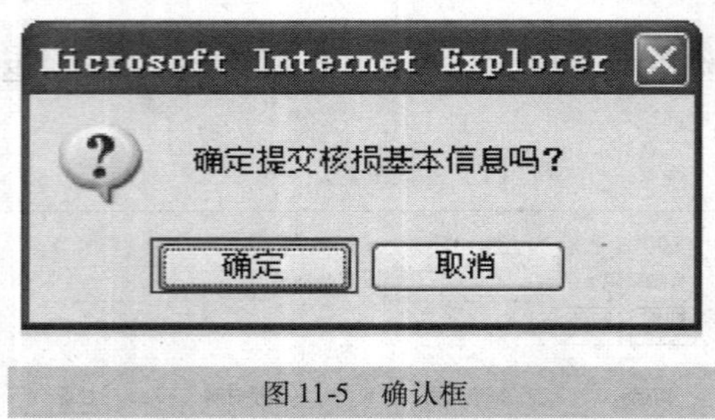

图 11-5　确认框

图 11-6　操作结果提示框

3）第三步　核定换件信息

（1）在核损基本信息录入界面顶部点击"车损核损"链接，即可进入车损核损界面，并在该界面录入对车损定损的核损信息（见图 11-7）。

（2）检查确认车损定损核损信息录入无误后，点击"提交"按钮，弹出的"确定提交换件核损信息"确认框如图 11-8 所示。

（3）点击"确定"按钮，即可将换件核损信息提交并返回操作结果提示框。

4）第四步　核定维修信息

（1）在车损核损界面顶部点击"维修定损"链接，即可进入维修定损核损界面，并在该界面录入对维修定损的核损信息（见图 11-9）。

（2）检查确认维修定损核损信息录入无误后，点击"提交"按钮，弹出"确定提交维修核损信息"确认框（见图 11-10）。

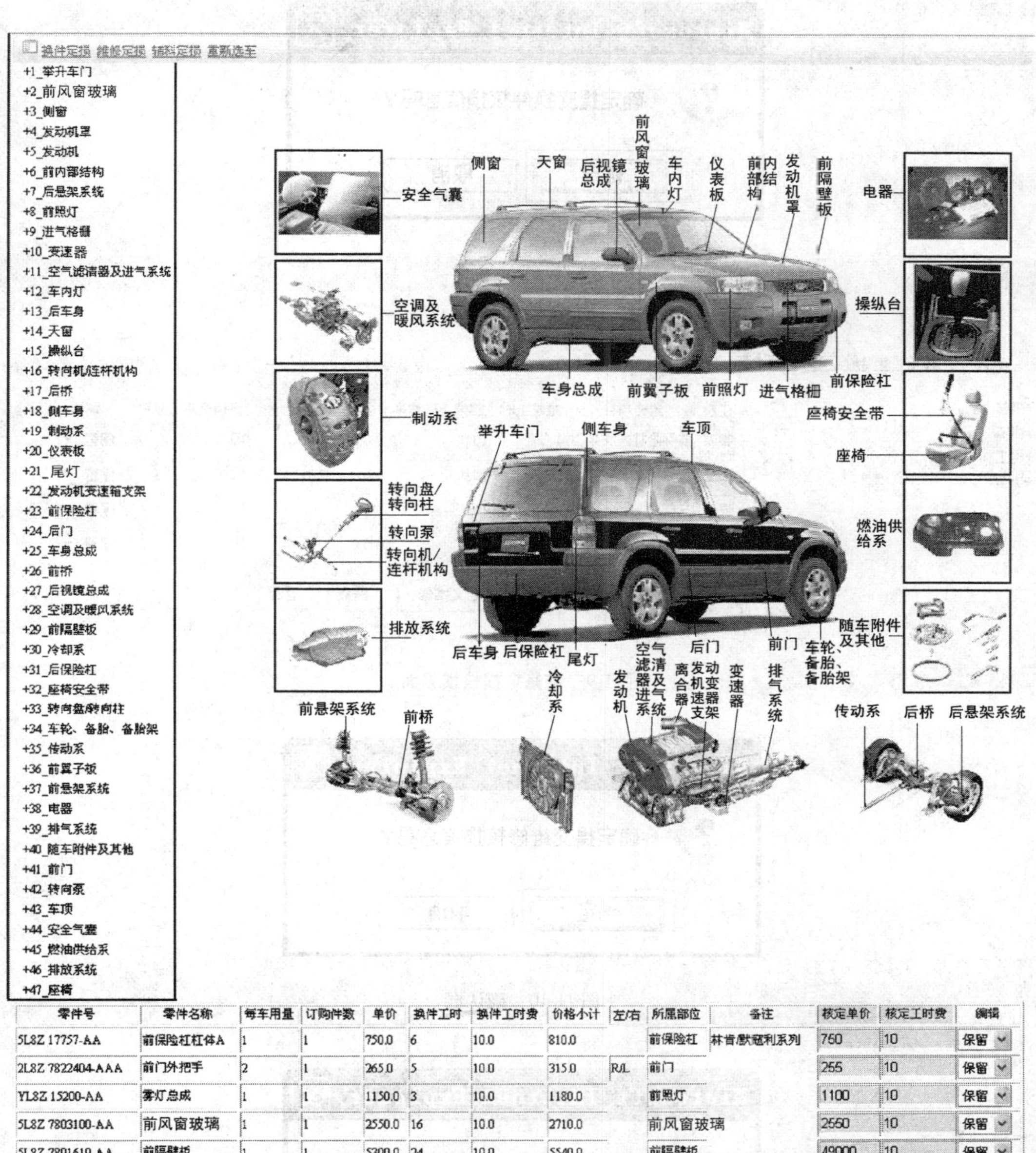

零件号	零件名称	每车用量	订购件数	单价	换件工时	换件工时费	价格小计	左/右	所属部位	备注	核定单价	核定工时费	编辑
5L8Z 17757-AA	前保险杠杠体A	1	1	750.0	6	10.0	810.0		前保险杠	林肯/默冠利系列	750	10	保留
2L8Z 7822404-AAA	前门外把手	2	1	265.0	5	10.0	315.0	R/L	前门		255	10	保留
YL8Z 15200-AA	雾灯总成	1	1	1150.0	3	10.0	1180.0		前照灯		1100	10	保留
5L8Z 7803100-AA	前风窗玻璃	1	1	2550.0	16	10.0	2710.0		前风窗玻璃		2550	10	保留
5L8Z 7801610-AA	前隔壁板	1	1	5300.0	24	10.0	5540.0		前隔壁板		49000	10	保留

图11-7　车损核损界面

(3)点击“确定”按钮,即可将维修核损信息提交并返回操作结果提示框(见图11-11)。

5)第五步　核定辅料信息

图 11-8　确认框

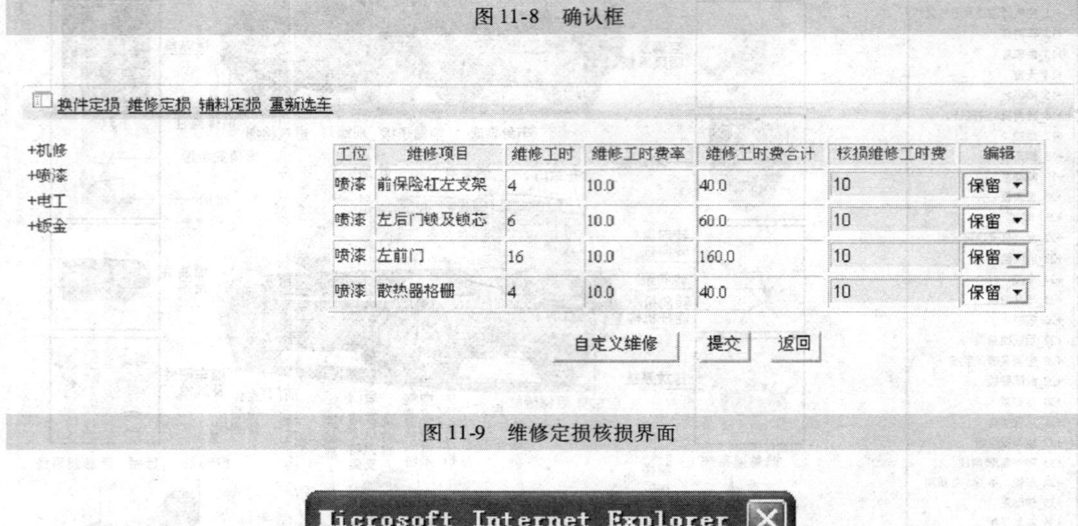

图 11-9　维修定损核损界面

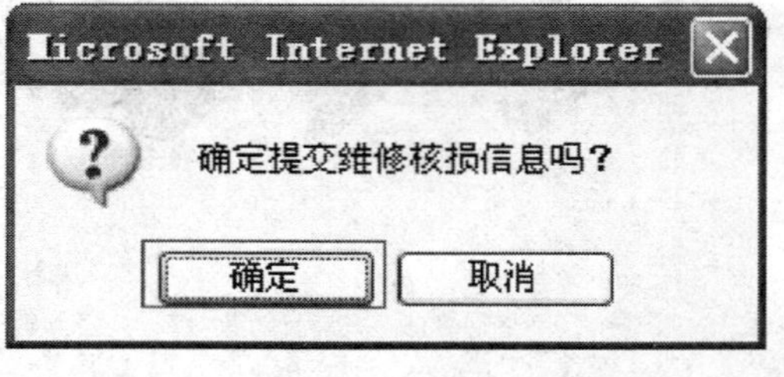

图 11-10　确认框

图 11-11　操作结果提示框

(1)在维修定损核损界面顶部点击“辅料定损”链接,即可进入辅料定损核损界面,并在该界面录入对辅料定损的核损信息(见图 11-12)。

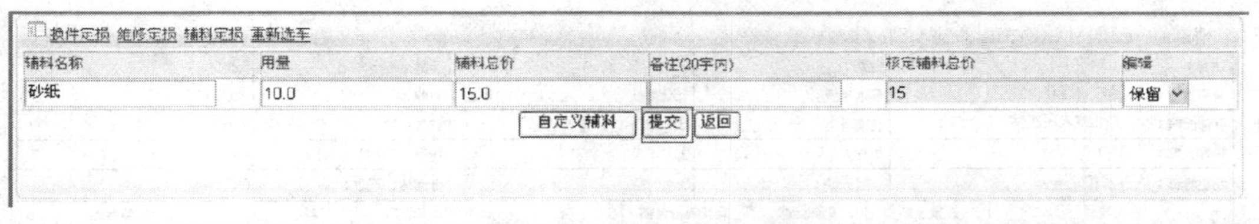

图11-12　辅料定损核损界面

(2)检查确认车损定损核损信息录入无误后,点击“提交”按钮,弹出的“确定提交辅料核损信息”确认框如图11-13所示。

(3)点击“确定”按钮,即可将辅料核损信息提交并返回操作结果提示框(见图11-14)。

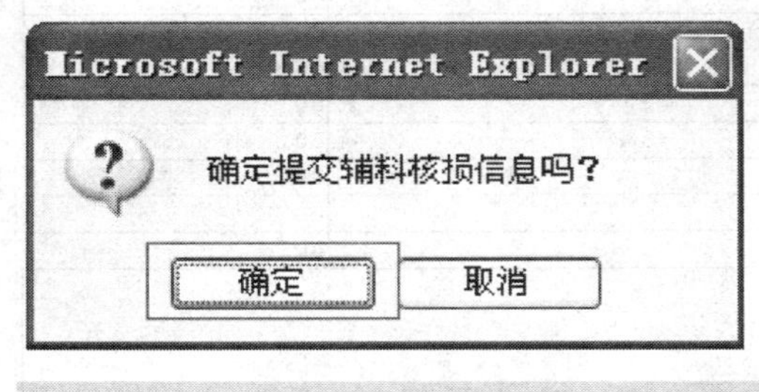

图11-13　确认框

图11-14　操作结果提示框

6)第六步　人员伤亡核损

(1)在核损基本信息录入界面顶部点击“人员伤亡核损”链接,进入人员伤亡核损列表界面(见图11-15)。

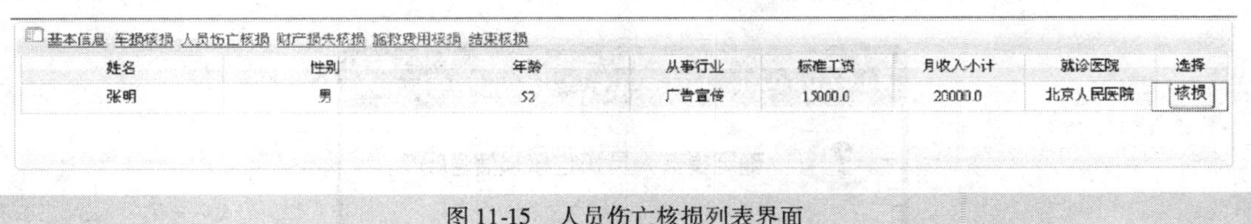

图11-15　人员伤亡核损列表界面

(2)在需要进行核损的人员伤亡信息行中,点击“核损”按钮,进入该人员伤亡核损界面,并在该界面录入核损信息(见图11-16)。

(3)检查确认该人员伤亡核损信息无误后点击“提交核损信息”按钮,弹出“确定提交人员伤亡核损信息”确认框(见图11-17)。

(4)点击“确定”按钮,提交人员伤亡核损信息并返回操作结果提示框(见图11-18)。

7)第七步　财产损失核损

(1)在人员伤亡核损列表界面中,点击“财产损失核损”链接,即可进入财产损失核损界面,并在该界面中录入财产损失核损信息(见图11-19)。

(2)检查确认财产损失核损信息无误后,点击“提交核损信息”按钮,弹出的“确定提交财产核损信息”确认框如图11-20所示。

(3)点击“确定”按钮,即可将财产损失核损信息提交并返回操作结果提示框(见图11-21)。

基本信息 车损核损 人员伤亡核损 财产损失核损 施救费用核损 结束核损

姓名：	张明	性别：	男	年龄：	52
从事行业：	广告宣传	标准工资：	15000.0	月收入小计：	20000.0
就诊医院：	北京人民医院	住院号：	BJ_023	护理人数：	0
护理天数：	0	护理人A月收入小计：	0.0	护理人B月收入小计：	0.0
伤亡等级：	非残疾	住院天数：	0	继续治疗天数：	0

费用项目	报损金额	剔除金额	定损赔偿金额	计算标准或公式	核定赔偿金额
医药、诊疗、住院费	450.0	100.0	350.0	非残疾医疗标准	350
后续治疗费（含整容费）	0.0	0.0	0.0		0.0
住院伙食补助费目	0.0	0.0	0.0		0.0
营养费	0.0	0.0	0.0		0.0
护理费	0.0	0.0	0.0		0.0
康复费	0.0	0.0	0.0		0.0
丧葬费	0.0	0.0	0.0		0.0
死亡补偿费	0.0	0.0	0.0		0.0
残疾赔偿金	0.0	0.0	0.0		0.0
残疾辅助器具费	0.0	0.0	0.0		0.0
交通费	0.0	0.0	0.0		0.0
住宿费	0	0.0	0.0		0.0
误工费	0.0	0.0	0.0		0.0
被扶养人生活费小计	0.0	0.0	0.0		0.0
其他费用	0.0	0.0	0.0		0.0
情况说明：					
险种类别：	车上人员责任险 第三者责任险				

提交核损信息 取消 返回

图 11-16 人员伤亡核损界面

图 11-17 “确定提交人员伤亡核损信息”确认框

图 11-18 操作结果提示框

基本信息 车损核损 人员伤亡核损 财产损失核损 施救费用核损 结束核损

费用项目	报损金额	剔除金额	定损赔偿金额	计算标准或公式	核定赔偿金额
第三者车辆换件费用小计：	0.0	0.0	0.0		0.0
第三者车辆维修费用小计：	0.0	0.0	0.0		0.0
第三者车辆辅料费用小计：	0.0	0.0	0.0		0.0
第三者车辆施救费用小计：	0.0	0.0	0.0		0.0
第三者车辆残值小计：	0.0	0.0	0.0		0.0
第三者财产损失小计：	0.0	0.0	0.0		0.0
本车车上货物损失小计：	0.0	0.0	0.0		0.0
本车车上其他财产损失小计：	0.0	0.0	0.0		0.0
本车停驶天数：	0	0	0		0
公共设施损失小计：	500.0	0.0	500.0	公共设施损坏赔偿标准	500.0
代查勘费：	0.0	0.0	0.0		0.0
鉴定费：	0.0	0.0	0.0		0.0
诉讼、仲裁费：	0.0	0.0	0.0		0.0
其他费用小计：	100.0	0.0	100.0		0.0
其他费用说明：					

提交核损信息 取消

图 11-19 人员伤亡核损列表界面

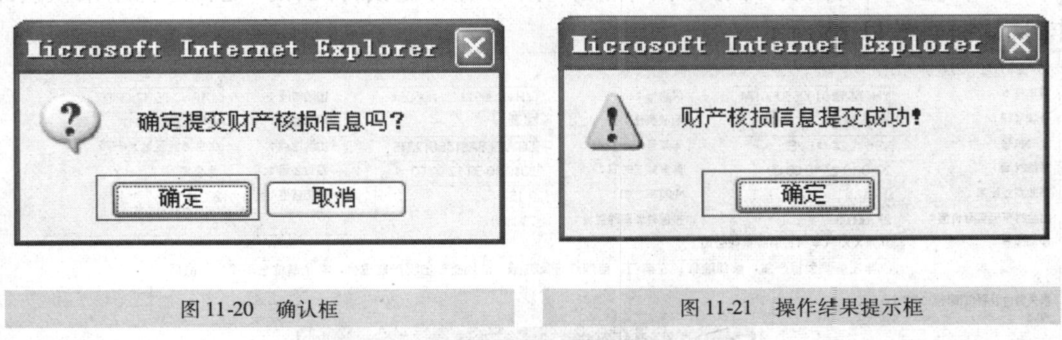

图 11-20 确认框

图 11-21 操作结果提示框

8）第八步 施救费用核损

（1）在人员伤亡核损列表界面中，点击"施救费用核损"链接，即可进入施救费用核损界面，并在该界面中录入施救费用核损信息（见图 11-22）。

（2）检查确认施救费用核损信息无误后，点击"提交核损信息"按钮，弹出的"确定提交救助核损信息"确认框如图 11-23 所示。

（3）点击"确定"按钮，即可将施救费用核损信息提交并返回操作结果提示框（见图 11-24）。

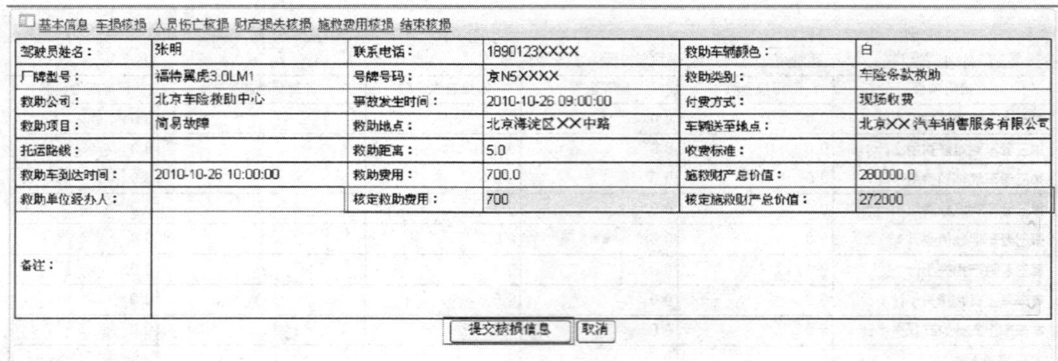

基本信息 车损核损 人员伤亡核损 财产损失核损 施救费用核损 结束核损

驾驶员姓名：	张明	联系电话：	1890123XXXX	救助车辆颜色：	白
厂牌型号：	福特翼虎3.0LM1	号牌号码：	京N5XXXX	救助类别：	车险条款救助
救助公司：	北京车险救助中心	事故发生时间：	2010-10-26 09:00:00	付费方式：	现场收费
救助项目：	简易故障	救助地点：	北京海淀区XX中路	车辆送至地点：	北京XX汽车销售服务有限公司
托运路线：		救助距离：	5.0	收费标准：	
救助车到达时间：	2010-10-26 10:00:00	救助费用：	700.0	施救财产总价值：	280000.0
救助单位经办人：		核定救助费用：	700	核定施救财产总价值：	272000
备注：					

提交核损信息 取消

图 11-22 施救费用核损界面

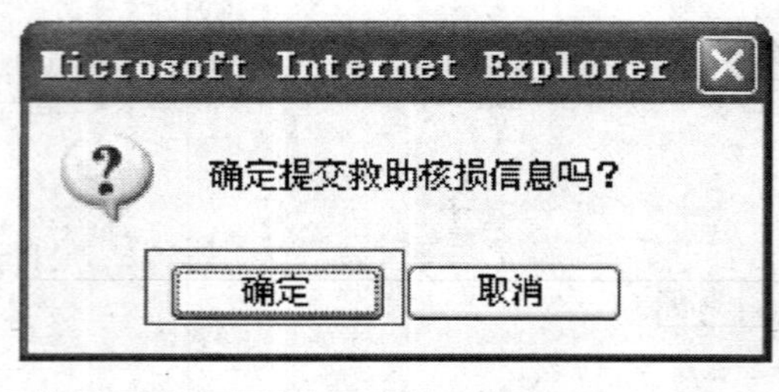

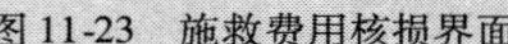

图 11-23 施救费用核损界面

图 11-24 操作结果提示框

9）第九步 结束核损

（1）在施救费用核损界面界面中，点击“结束核损”链接，弹出的“是否进行结束核损操作”确认框如图 11-25 所示。

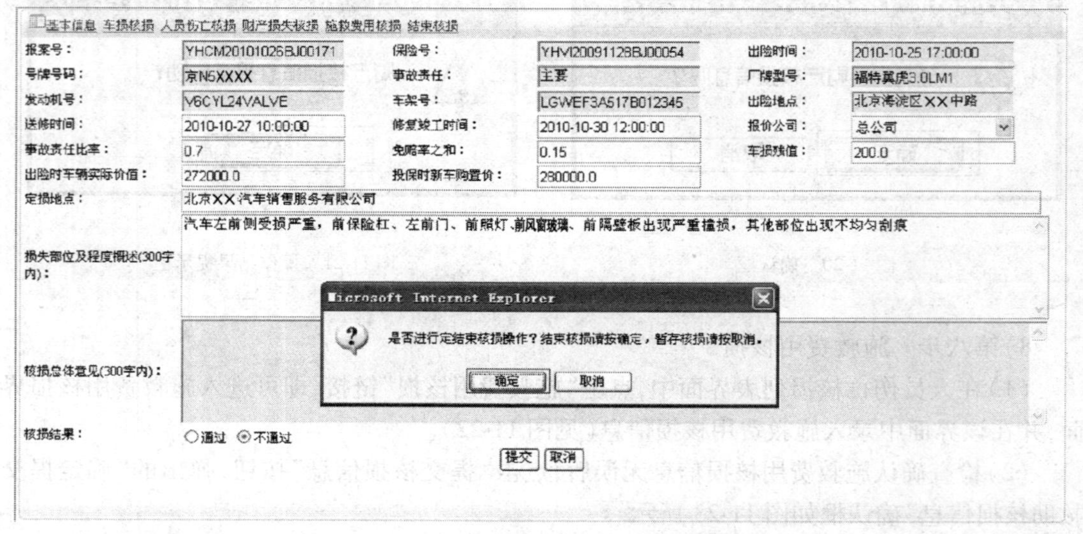

基本信息 车损核损 人员伤亡核损 财产损失核损 施救费用核损 结束核损

报案号：	YHCM20101026BJ00171	保险号：	YHVI20091128BJ00054	出险时间：	2010-10-25 17:00:00
号牌号码：	京N5XXXX	事故责任：	主要	厂牌型号：	福特翼虎3.0LM1
发动机号：	V6CYL24VALVE	车架号：	LGWEF3A517B012345	出险地点：	北京海淀区XX中路
送修时间：	2010-10-27 10:00:00	修复竣工时间：	2010-10-30 12:00:00	报价公司：	总公司
事故责任比率：	0.7	免赔率之和：	0.15	车损残值：	200.0
出险时车辆实际价值：	272000.0	投保时新车购置价：	280000.0		
定损地点：	北京XX汽车销售服务有限公司				
损失部位及程度概述(300字内)：	汽车左前侧受损严重，前保险杠、左前门、前照灯、前风窗玻璃、前隔壁板出现严重撞损，其他部位出现不均匀刮痕				
核损总体意见(300字内)：					
核损结果：	○通过 ⊙不通过				

提交 取消

图 11-25 确认框

(2)如果核损员确认该核损信息可直接进入下一个操作环节,可点击“确定”按钮;如果核损员确认该核损信息仍需要进行修改操作,可点击“取消”按钮,返回结束核损操作结果界面(见图11-26)。

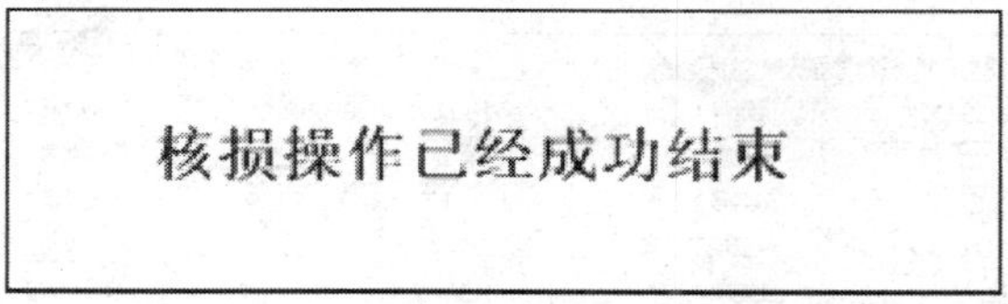

核损操作已经成功结束

图11-26　结束核损操作结果提示

项目2　核损修改

1　项目说明

核损员完成新建核损操作后,考虑到一些信息尚未确定,不能确认该核损信息是否进入下一个操作环节,故选择了暂存核损,此时核损员可以对前期录入的核损信息进行修改,以使其符合条件。本项目将对项目1中的核损信息进行修改。

2　操作步骤

1)第一步　进入核损修改操作界面

(1)选择核损平台中的“核损修改”选项,进入核损信息搜索界面(见图11-27)。

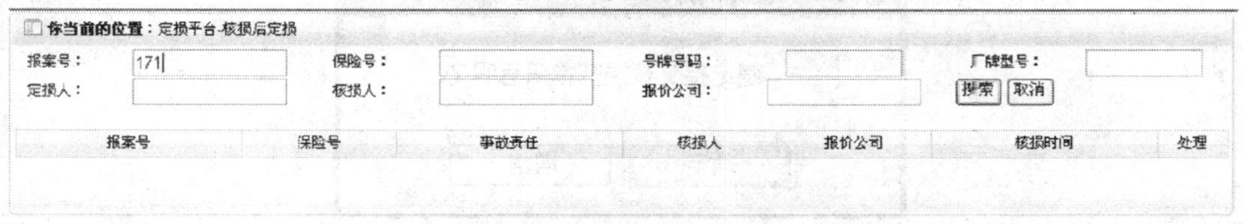

图11-27　核损信息搜索界面

(2)在核损信息搜索界面中录入报案号、保险单号等检索信息后,点击“搜索”按钮,返回可进行核损修改操作的案件信息列表(见图11-28)。

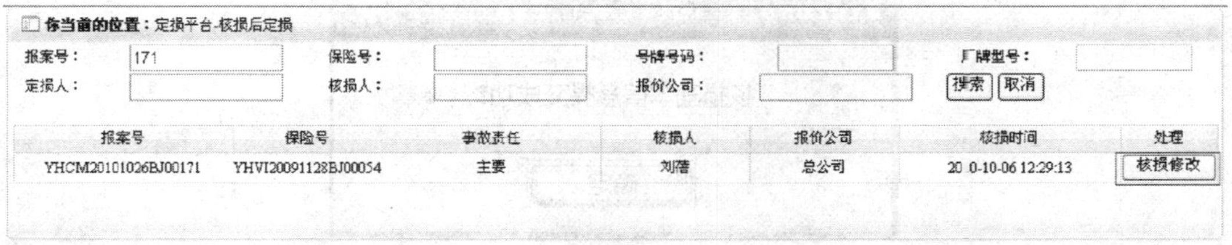

你当前的位置：定损平台-核损后定损

报案号：171　保险号：　号牌号码：　厂牌型号：

定损人：　核损人：　报价公司：　搜索　取消

报案号	保险号	事故责任	核损人	报价公司	核损时间	处理
YHCM20101026BJ00171	YHVI20091128BJ00054	主要	刘蓓	总公司	20 0-10-06 12:29:13	核损修改

图11-28　案件信息列表

2）第二步　确定并进入核损修改界面

（1）在需要进行核损操作的案件信息中，点击“核损修改”按钮，进入核损基本信息修改界面，并在该界面中将车损残值修改为300（见图11-29）。

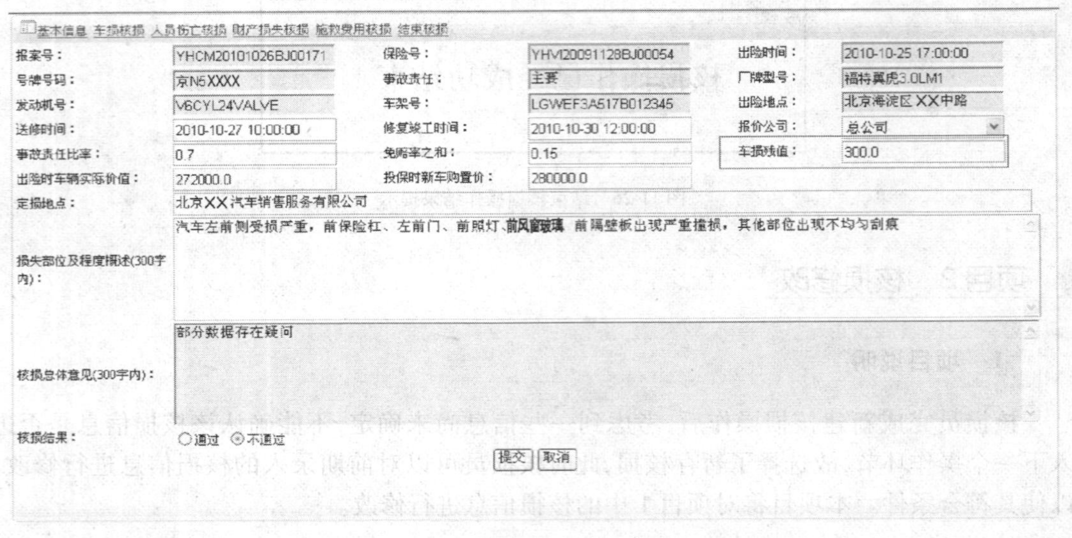

图11-29　核损基本信息修改界面

（2）点击“提交”按钮，弹出的“确定提交核损基本信息”确认框如图11-30所示。

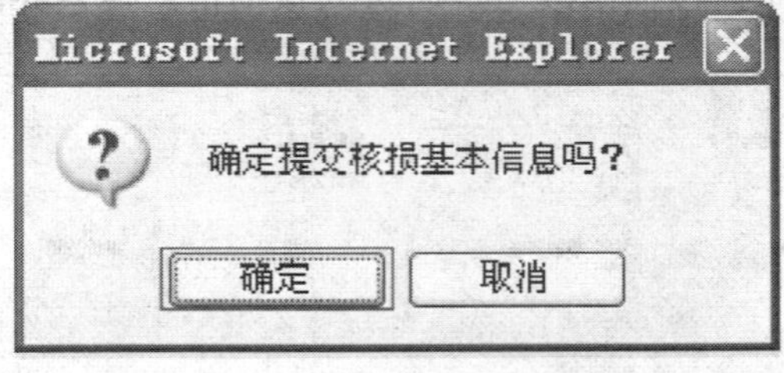

图11-30　“确定提交核损基本信息”确认框

（3）点击“确定”按钮，即可将修改后的核损基本信息提交并返回操作结果提示框（见图11-31）。

图11-31　操作结果提示框

3）第三步　修改换件核损信息

（1）在核损基本信息修改界面顶部点击“车损核损”链接，即可进入车损核损修改界面，然后将前隔壁板核定单价修改为5000（见图11-32）。

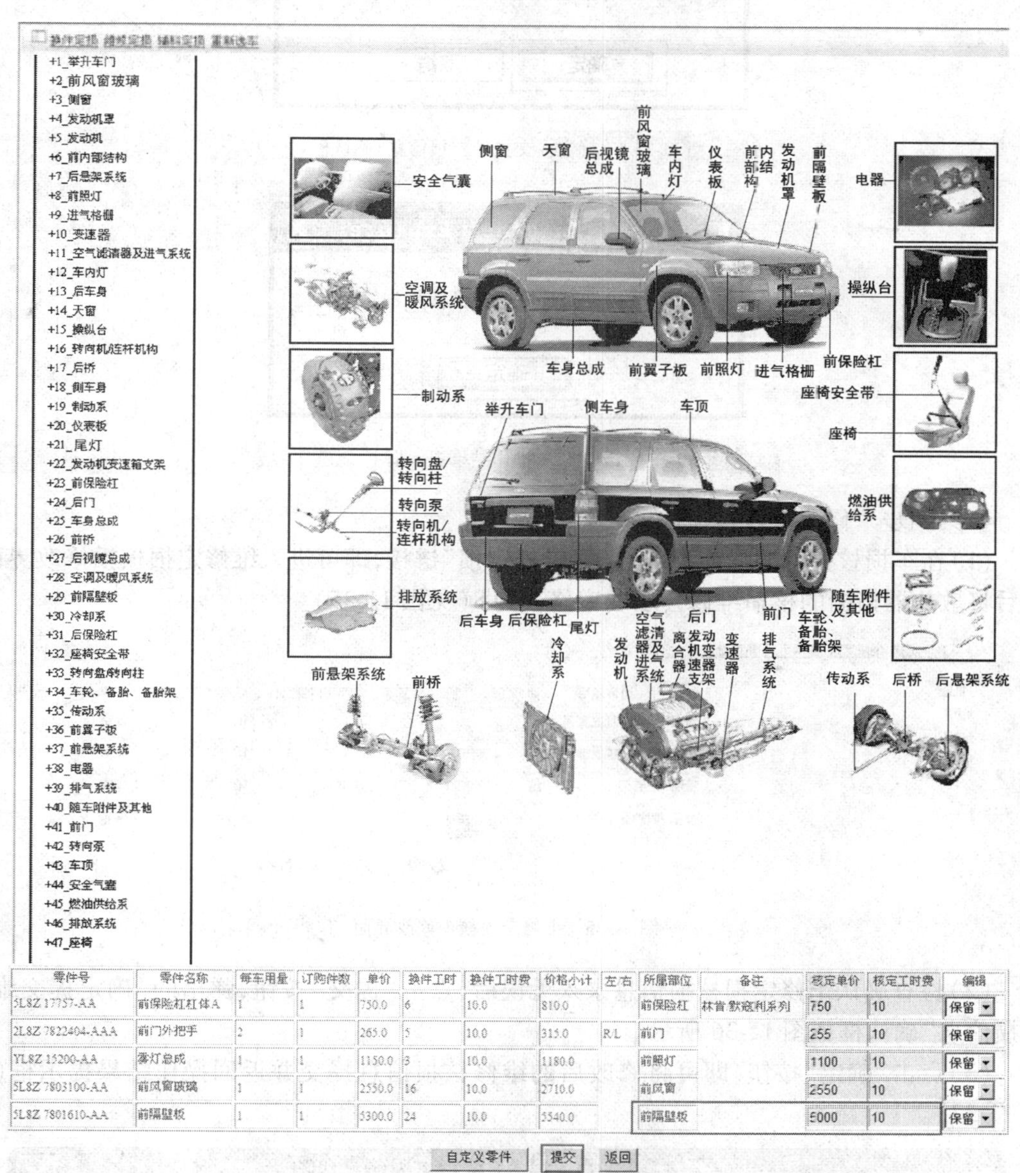

零件号	零件名称	每车用量	订购件数	单价	换件工时	换件工时费	价格小计	左/右	所属部位	备注	核定单价	核定工时费	编辑
5L8Z 17757-AA	前保险杠杠体A	1	1	750.0	6	10.0	810.0		前保险杠	林肯 默寇利系列	750	10	保留
2L8Z 7822404-AAA	前门外把手	2	1	265.0	5	10.0	315.0	R/L	前门		255	10	保留
YL8Z 15200-AA	雾灯总成	1	1	1150.0	3	10.0	1180.0		前照灯		1100	10	保留
5L8Z 7803100-AA	前风窗玻璃	1	1	2550.0	16	10.0	2710.0		前风窗		2550	10	保留
5L8Z 7801610-AA	前隔壁板	1	1	5300.0	24	10.0	5540.0		前隔壁板		5000	10	保留

图11-32　车损核损修改界面

（2）检查确认车损定损核损信息录入无误后，点击“提交”按钮，弹出的“确定提交换件核损信息”确认框如图11-33所示。

（3）点击“确定”按钮，即可将修改后的换件核损信息提交并返回操作结果提示框（见图11-34）。

图 11-33 “确定提交换件核损信息”确认框

图 11-34 操作结果提示框

4）第四步 修改维修核损信息

（1）在车损核损修改界面顶部点击“维修定损”链接，即可进入维修定损核损修改界面，然后将散热器格栅的核损维修公示费率修改为 8（见图 11-35）。

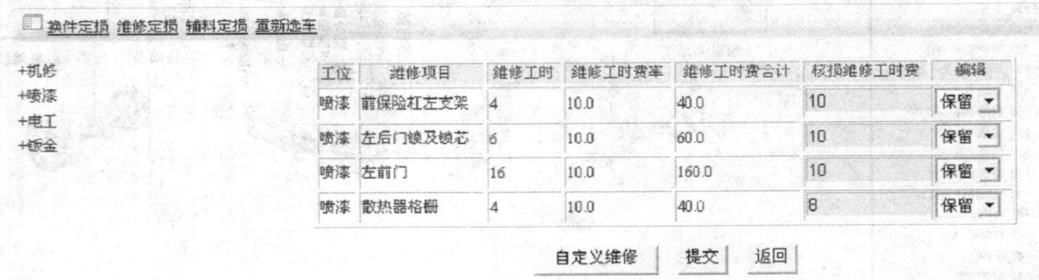

工位	维修项目	维修工时	维修工时费率	维修工时费合计	核损维修工时费	编辑
喷漆	前保险杠左支架	4	10.0	40.0	10	保留
喷漆	左后门锁及锁芯	6	10.0	60.0	10	保留
喷漆	左前门	16	10.0	160.0	10	保留
喷漆	散热器格栅	4	10.0	40.0	8	保留

图 11-35 维修定损核损修改界面

（2）检查确认维修定损核损信息录入无误后，点击“提交”按钮，弹出的“确定提交维修核损信息”确认框如图 11-36 所示。

（3）点击“确定”按钮，即可将修改后的维修核损信息提交并返回操作结果提示框（见图 11-37）。

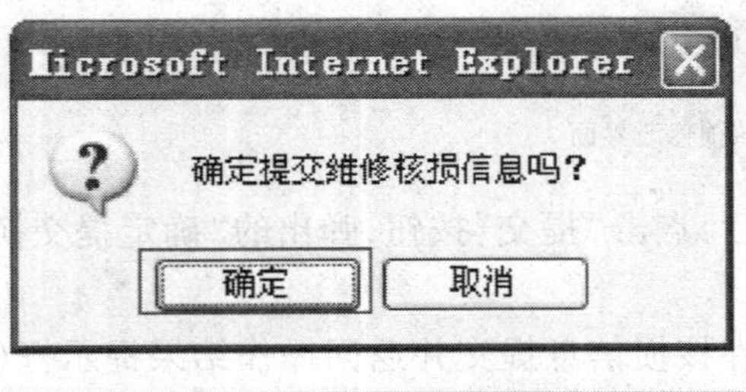

图 11-36 确认框

图 11-37 操作结果提示框

5)第五步　修改辅料信息核损

(1)在维修定损核损修改界面顶部点击“辅料定损”链接,即可进入辅料定损核损修改界面,并在该界面录入对辅料核损修改信息(见图11-38)。

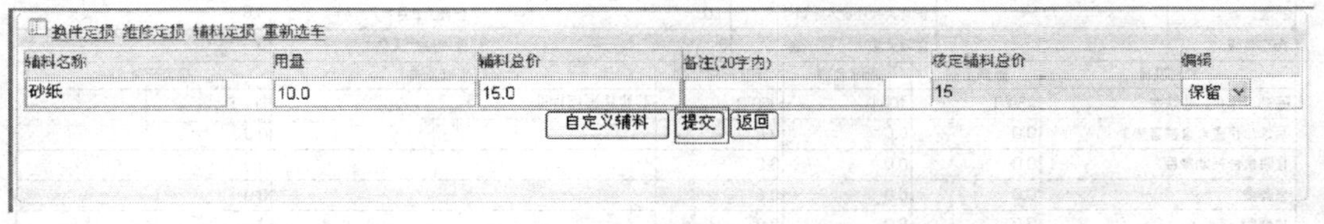

图11-38　辅料定损核损修改界面

(2)检查确认车损定损核损信息录入无误后,点击“提交”按钮,弹出的“确定提交辅料核损信息”确认框如图11-39所示。

(3)点击“确定”按钮,即可将修改后的辅料核损信息提交并返回操作结果提示框(见图11-40)。

图11-39　确认框

图11-40　操作结果提示框

6)第六步　修改人员伤亡核损

(1)在核损基本信息修改界面顶部点击“人员伤亡核损”链接,进入人员伤亡核损列表界面(见图11-41)。

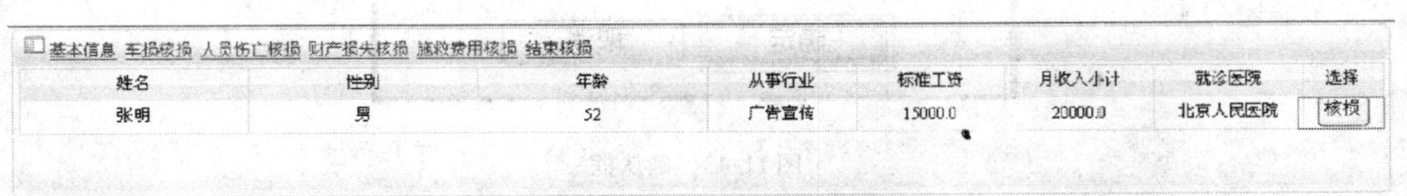

图11-41　人员伤亡核损列表界面

(2)在需要进行核损的人员伤亡信息行中,点击“核损”按钮,进入该人员伤亡核损修改界面,然后将“医疗、诊疗、住院费”的核定赔偿金额修改为300(见图11-42)。

(3)检查确认该人员伤亡核损信息无误后点击“提交核损信息”按钮,弹出的“确定提交人员伤亡核损信息”确认框如图11-43所示。

(4)点击“确定”按钮,提交修改后的人员伤亡核损信息并返回操作结果提示框(见图11-44)。

基本信息 车损核损 人员伤亡核损 财产损失核损 施救费用核损 结束核损

姓名：	张明	性别：	男	年龄：	52
从事行业：	广告宣传	标准工资：	15000.0	月收入小计：	20000.0
就诊医院：	北京人民医院	住院号：	BJ_023	护理人数：	0
护理天数：	0	护理人A月收入小计：	0.0	护理人B月收入小计：	0.0
伤亡等级：	非残疾	住院天数：	0	继续治疗天数：	0

费用项目	报损金额	剔除金额	定损赔偿金额	计算标准或公式	核定赔偿金额
医药、诊疗、住院费	450.0	100.0	350.0	非残疾医疗标准	300.0
后续治疗费（含整容费）	0.0	0.0	0.0		0.0
住院伙食补助费目	0.0	0.0	0.0		0.0
营养费	0.0	0.0	0.0		0.0
护理费	0.0	0.0	0.0		0.0
康复费	0.0	0.0	0.0		0.0
丧葬费	0.0	0.0	0.0		0.0
死亡补偿费	0.0	0.0	0.0		0.0
残疾赔偿金	0.0	0.0	0.0		0.0
残疾辅助器具费	0.0	0.0	0.0		0.0
交通费	0.0	0.0	0.0		0.0
住宿费	0	0.0	0.0		0.0
误工费	0.0	0.0	0.0		0.0
被扶养人生活费小计	0.0	0.0	0.0		0.0
其他费用	0.0	0.0	0.0		0.0

情况说明：	
险种类别：	车上人员责任险 第三者责任险

提交核损信息 取消 返回

图 11-42 人员伤亡核损修改界面

图 11-43 确认框

图 11-44 操作结果提示框

（5）点击“确定”按钮，关闭该提示框。

（6）点击人员伤亡核损界面中的“返回”按钮，即可返回人员伤亡核损列表界面（见图11-45）。

基本信息 车损核损 人员伤亡核损 财产损失核损 施救费用核损 结束核损

姓名	性别	年龄	从事行业	标准工资	月收入小计	就诊医院	选择
张明	男	52	广告宣传	15000.0	20000.0	北京人民医院	核损

图11-45　人员伤亡核损列表界面

7）第七步　修改财产损失核损

（1）在人员伤亡核损列表界面中，点击“财产损失核损”链接，即可进入财产损失核损修改界面，然后将“其他费用小计”核定赔偿金额修改为100（见图11-46）。

基本信息 车损核损 人员伤亡核损 财产损失核损 施救费用核损 结束核损

费用项目	报损金额	剔除金额	定损赔偿金额	计算标准或公式	核定赔偿金额
第三者车辆换件费用小计：	0.0	0.0	0.0		0.0
第三者车辆维修费用小计：	0.0	0.0	0.0		0.0
第三者车辆辅料费用小计：	0.0	0.0	0.0		0.0
第三者车辆施救费用小计：	0.0	0.0	0.0		0.0
第三者车辆残值小计：	0.0	0.0	0.0		0.0
第三者财产损失小计：	0.0	0.0	0.0		0.0
本车车上货物损失小计：	0.0	0.0	0.0		0.0
本车车上其他财产损失小计：	0.0	0.0	0.0		0.0
本车停驶天数：	0	0	0		0
公共设施损失小计：	500.0	0.0	500.0	公共设施损坏赔偿标准	500.0
代查勘费：	0.0	0.0	0.0		0.0
鉴定费：	0.0	0.0	0.0		0.0
诉讼、仲裁费：	0.0	0.0	0.0		0.0
其他费用小计：	100.0	0.0	100.0		100.0
其他费用说明：					

提交核损信息　取消

图11-46　财产损失核损修改界面

（2）检查确认财产损失核损信息无误后，点击“提交核损信息”按钮，弹出的“确定提交财产核损信息”确认框如图11-47所示。

（3）点击“确定”按钮，即可将修改后的财产损失核损信息提交并返回操作结果提示框（见图11-48）。

（4）点击“确定”按钮，关闭该提示框。

8）第八步　修改施救费用核损

（1）在人员伤亡核损列表界面中，点击“施救费用核损”链接，即可进入施救费用核损修改界面,然后将核定救助费用修改为650(见图11-49)。

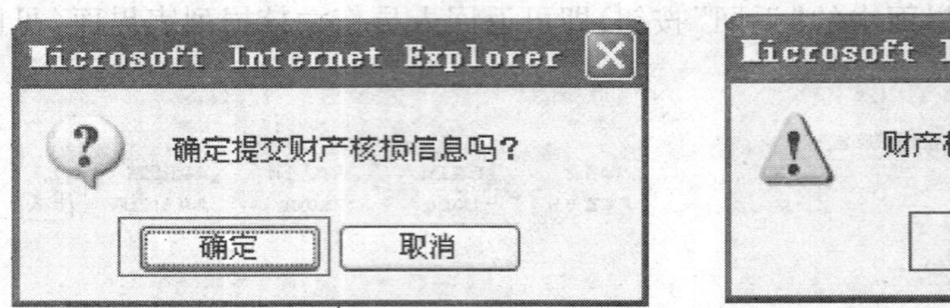

图11-47　确认框　　图11-48　操作结果提示框

基本信息 车损核损 人员伤亡核损 财产损失核损 施救费用核损 结束核损

驾驶员姓名:	张明	联系电话:	1890123XXXX	救助车辆颜色:	白
厂牌型号:	福特翼虎3.0LM1	号牌号码:	京N54321	救助类别:	车险条款救助
救助公司:	北京车险救助中心	事故发生时间:	2010-10-26 09:00:00	付费方式:	现场收费
救助项目:	简易故障	救助地点:	北京海淀区XX中路	车辆送至地点:	北京XX汽车销售服务有限公司
托运路线:		救助距离:	5.0	收费标准:	
救助车到达时间:	2010-10-26 10:00:00	救助费用:	700.0	施救财产总价值:	280000.0
救助单位经办人:		核定救助费用:	650.0	核定施救财产总价值:	272000.0
备注:					

提交核损信息　取消

图11-49　施救费用核损修改界面

(2)检查确认施救费用核损信息无误后,点击"提交核损信息"按钮,弹出的"确定提交救助核损信息"确认框如图11-50所示。

(3)点击"确定"按钮,即可将修改后的施救费用核损信息提交并返回操作结果提示框(见图11-51)。

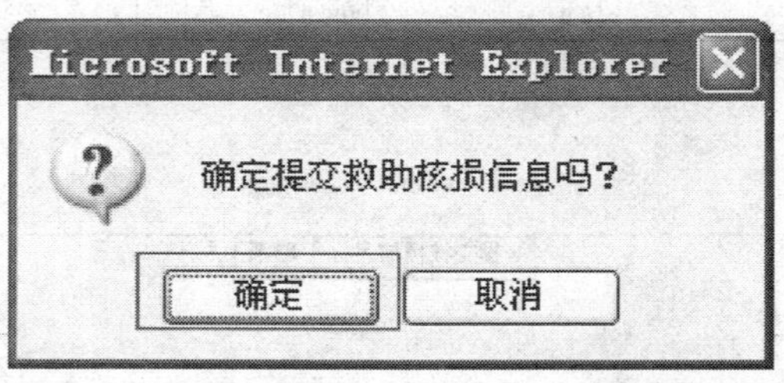

图11-50　施救费用核损界面

图11-51　操作结果提示框

9)第九步　结束核损修改

(1)在施救费用核损修改界面中,点击“结束核损”链接,弹出的“是否进行结束核损操作”确认框如图 11-52 所示。

图 11-52　“是否进行结束核损操作”确认框

(2)如果核损员确认该核损信息可直接进入下一个操作环节,可点击“确定”按钮;如果核损员确认该核损信息仍需要进行修改操作,可点击“取消”按钮,返回结束核损操作结果界面(见图 11-53)。

核损操作已经成功结束

图 11-53　结束核损操作结果提示

三、学习评价

1　理论考核

1)选择题

(1)关于新建核损操作步骤,以下描述正确的是(　　)。

A. 新建核损包含以下几个步骤:进入核损操作界面、查看核损规章、核定换件信息、核定维修信息、核定辅料信息、录入核损总体意见、提交核损信息

B. 新建核损包含以下几个步骤:进入核损操作界面、确定并进入核损案件界面、核定换件信息、核定维修信息、核定辅料信息、人员伤亡核损、财产损失核损、施救费用核损、结束核损

C. 新建核损包含以下几个步骤:进入核损操作界面、确定核损案件、核定换件信息、

核定维修信息、核定辅料信息、录入核损总体意见

D. 新建核损包含以下几个步骤:进入核损操作界面、核定换件信息、核定维修信息、核定辅料信息、录入核损总体意见、提交核损信息

(2)新建核损中信息录入顺序,以下描述正确的是(　　)。

A. 核定换件信息、核定维修信息、核定辅料信息必须按顺序依次进行

B. 核定换件信息操作必须在核定维修信息之前

C. 核定换件信息、核定维修信息、核定辅料信息可以不按顺序依次进行

D. 核定维修信息操作必须在核定辅料信息之前

(3)以下哪个不是核损操作内容?(　　)

A. 换件核损　　B. 维修核损

C. 人员伤亡核损　　D. 火灾鉴定

(4)关于核损修改操作步骤,以下描述正确的是(　　)。

A. 核损修改包括以下几个步骤:进入核损修改操作界面、确定并进入核损修改界面、修改换件核损信息、修改维修核损信息、修改辅料信息核定、人员伤亡核损、修改财产损失核损、施救费用核损、结束核损

B. 核损修改包括以下几个步骤:进入核损修改操作界面、确定核损修改案件、修改换件核定信息、修改维修核定信息、提交核损修改信息

C. 核损修改不包括以下几个步骤:修改维修核定信息、提交核损修改信息

D. 核损修改包括以下几个步骤:修改换件核定信息、修改维修核定信息、修改辅料核定信息、修改核损总体意见、提交核损修改信息

(5)关于新建核损描述正确的是(　　)。

A. 新建核损操作必须对基本信息、车损定损、人员伤亡定损、财产损失定损、施救费用定损全部进行核损操作

B. 对基本信息、车损定损、人员伤亡定损、财产损失定损、施救费用定损进行核损操作必须依次进行

C. 车损定损核损内容包括换件核损、维修核损、辅料核损

D. 只能对一个人员伤亡定损内容进行核损

(6)关于核损结束状态说法错误的是(　　)。

A. 在新建核损过程中对结束核损操作选择“取消”按钮可以对核损进行暂存

B. 在新建核损过程中对结束核损操作选择“确定”按钮结束核损状态

C. 在核损修改过程中对结束核损操作选择“取消”按钮可以结束核损状态

D. 在核损修改过程中对结束核损操作选择“确定”按钮可以结束核损状态

(7)关于核损平台说法正确的是(　　)。

A. 针对每一个案件新建核损都必须执行

B. 针对每一个案件核损修改都必须执行

C. 核损修改操作最多只能执行一次

D. 新建核损操作可以执行多次

(8)在新建核损操作中以下哪个不包括在内?(　　)

A. 换件信息　　　　　　　　　　B. 辅料信息
C. 事故责任　　　　　　　　　　D. 维修信息

(9)关于核损工作描述正确的是(　　)。

A. 在核损查询功能下查询到案件都可以做核损修改操作
B. 新建核损操作对一个案件只能执行一次
C. 核损修改操作对一个案件只能执行一次
D. 核损修改操作对一个案件必须执行一次

(10)关于车损核损说法错误的是(　　)。

A. 可以对已存在的换件、维修、辅料定损信息进行“保留”或“删除”的编辑操作
B. 可以对已存在的换件、维修、辅料定损信息进行删除操作
C. 可以新增换件、维修、辅料定损信息
D. 可以新增自定义换件、维修、辅料定损信息

2)思考题

(1)在核损操作过程中发现定损操作出现严重错误,核损员该如何处理?

(2)当定损员定损价格和系统中查询的价格出现很大的差距,核损员该如何处理?

2　技能考核

1)考核项目 1

请根据表 11-1 中的信息进行新建核损操作:

核损信息表　　　　　　表 11-1

换件信息

零件名称	零件号	最大用量	选购件数	定损价格	工时数
雾灯总成	5E6Z 15200-AA	1	1	1033.06	3
前翼子板	5E6Z 16005-AA	1	1	2631.13	10
定损工时费	**所属部位**	**定损备注**	**核损价格**	**核损工时费**	**核损意见**
10.0	前照灯		1000.0	10.0	
10.0	前翼子板		2300.0	10.0	

维修信息

工位	项目名称	工时	工时费	定损备注	核损工时费	核损意见
机修	横梁	6	10.0		10.0	
机修	前防撞杆	4	10.0		10.0	

辅料信息

辅料名称	用量	定损价格	核损价格	核损意见
砂纸	10.0	20.0	20.0	

2)考核项目2

核损员在完成新建核损操作后,发现一些核损信息(表11-2)需要修改,请根据以下数据进行核损修改操作:

核损信息表 表11-2

换件信息

零件名称	零件号	最大用量	选购件数	定损价格	工时数
雾灯总成	5E6Z 15200-AA	1	1	1033.06	3
前翼子板	5E6Z 16005-AA	1	1	2631.13	10
定损工时费	所属部位	定损备注	核损价格	核损工时费	核损意见
10.0	前照灯		1025.0	10.0	
10.0	前翼子板		2253.0	10.0	

维修信息

工位	项目名称	工时	工时费	定损备注	核损工时费	核损意见
机修	横梁	6	10.0		9.0	
机修	前防撞杆	4	10.0		8.0	

辅料信息

辅料名称	用量	定损价格	核损价格	核损意见
砂纸	10.0	20.0	19.0	

3 考核评价表

考核评价表见表11-3。

核损平台操作项目评分表 表11-3

基本信息	姓名		学号		班级		组别	
	规定时间		完成时间		考核日期		总评成绩	

	序号	步骤	标准分	评分标准	评分
任务工单	1	考核准备: 成功启动电脑 成功启动车险理赔估损系统 正确登录车险理赔估损系统	5	确保定损操作正常进行,根据实际情况酌情扣分	
	2	进入核损操作界面	2	没有正确打开操作界面扣2分	
	3	确定并进入核损案件界面	3	错误选择核损案件扣3分	
	4	核定换件信息	10	没有进行录入核定换件信息操作扣10分;核定换件信息录入错误,一处扣1分	

续上表

	序号	步骤	标准分	评分标准	评分
任务工单	5	核定维修信息	8	没有进行录入核定维修信息操作扣8分;核定维修信息录入错误,一处扣1分	
	6	核定辅料信息	8	没有进行录入核定辅料信息操作扣8分;核定辅料信息录入错误,一处扣1分	
	7	人员伤亡核损	8	没有进行人员伤亡核损操作扣8分;录入错误,一处扣1分	
	8	财产损失核损	8	没有进行财产损失核损操作扣8分;录入错误,一处扣1分	
	9	施救费用核损	8	没有进行施救费用核损操作扣8分;录入错误,一处扣1分	
	10	结束核损	3	没有进行结束核损核损操作扣3分	
	11	进入核损修改操作界面	3	没有正确进入核损修改操作界面扣3分	
	12	确定并进入核损修改界面	3	没有正确确定并进入核损修改界面扣3分	
	13	修改换件核损信息	5	没有进行修改换件核损信息操作扣5分;信息录入错误,一处扣1分	
	14	修改维修核损信息	5	没有进行修改维修核损信息操作扣5分;信息录入错误,一处扣1分	
	15	修改辅料核损信息	4	没有进行修改辅料核损信息操作扣4分;信息录入错误,一处扣1分	
	16	修改人员伤亡核损	3	没有进行修改人员伤亡核损操作扣3分;信息录入错误,一处扣1分	
	17	修改财产损失核损	3	没有进行修改财产损失核损操作扣3分;信息录入错误,一处扣1分	
	18	修改施救费用核损	3	没有进行修改施救费用核损操作扣3分;信息录入错误,一处扣1分	
	19	结束核损	3	没有进行结束核损操作扣3分	
团队协作			5	根据实际情况酌情扣分	
总分合计			100	评分合计	

学习任务12　理算平台操作

工作情境描述

2010年10月30日上午10时，某保险公司理算员贺兰在公司理赔估损系统理算平台中查询到公司核损员赵云完成的某一核损通过案件的信息，立即对该案件进行赔款金额理算。具体工作就是根据提供的事故损失数据，对该案件涉案险种信息进行选择理算公式、录入涉案数据，获取理算赔款等一系列理算操作。

学习目标

1. 了解理算平台的基本功能；
2. 能够使用软件进行案件赔款理算。

学习时间

6学时。

学习引导

本学习任务沿着以下脉络进行学习：

教学组织建议

学生两人一组（教师可根据实训条件自行安排分组人数），其中：一个人进行平台操作，另一个人对操作过程进行记录与分析。完成后学生交换角色练习，教师对全过程进行把控。

一、知 识 准 备

1 理算岗位的工作内容

理算工作是保险公司在理赔过程中最后的一个关键环节。其工作职责是严格按照岗位工作规范及核赔政策要求收集、整理资料；再次确认责任比例和损失情况，根据保险合同及公司核赔相关规定进行赔款理算。

2 车险险种知识

交强险条款，商业车险（如车辆损失保险、商业三责险、盗抢险、车上人员责任险等）保险条款。

3 各险种的赔款计算公式（略）

二、任 务 实 施

1 操作要求

(1)录入信息时，必须按照规定的字符格式进行；
(2)正确选择险种理算公式，录入理算涉案数据后进行核对，确保正确无误。

2 设备器材

所用设备器材同学习任务6。

3 作业准备

(1)检查车险理赔估损系统是否正常工作； □任务完成
(2)确认理算操作所需要的数据信息。 □任务完成

项目1 新开理算

1 项目说明

当理算员在公司理赔估损系统理算平台中查询到需要进行理算操作的案件信息并完成理算后，需要将理算信息（如理算涉案数据信息、险种理算信息等）录入到车险理赔估损系统中。其他工作人员（如核赔人员）可以在此数据的基础上，借助系统平台完成各自的工作。

本项目将结合本学习任务设计的情境，对核损员赵云完成的核损通过案件进行赔款金额的理算。

2 操作步骤

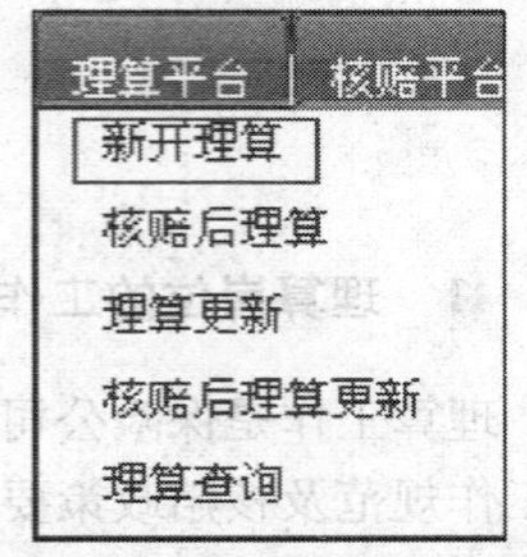

图 12-1 调度平台功能菜单

1）第一步 新开理算案件搜索界面

（1）在系统主界面中点击“理算平台”按钮，系统会自动展开理算平台主功能菜单（见图 12-1）。

（2）点击菜单中的“新开理算”选项，进入新开理算案件搜索界面（见图 12-2）。

2）第二步 查询理算案件

在理算案件搜索界面中输入搜索信息（如：报案号、保险号、号牌号码、定损人、核损人等），点击“搜索”按钮，返回理算案件信息列表（见图 12-3）。

你当前的位置：理算平台-新开理算

报案号： 保险号： 号牌号码： 厂牌型号：
定损人： 核损人： 报价公司： 搜索 取消

报案号	保险号	事故责任	核损人	定损人	报价公司	核损时间	处理

图 12-2 理算案件搜索界面

你当前的位置：理算平台-新开理算

报案号：M20101026BJ00171 保险号：VI20091128BJ00054 号牌号码： 厂牌型号：
定损人：王强 核损人：王强 报价公司：总公司 搜索 取消

报案号	保险号	事故责任	核损人	定损人	报价公司	核损时间	处理
YHCM20101026BJ00171	YHVI20091128BJ00054	主要	王强	王强	总公司	2010-10-27 11:04:33	理算

图 12-3 理算案件信息列表

3）第三步 进入新开理算界面

选择需要进行理算的案件信息，点击“理算”按钮，弹出案件新开理算界面（见图 12-4）。

你当前的位置：理算平台-新开理算

序号	承保险别名称	保险金额/责任限额	前期累计赔款	理算赔款	理算操作
1	车辆损失险	280000.0	4123.0	0.0	选择理算公式
2	第三者责任险	150000.0	1060.0	0.0	选择理算公式
3	车上人员责任险	50000.0	130.0	0.0	选择理算公式
4	玻璃单独破碎险	280000.0	868.0	0.0	选择理算公式
5	全车盗抢险	280000.0	1604.0	0.0	选择理算公式

暂存理算 完成理算 取消

图 12-4 新开理算界面

4）第四步 进行案件理算

（1）选择险种的理算公式。在案件险种信息列别中选中要进行理算的险种，点击“选择理算公式”按钮，界面中显示出理算公式选择条件区域（见图 12-5）。

序号	承保险别名称	保险金额/责任限额	前期累计赔款	理算赔款	理算操作
1	车辆损失险	280000.0	4123.0	0.0	选择理算公式
2	第三者责任险	150000.0	1060.0	0.0	选择理算公式
3	车上人员责任险	50000.0	130.0	0.0	选择理算公式
4	玻璃单独破碎险	280000.0	868.0	0.0	选择理算公式
5	全车盗抢险	280000.0	1604.0	0.0	选择理算公式

暂存理算　完成理算　取消

请选择：险种　类别　状态

图 12-5　理算公司选择调价区域

(2)选择理算公式条件。在理算选择条件区域中依次选择条件(如险种:车辆损失险、类别:部分损失、状态:保险金额≥投保时新车购置价)后,界面上会显示理算公式区域(见图 12-6)。

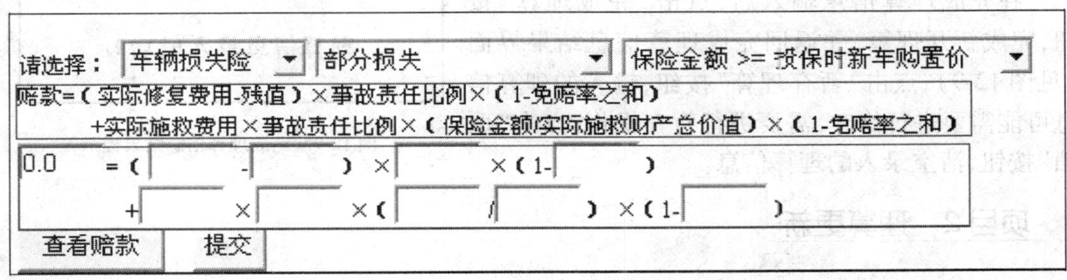

图 12-6　理算公式区域

提示:

①在理算公式区域中包含两个部分,一个是图 12-6 中标出的理算公式的计算方法,另一个是根据计算方法输入涉案数据内容,从而计算出该险种的赔款。

②不同的险种、不同的类别、不同的状态其理算公式的结算方法也不同。

(3)在理算公式区域录入涉案数据,完毕后点击“查看赔款”按钮,来统计理算金额(见图 12-7)。

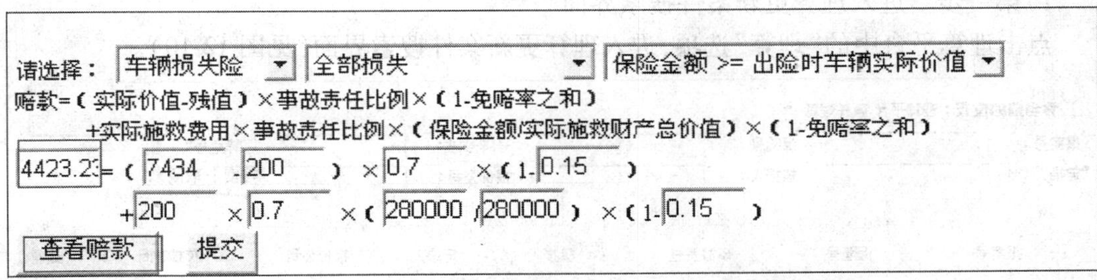

图 12-7　录入涉案数据并查勘赔款

(4)提交险种理算信息。检查输入理算数据信息并核对赔款,无误后点击“提交”按钮,提交赔款金额和险种的理算信息(见图 12-8)。

你当前的位置：理算平台-新开理算

序号	承保险别名称	保险金额/责任限额	前期累计赔款	理算赔款	理算操作
1	车辆损失险	280000.0	4123.0	4423.23	选择理算公式
2	第三者责任险	150000.0	1060.0	510	选择理算公式
3	车上人员责任险	50000.0	130.0	300	选择理算公式
4	玻璃单独破碎险	280000.0	868.0	0.0	选择理算公式
5	全车盗抢险	280000.0	1604.0	0.0	选择理算公式

暂存理算　完成理算　取消

图 12-8　提交险种的理算信息

提示：这里只对车辆损失险进讲解，其他险种信息的理算具有相似之处，不再赘述。

5)第五步　完成新开理算

在完成理算信息输入后，点击“完成理算”按钮，完成新开理算，并返回完成理算信息结果界面(见图 12-9)；点击“暂存理算”按钮，输入的理算信息可能需要进行修改，需要进行暂存操作；点击“取消”按钮，清空录入的理算信息。

理算信息录入成功！

图 12-9　完成理算信息结果提示

项目 2　理算更新

1　项目说明

理算员完成新开理算操作后，考虑到一些信息尚未确定，不能提交核赔人员进行核赔操作，故选择了暂存理算，此时理算员可以对前期录入的理算信息进行修改，以使其符合条件。完成相应的理算更新后，理算操作完成，该理算信息进入核赔状态。

本项目将对考核项目 1 中产生的理算结果进行修改。

2　操作步骤

1)第一步　进入理算更新案件搜索界面

点击理算平台中的“理算”选项，进入理算更新案件搜索界面(见图 12-10)。

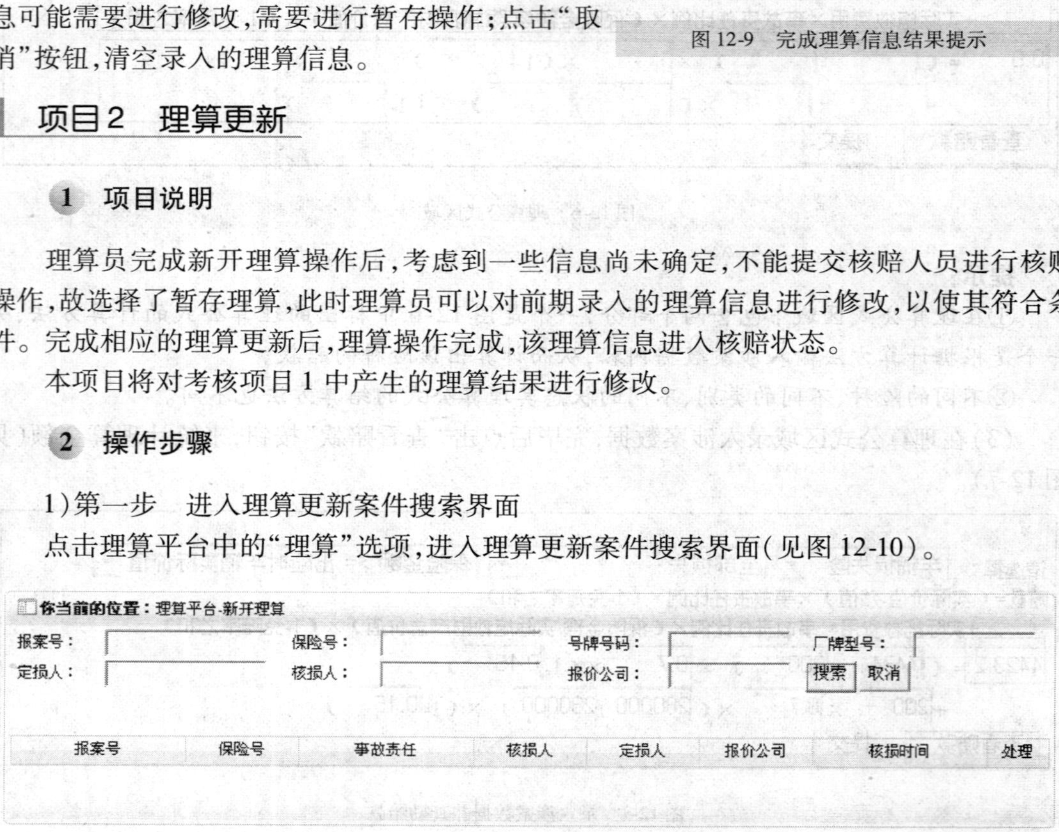

你当前的位置：理算平台-新开理算

报案号：　　保险号：　　号牌号码：　　厂牌型号：

定损人：　　核损人：　　报价公司：　　搜索　取消

报案号	保险号	事故责任	核损人	定损人	报价公司	核损时间	处理

图 12-10　理算案件搜索界面

2)第二步　查询理算更新案件

在理算案件搜索界面中输入搜索信息(如:报案号、保险号、理算人等),点击“搜索”按钮,返回理算案件信息列表(见图12-11)。

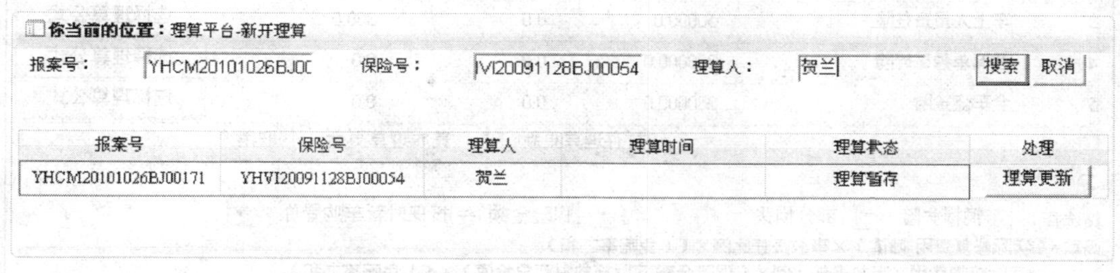
你当前的位置：理算平台-新开理算

报案号：YHCM20101026BJ00　保险号：IVI20091128BJ00054　理算人：贺兰　搜索　取消

报案号	保险号	理算人	理算时间	理算状态	处理
YHCM20101026BJ00171	YHVI20091128BJ00054	贺兰		理算暂存	理算更新

图12-11　理算案件信息列表

3)第三步　进入理算更新界面

在理算案件信息列表中选择需要理算更新的案件,点击“理算更新”按钮,弹出的案件理算更新界面如图12-12所示。

你当前的位置：理算平台-新开理算

序号	承保险别名称	责任限额	保险金额	理算赔款	理算操作
1	车辆损失险	280000.0	0.0	4423.23	选择理算公式
2	第三者责任险	150000.0	0.0	510.0	选择理算公式
3	车上人员责任险	50000.0	0.0	300.0	选择理算公式
4	玻璃单独破碎险	280000.0	0.0	0.0	选择理算公式
5	全车盗抢险	280000.0	0.0	0.0	选择理算公式

暂存理算更新　完成理算更新　取消

图12-12　案件理算更新界面

4)第四步　理算更新

(1)在案件理算更新界面中,选择需要进行更新的险种信息,点击“选择理算公式”按钮,界面中会显示该险种的理算公式区域,更新理算险种信息(见图12-13)。

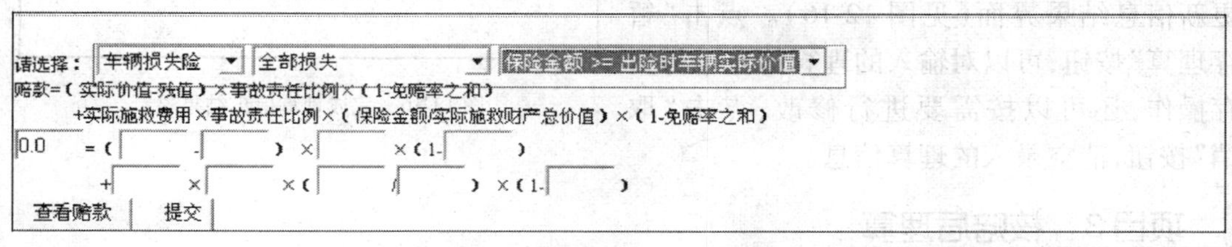

图12-13　更新理算险种信息

(2)更新险种理算的涉案数据(见图12-14)。

(3)点击“查看赔款”按钮,可以查看到理算更新后的赔款;点击“提交”按钮,提交更新的理算信息(见图12-15)。

1	车辆损失险	280000.0	0.0	4462.5	选择理算公式
2	第三者责任险	150000.0	0.0	510.0	选择理算公式
3	车上人员责任险	50000.0	0.0	300.0	选择理算公式
4	玻璃单独破碎险	280000.0	0.0	0.0	选择理算公式
5	全车盗抢险	280000.0	0.0	0.0	选择理算公式

暂存理算更新　完成理算更新　取消

请选择：车辆损失险　部分损失　保险金额 >= 投保时新车购置价

赔款=（实际修复费用-残值）×事故责任比例×（1-免赔率之和）

+实际施救费用×事故责任比例×（保险金额/实际施救财产总价值）×（1-免赔率之和）

4500 =（7500 -200）×0.75 ×（1-0.2）

+200 ×0.75 ×（280000 /280000）×（1-0.2）

查看赔款　提交

图 12-14　更新险种理算的涉案数据

你当前的位置：理算平台-新开理算

序号	承保险别名称	责任限额	保险金额	理算赔款	理算操作
1	车辆损失险	280000.0	0.0	4500	选择理算公式
2	第三者责任险	150000.0	0.0	510.0	选择理算公式
3	车上人员责任险	50000.0	0.0	300.0	选择理算公式
4	玻璃单独破碎险	280000.0	0.0	0.0	选择理算公式
5	全车盗抢险	280000.0	0.0	0.0	选择理算公式

暂存理算更新　完成理算更新　取消

图 12-15　提交理算更新

5）第五步　完成理算更新

在完成理算更新信息输入后，点击“完成理算”按钮，完成理算更新，并返回完成理算更新信息结果界面（见图 12-16）。点击“暂存理算”按钮，可以对输入的理算信息进行暂存操作，还可以按需要进行修改；点击“取消”按钮，清空录入的理算信息。

理算信息录入成功！

图 12-16　完成理算信息结果提示

项目 3　核赔后理算

1　项目说明

理算员对核赔后的理算单进行核赔后理算操作，并将核赔后理算信息录入到车险理赔估损系统中。本项目结合本学习任务设计的情境，进行案件核赔后的理算操作。

2 操作步骤

1)第一步　进入核赔后理算操作界面

点击理算平台中的“核赔后理算”选项,进入核赔后理算操作界面(见图 12-17)。

你当前的位置:理算平台-核赔后理算

报案号	保险单号	理算人	理算时间	理算状态	选择
YHCM20101026BJ00171	YHVI20091128BJ00054	贺兰	2010-10-29 18:26:29	核赔结束	核赔后理算

图 12-17　核赔后理算操作界面

提示:在核赔后理算窗口中,系统会直接显示需要进行核赔后理算的案件信息列表。在这里就无须再对案件信息进行查询。

2)第二步　进入核损后理算界面

在理算案件信息列表中选择需要核赔后理算的案件,点击“核赔后理算”按钮,弹出案件的核赔后理算界面(见图 12-18)。

你当前的位置:理算平台-核赔 后理算

序号	承保险别名称	保险金额/责任限额	前期累计赔款	理算赔款	二次理算赔款	核赔建议	理算操作
1	车辆损失险	280000.0	0.0	4500.0	4500.0		查看理算公式
2	第三者责任险	150000.0	0.0	510.0	510.0		查看理算公式
3	车上人员责任险	50000.0	0.0	300.0	300.0		查看理算公式
4	玻璃单独破碎险	280000.0	0.0	0.0	0.0		查看理算公式
5	全车盗抢险	280000.0	0.0	0.0	0.0		查看理算公式

暂存核赔后理算　完成核赔后理算　取消

图 12-18　核赔后理算界面

3)第三步　进行核赔后理算

(1)在案件核赔后理算界面中,选择需要进行核赔后理算的险种信息,点击“选择理算公式”按钮,界面中会显示该险种的理算公式区域,选择理算险种信息(见图 12-19)。

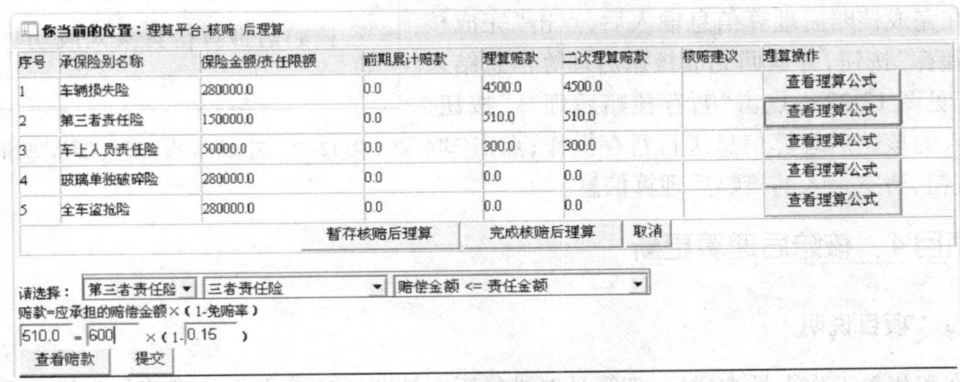

你当前的位置:理算平台-核赔 后理算

序号	承保险别名称	保险金额/责任限额	前期累计赔款	理算赔款	二次理算赔款	核赔建议	理算操作
1	车辆损失险	280000.0	0.0	4500.0	4500.0		查看理算公式
2	第三者责任险	150000.0	0.0	510.0	510.0		查看理算公式
3	车上人员责任险	50000.0	0.0	300.0	300.0		查看理算公式
4	玻璃单独破碎险	280000.0	0.0	0.0	0.0		查看理算公式
5	全车盗抢险	280000.0	0.0	0.0	0.0		查看理算公式

暂存核赔后理算　完成核赔后理算　取消

请选择:第三者责任险　三者责任险　赔偿金额 <= 责任金额

赔款=应承担的赔偿金额×(1-免赔率)

510.0 = 600 ×(1-0.15)

查看赔款　提交

图 12-19　选择理算险种信息

(2)录入核赔后理算的涉案数据(见图 12-20),点击“查看赔款”按钮,可以查看到理算更新后的赔款。

你当前的位置:理算平台-核赔 后理算

序号	承保险别名称	保险金额/责任限额	前期累计赔款	理算赔款	二次理算赔款	核赔建议	理算操作
1	车辆损失险	280000.0	0.0	4500.0	4500.0		查看理算公式
2	第三者责任险	150000.0	0.0	510.0	510.0		查看理算公式
3	车上人员责任险	50000.0	0.0	300.0	300.0		查看理算公式
4	玻璃单独破碎险	280000.0	0.0	0.0	0.0		查看理算公式
5	全车盗抢险	280000.0	0.0	0.0	0.0		查看理算公式

暂存核赔后理算　完成核赔后理算　取消

请选择:第三者责任险　三者责任险　赔偿金额 <= 责任金额

赔款=应承担的赔偿金额×(1-免赔率)

680 = 800 ×(1-0.15)

查看赔款　提交

图 12-20　录入核赔后理算的涉案数据

提示:车上人员责任险也做相应的操作。

(3)在核赔后理算险种公式区域,点击“提交”按钮,提交核赔后的理算信息(见图 12-21)。

你当前的位置:理算平台-核赔 后理算

序号	承保险别名称	保险金额/责任限额	前期累计赔款	理算赔款	二次理算赔款	核赔建议	理算操作
1	车辆损失险	280000.0	0.0	4500.0	4500.0		查看理算公式
2	第三者责任险	150000.0	0.0	510.0	680		查看理算公式
3	车上人员责任险	50000.0	0.0	300.0	400		查看理算公式
4	玻璃单独破碎险	280000.0	0.0	0.0	0.0		查看理算公式
5	全车盗抢险	280000.0	0.0	0.0	0.0		查看理算公式

暂存核赔后理算　完成核赔后理算　取消

图 12-21　提交核赔后理算

4)第四步　完成核赔后理算

在完成核赔后理算信息输入后,点击“完成核赔后理算”按钮,并返回完成核赔后理算信息结果界面(见图 12-22);点击“暂存核赔后理算”按钮,对输入的核赔后理算信息进行暂存操作;点击“取消”按钮,清空录入的核赔后理算信息。

核赔后理算信息录入成功!

图 12-22　完成核赔后理算信息结果提示

项目 4　核赔后理算更新

1　项目说明

在和相关工作人员沟通后,理算员对进行暂存核赔后理算操作的理算信息进行重新修改,以使其符合规范。

2 操作步骤

1)第一步　进入核赔后理算更新案件搜索界面

点击理算平台中的“核赔后理算更新”选项,进入核赔后理算更新案件搜索界面(见图12-23)。

你当前的位置:理算平台-新开理算

报案号:　保险号:　理算人:　核赔人:　搜索　取消

报案号	保险号	理算人	理算时间	核损人	核损时间	核理算状态	处理

图 12-23　核赔后理算更新搜索界面

2)第二步　查询核赔后理算更新案件

在核赔后理算更新案件搜索界面中输入搜索信息(如:报案号、保险号、理算人等),点击“搜索”按钮,返回核赔后理算更新案件信息列表(见图 12-24)。

你当前的位置:理算平台-新开理算

报案号: YHCM20101026BJ0C　保险号: YHVI20091128BJ00C　理算人: 贺兰　核赔人:　搜索　取消

报案号	保险号	理算人	理算时间	核损人	核损时间	核理算状态	处理
YHCM20101026BJ00171	YHVI20091128BJ00054	贺兰	2010-10-29 18:26:29	系统管理员	2010-10-30 10:04:19	核赔后理算暂存	更新

图 12-24　核赔后理算更新案件信息列表

3)第三步　进入核赔后理算更新界面

在核赔后理算更新案件信息列表中选择需要理算更新的案件,点击“更新”按钮,弹出核赔后理算更新界面(见图 12-25)。

你当前的位置:理算平台-新开理算

序号	承保险别名称	责任限额	保险金额	理算赔款	理算操作
1	车辆损失险	280000.0	0.0	4423.23	选择理算公式
2	第三者责任险	150000.0	0.0	510.0	选择理算公式
3	车上人员责任险	50000.0	0.0	300.0	选择理算公式
4	玻璃单独破碎险	280000.0	0.0	0.0	选择理算公式
5	全车盗抢险	280000.0	0.0	0.0	选择理算公式

暂存理算更新　完成理算更新　取消

图 12-25　核赔后理算更新界面

4)第四步　核赔后理算更新

(1)在核赔后理算更新界面中,选择需要进行更新的险种信息,点击“选择理算公式”按钮，界面中会显示该险种的核赔后理算公式区域，以更新核赔后理算险种信息（见图12-26）。

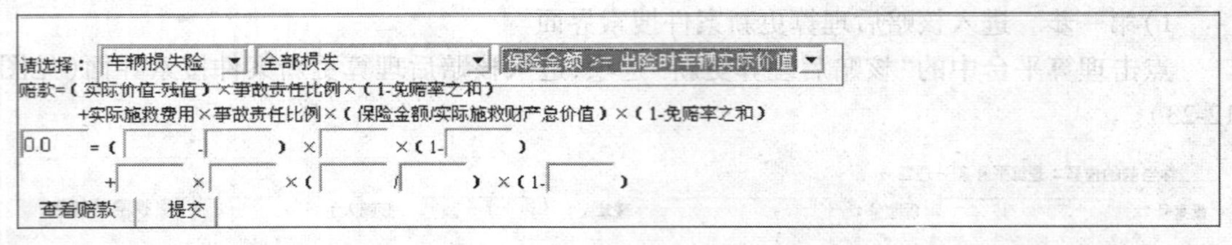
请选择：车辆损失险 全部损失 保险金额 >= 出险时车辆实际价值
赔款=（实际价值-残值）×事故责任比例×（1-免赔率之和）
+实际施救费用×事故责任比例×（保险金额/实际施救财产总价值）×（1-免赔率之和）
0.0 =（ - ）× ×（1- ）
+ × ×（ / ）×（1- ）
查看赔款 提交

图 12-26　更新核赔后理算险种信息

（2）更新核赔后理算涉案数据（见图 12-27）。点击“查看赔款”按钮，可以查看到理算更新后的赔款。

你当前的位置：理算平台-核赔 后理算

序号	承保险别名称	保险金额/责任限额	前期累计赔款	理算赔款	二次理算赔款	核赔建议	理算操作
153	车辆损失险	280000.0	0.0	4500.0	4500.0		查看二次理算公式
154	第三者责任险	150000.0	0.0	510.0	680.0		查看二次理算公式
155	车上人员责任险	50000.0	0.0	300.0	400.0		查看二次理算公式
156	玻璃单独破碎险	280000.0	0.0	0.0	0.0		查看二次理算公式
157	全车盗抢险	280000.0	0.0	0.0	0.0		查看二次理算公式

暂存核赔后理算更新　完成核赔后理算更新　取消

请选择：险种 类别 状态
赔款=（实际修复费用-残值）×事故责任比例×（1-免赔率之和）
+实际施救费用×事故责任比例×（保险金额/实际施救财产总价值）×（1-免赔率之和）
4725 =（7500 - 200）× 0.7 ×（1- 0.1）
+200 × 0.70 ×（280000 / 280000）×（1- 0.1）
查看赔款　提交

图 12-27　更新险种理算的涉案数据

（3）提交核赔后理算更新。在核赔后理算公式区域，点击“提交”按钮，提交核赔后理算更新信息（见图 12-28）。

你当前的位置：理算平台-核赔 后理算

序号	承保险别名称	保险金额/责任限额	前期累计赔款	理算赔款	二次理算赔款	核赔建议	理算操作
153	车辆损失险	280000.0	0.0	4500.0	4515		查看二次理算公式
154	第三者责任险	150000.0	0.0	510.0	630		查看二次理算公式
155	车上人员责任险	50000.0	0.0	300.0	400.0		查看二次理算公式
156	玻璃单独破碎险	280000.0	0.0	0.0	0.0		查看二次理算公式
157	全车盗抢险	280000.0	0.0	0.0	0.0		查看二次理算公式

暂存核赔后理算更新　完成核赔后理算更新　取消

图 12-28　核赔后理算更新信息

5）第五步　完成理算更新

在完成核赔后理算更新信息后，点击“完成核赔后理算更新”按钮，完成核算后理算更新,并返回完成核赔后理算更新信息结果界面(见图12-29);点击"暂存核赔后理算更新"按钮,输入的理算信息可能需要进行修改,需要进行暂存操作;点击"取消"按钮,清空录入的理算信息。

核赔后理算信息录入成功!

图12-29 完成核赔后理算更新信息结果提示

项目5 理算查询

1 项目说明

理算查询功能是实现对案件理算记录的查询,再现理算流程内容,利于对历史案件的管理。

2 操作步骤

1)第一步 进入理算查询操作界面

点击理算平台中的"理算查询"选项,打开理算案件搜索界面(见图12-30)。

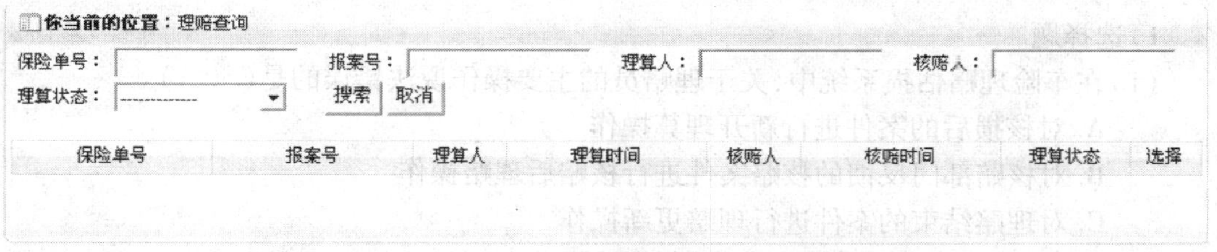
你当前的位置:理赔查询
保险单号: 报案号: 理算人: 核赔人:
理算状态: ------------- 搜索 取消

保险单号	报案号	理算人	理算时间	核赔人	核赔时间	理算状态	选择

图12-30 理算案件搜索界面

2)第二步 查询理算案件

在理算案件查询搜索界面中输入搜索条件(如:保险单号、被保险人、理算人、理算状态等),点击"搜索"按钮,搜索出符合条件的案件记录(见图12-31)。清除或重新录入查询条件,点击"取消"按钮。

你当前的位置:理赔查询
保险单号: CM20091128BJ00054 报案号: VI20101026BJ00171 理算人: 贺兰 核赔人:
理算状态: 核赔后理算结束 搜索 取消

保险单号	报案号	理算人	理算时间	核赔人	核赔时间	理算状态	选择
YHVI20091128BJ00054	YHCM20101026BJ00171	贺兰	2010-10-29 18:26:29	系统管理员	2010-10-30 10:04:19	核赔后理算结束	详细

图12-31 符合条件的案件记录

3)第三步　查看理算案件详情

在案件列表中选择需要查看的案件,点击"详细"按钮,弹出该案件的理算详情界面(见图12-32)。

http://192.168.1.188:8099/AW813/showComputationDe.do?casecode=YHCM20101026BJ00171&inc...

机动车保险事故理算信息

序号	承保险别名称	保险金额/责任限额	前期累计赔款	本次理算赔款
1	车辆损失险	280000.0	0.0	4515.0
2	第三者责任险	150000.0	0.0	630.0
3	车上人员责任险	50000.0	0.0	400.0
4	玻璃单独破碎险	280000.0	0.0	0.0
5	全车盗抢险	280000.0	0.0	0.0

关　闭

图12-32　理算详情界面

三、学习评价

1　理论考核

1)选择题

(1)在车险理赔估损系统中,关于理赔员的主要操作说法错误的是(　　)。

A.对核损后的案件进行新开理算操作

B.对核赔部门反馈的核赔案件进行核赔后理赔操作

C.对理赔结束的案件进行理赔更新操作

D.对暂存的核赔后理赔案件进行更新操作

(2)在车险理赔估损系统中,关于理赔部门的工作流程错误的是(　　)。

A.新开理算→理算更新→核赔后理算→核赔后理算更新→理算查询

B.新开理算→核赔后理算→理算查询

C.新开理算→理算更新→核赔后理算→核赔后理算更新

D.新开理算→核赔后理算→理算更新→核赔后理算更新→理算查询

(3)在车险理赔估损系统中,对于新开理算说法错误的是(　　)。

A.新开理算只能对涉及单个险种的案件进行理赔操作

B.正常情况下,如果险种、险种类别、险种状态是固定的,赔款的计算方式也是固定的,不可以进行修改

C.新开理算操作中可以对险种的赔款进行多次查看理算公式,保持最后一次提交的赔款信息

D.在新开理算中,可以对理算的信息进行暂存理算和完成理算操作

(4)在车险理赔估损系统中,对理算更新说法错误的是(　　)。

A. 在理算更新界面中,可以查看每个险种的理算公式
B. 在理算更新界面中,可以删除理赔险种信息
C. 在理算更新界面中,可以更新修改理赔险种的计算数据
D. 在理算更新界面中,可以进行暂存理算更新和完成理算更新操作

(5)在车险理赔估损系统中,对核赔后理算说法错误的是(　　)。
A. 核赔后理算可以对涉及多险种的案件进行理赔操作
B. 正常情况下,如果险种、险种类别、险种状态固定,赔款的计算方式也是固定的,不可以进行修改
C. 核赔后理算操作只是对核赔部门反馈来的案件信息进行确认就可以,不需要修改
D. 在核赔后理算中,可以对理算的信息进行暂存核赔后理算和完成核赔后理算操作

(6)在车险理赔估损系统中,对核赔后理算更新说法错误的是(　　)。
A. 在理算更新界面中,可以查看每个险种的理算公式
B. 在理算更新界面中,不可以删除理赔险种信息
C. 在理算更新界面中,可以更新修改理赔险种的计算数据
D. 在理算更新界面中,必须对所有险种的理算信息进行修改更新操作

(7)在车险理赔估损系统中,关于理赔平台下案件状态说法错误的是(　　)。
A. 理算平台下案件共有理算暂存、理算结束、核赔后理算暂存和核赔后理算结束4种状态
B. 理算平台下案件状态按照流程顺序是理算暂存→理算结束→核赔后理算暂存→核赔后理算结束
C. 可以对理算暂存状态的案件进行理算更新操作
D. 可以对理算结束状态的案件进行核赔后理算操作

(8)在车险理赔估损系统中,下列说法有误的是(　　)。
A. 核赔后理算可以对理算赔款进行修改
B. 理算平台是车险理赔估损系统的最后一个操作平台
C. 理算结束后可以对理算案件上传图片
D. 理算结束后可以对案件进行重开至理算处理状态,对理算案件信息修改更新

(9)在车险理赔估损系统中,关于上传理算图片说法有误的是(　　)。
A. 每个理算案件最多上传一张理算图片
B. 处于理算暂存状态的案件才可以上传理算图片
C. 可以对上传的理算图片进行更名操作
D. 不可以删除上传成功的理算图片

(10)在车险理赔估损系统中,说法有误的是(　　)。
A. 可以通过重开赔案将核赔后理算结束的案件重开至核赔后理算暂存状态
B. 可以通过重开赔案理算结束的案件重开至理算暂存状态
C. 重开赔案可以作废理算结束的案件

D. 重开赔案的操作是不可逆的

2)思考题

(1)车辆损失险中的事故责任比例对第三者险有约束吗？为什么？

(2)对理算结束的案件怎样进行理算修改？

2 技能考核

1)考核项目 1

请针对学习任务 11 技能考核部分考核项目 1 的操作结果进行正确的新开理算操作。

2)考核项目 2

请针对学习任务 11 技能考核部分考核项目 2 的操作结果进行正确的新开理算操作。

3 考核评价表

考核评价表见表 12-1。

理算管理操作项目评分表 表 12-1

<table>
<tr><td rowspan="2">基本信息</td><td>姓名</td><td colspan="2"></td><td>学号</td><td>班级</td><td colspan="2">组别</td></tr>
<tr><td>规定时间</td><td colspan="2"></td><td>完成时间</td><td>考核日期</td><td colspan="2">总评成绩</td></tr>
<tr><td rowspan="11">任务工单</td><td>序号</td><td colspan="2">步骤</td><td>标准分</td><td colspan="2">评分标准</td><td>评分</td></tr>
<tr><td>1</td><td colspan="2">考核准备：
成功启动电脑
成功启动车险理赔估损系统
正确登录车险理赔估损系统</td><td>3</td><td colspan="2">确保调度操作正常进行，根据实际情况酌情扣分</td><td></td></tr>
<tr><td>2</td><td colspan="2">新开理算案件搜索界面</td><td>3</td><td colspan="2">没有正确打开操作界面，扣 3 分</td><td></td></tr>
<tr><td>3</td><td colspan="2">查询理算案件</td><td>3</td><td colspan="2">没有正确输入，每错一处扣 1 分；没有唯一搜索出理算案件，扣 3 分，扣完为止</td><td></td></tr>
<tr><td>4</td><td colspan="2">进入新开理算界面</td><td>3</td><td colspan="2">没有正确打开操作界面，扣 3 分</td><td></td></tr>
<tr><td>5</td><td colspan="2">进行案件理算</td><td>10</td><td colspan="2">没有正确录入理算信息，没错一处扣 1 分，扣完为止</td><td></td></tr>
<tr><td>6</td><td colspan="2">完成新开理算</td><td>3</td><td colspan="2">没有进行完成操作的扣 3 分；完成理算调度后没有弹出正确提示扣 3 分，扣完为止</td><td></td></tr>
<tr><td>7</td><td colspan="2">进入理算更新案件搜索界面</td><td>3</td><td colspan="2">没有正确打开操作界面，扣 3 分</td><td></td></tr>
<tr><td>8</td><td colspan="2">查询理算更新案件</td><td>3</td><td colspan="2">没有正确输入，每错一处扣 1 分；需修改的案件记录没有唯一单独检索出来的扣 3 分</td><td></td></tr>
<tr><td>9</td><td colspan="2">进入理算更新界面</td><td>3</td><td colspan="2">没有正确打开操作界面，扣 3 分</td><td></td></tr>
<tr><td>10</td><td colspan="2">理算更新</td><td>10</td><td colspan="2">没有正确修改理算信息，每错一处扣 1 分，扣完为止</td><td></td></tr>
</table>

续上表

	序号	步骤	标准分	评分标准	评分
任务工单	11	完成理算更新	3	没有进行完成操作的扣3分;完成理算操作后没有弹出正确提示扣3分,扣完为止	
	12	进入核赔后理算操作界面	3	没有正确打开操作界面,扣3分	
	13	进行核赔后理算	10	没有正确录入理算信息,每错一处扣1分,扣完为止	
	14	完成核赔后理算	3	没有进行完成操作的扣3分;完成理算操作后没有弹出正确提示扣3分,扣完为止	
	15	进入核赔后理算更新案件搜索界面	3	没有正确打开操作界面,扣3分	
	16	查询核赔后理算更新案件	3	没有正确输入,每错一处扣1分;需修改的案件记录没有唯一单独检索出来的扣3分	
	17	进入核赔后理算更新界面	3	没有正确打开操作界面,扣3分	
	18	核赔后理算更新	10	没有正确录入更新信息,每错一处扣1分,扣完为止	
	19	完成核赔后理算更新	3	没有进行完成操作的扣3分;完成核赔后理算操作后没有弹出正确提示扣3分,扣完为止	
	20	进入理算查询操作界面	3	没有正确打开操作界面,扣3分	
	21	查询理算案件	3	没有正确输入,每错一处扣1分;需查询的案件记录没有唯一单独检索出来的扣3分	
	22	查看理算案件详情	4	没有正确打开操作界面,扣4分	
团队协作			5	根据实际情况酌情扣分	
总分合计			100	评分合计	

学习任务13 核赔、结案平台操作

工作情境描述

2010年10月30日上午12时，某保险公司核赔员万鹏在公司理赔估损系统核赔平台中查询到理算员贺兰提交的理算完成案件。万鹏根据提供的事故损失数据，对理算员作出的险种理算公式、理算数据、理算赔款等进行核实，并对其中存在问题的理算信息提出修改建议。

在万鹏对该案件核赔通过后，结案员李璐在公司车险理赔估损系统结案平台上，对案件进行结案操作。至此该案件理赔流程转入保险公司财务支付环节，客户张明将会在规定的时间内得到保险公司对其在2010年10月26日上午9时发生的车险事故损失给予的保险赔款。

学习目标

1. 了解核赔平台的基本功能；
2. 能够使用软件进行案件核赔；
3. 了解结案平台的基本功能；
4. 能够使用软件进行案件结案。

学习时间

4学时。

学习引导

本学习任务沿着以下脉络进行学习：

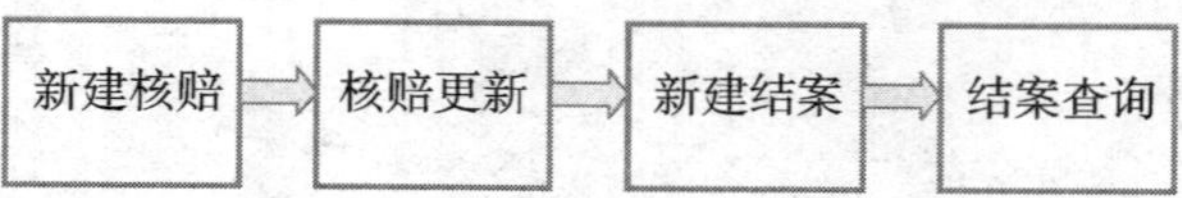

教学组织建议

学生两人一组(教师可根据实训条件自行安排分组人数),其中:一个人进行平台操作,另一个人对操作过程进行记录与分析。完成后学生交换角色练习,教师对全过程进行把控。

一、知 识 准 备

1　核赔岗位工作职责

核赔是对整个赔案处理过程进行质量控制,核赔工作人员的职责是:

(1)及时了解保险标的出险原因、损失情况,对重大案件参与现场查勘与定损;

(2)对保险责任再次进行审核与确定;

(3)对损失金额再次进行审核与确定;

(4)再次审核赔款计算。

2　结案岗位工作职责

结案岗位工作人员的职责是:根据审核金额填写并打印《机动车辆保险领取赔款通知书》,通知被保人支取赔款;进行结案单证清分,并整理理赔案卷;案卷借阅管理。

二、任 务 实 施

1　操作要求

(1)录入信息时,必须按照规定的字符格式进行;

(2)录入核赔信息后进行核对,确保正确无误。

2　设备器材

所用设备器材同学习任务6。

3　作业准备

(1)检查车险理赔估损系统是否正常工作;　□任务完成

(2)确认核赔操作和结案操作所需要的数据信息。　□任务完成

项目1　新建核赔

1　项目说明

当核赔员在车险理赔估损系统核赔平台下查询到可进行核赔操作的案件信后,需要对

理算公式和理算数据进行核查，核赔员需要根据涉案数据以及历史赔付信息，核查理算是否正确合理，然后将核赔意见录入到系统中，并确认该理算信息是否能够通过核赔进入下一个操作环节。本项目将对本学习任务中的完成的理算案件进行核赔操作。

核赔平台 | 结案平台
新建核赔
核赔更新
核赔查询

图 13-1　核赔平台功能菜单

2 操作步骤

1)第一步　进入核赔操作界面

(1)在系统主界面中点击“核赔平台”按钮，系统会自动展开核赔平台的功能菜单(见图 13-1)。

(2)选择功能菜单中的“新建核赔”选项，进入核赔信息列表(见图 13-2)。

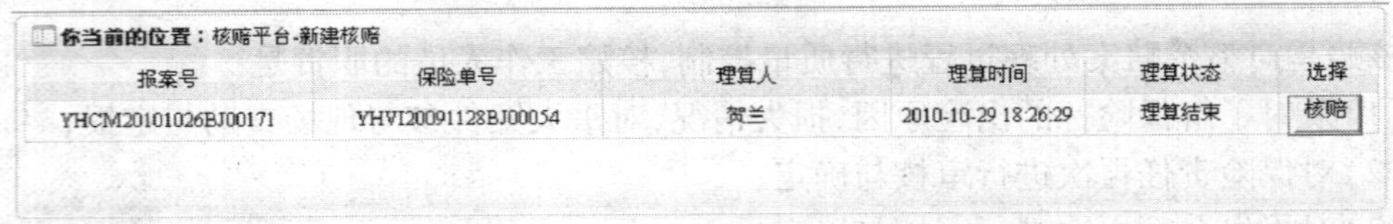

你当前的位置：核赔平台-新建核赔

报案号	保险单号	理算人	理算时间	理算状态	选择
YHCM20101026BJ00171	YHVI20091128BJ00054	贺兰	2010-10-29 18:26:29	理算结束	核赔

图 13-2　核赔信息列表

(3)在需要进行核赔操作的案件信息行中，点击“核赔”按钮，进入核赔操作界面(见图 13-3)。

你当前的位置：核赔平台-新建核赔

序号	承保险别名称	保险金额/责任限额	前期累计赔款	理算赔款	核赔操作	核赔建议(100字内)
153	车辆损失险	280000.0	0.0	4500.0	查看理算公式	
154	第三者责任险	150000.0	0.0	510.0	查看理算公式	
155	车上人员责任险	50000.0	0.0	300.0	查看理算公式	
156	玻璃单独破碎险	280000.0	0.0	0.0	查看理算公式	
157	全车盗抢险	280000.0	0.0	0.0	查看理算公式	

暂存核赔　完成核赔　取消

出险时车辆实价值	260000.0	投保时新车购置价	280000.0
车损实际修复费用	12000.0	车损残值	500.0
事故责任比例	0.75	免赔率之和	0.25
第三者责任险赔偿金额	2000.0	全车盗抢修理费用	0.0
盗抢追回车辆残值	0.0	玻璃单独破损实际修理费用	0.0
车上货物损失金额	0.0	无过失责任险损失金额	0.0
车辆停驶赔款天数	0.0	自燃损失实际修理费用	0.0
自燃车辆残值	0.0	自燃损失实际施救费用	0.0
自燃损失保险财产价值	0.0	自燃损失实际施救财产总价值	0.0
火灾、爆炸及自燃实际施救费用	0.0	火灾、爆炸及自燃保险财产价值	0.0
火灾、爆炸及自燃损失残值	0.0	火灾、爆炸及自燃实际修理费用	0.0
火灾、爆炸及自燃实际施救财产总价值	0.0	车身划痕实际损失金额	0.0

车上人员责任险应承担的每人赔偿金额

图 13-3　核赔操作界面

2)第二步　查看理算公式

在核赔操作界面中选择需要核查的险种信息行中的“查看理算公式”按钮，界面中会显示该险种的理算公式(见图 13-4)。

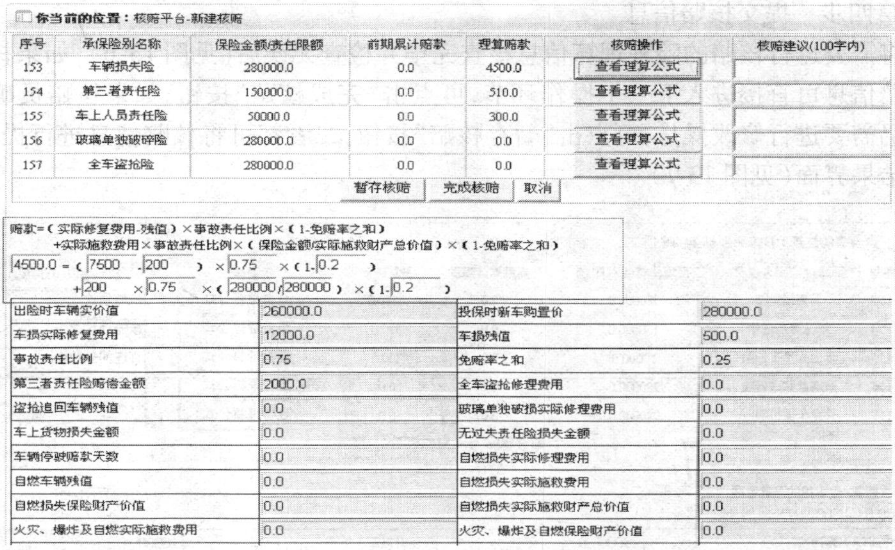

你当前的位置：核赔平台-新建核赔

序号	承保险别名称	保险金额/责任限额	前期累计赔款	理算赔款	核赔操作	核赔建议(100字内)
153	车辆损失险	280000.0	0.0	4500.0	查看理算公式	
154	第三者责任险	150000.0	0.0	510.0	查看理算公式	
155	车上人员责任险	50000.0	0.0	300.0	查看理算公式	
156	玻璃单独破碎险	280000.0	0.0	0.0	查看理算公式	
157	全车盗抢险	280000.0	0.0	0.0	查看理算公式	

暂存核赔　完成核赔　取消

赔款=（实际修复费用-残值）×事故责任比例×（1-免赔率之和）
+实际施救费用×事故责任比例×（保险金额/实际施救财产总价值）×（1-免赔率之和）

4500.0 =（7500 -200）×0.75 ×（1-0.2）
+200 ×0.75 ×（280000/280000）×（1-0.2）

出险时车辆实价值	260000.0	投保时新车购置价	280000.0
车损实际修复费用	12000.0	车损残值	500.0
事故责任比例	0.75	免赔率之和	0.25
第三者责任险赔偿金额	2000.0	全车盗抢修理费用	0.0
盗抢追回车辆残值	0.0	玻璃单独破损实际修理费用	0.0
车上货物损失金额	0.0	无过失责任险损失金额	0.0
车辆停驶赔款天数	0.0	自燃损失实际修理费用	0.0
自燃车辆残值	0.0	自燃损失实际施救费用	0.0
自燃损失保险财产价值	0.0	自燃损失实际施救财产总价值	0.0
火灾、爆炸及自燃实际施救费用	0.0	火灾、爆炸及自燃保险财产价值	0.0

图13-4　查看理算公式

3）第三步　录入核赔信息

在核赔操作界面中，查看该险种的前期累计赔款，以及涉案数据信息，结合理算公式以及数据，确定该险种理算是否正确，并将核赔信息录入核赔建议栏（见图13-5）。

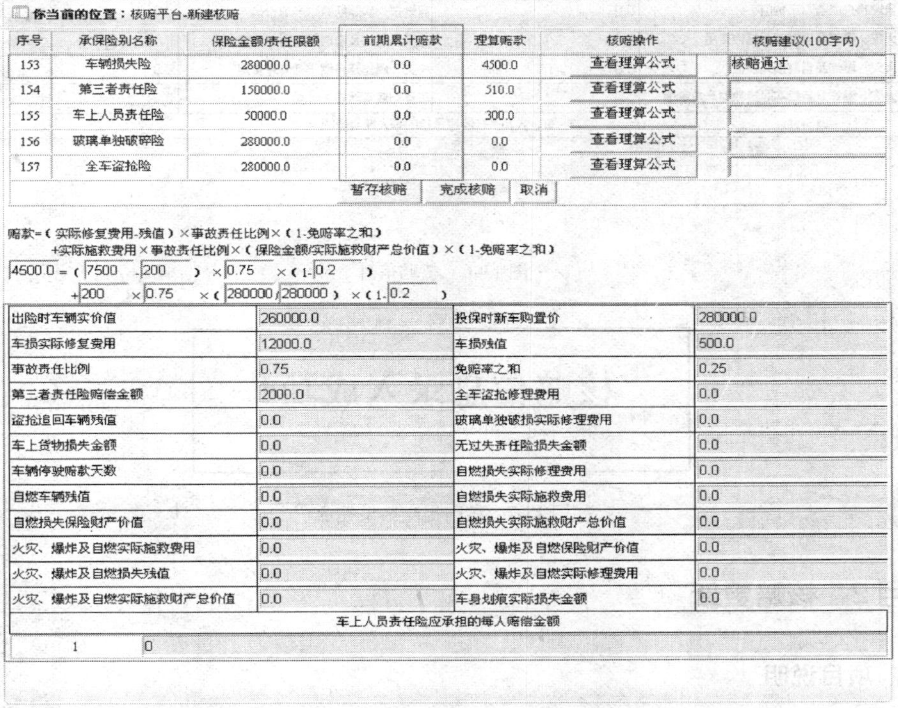

你当前的位置：核赔平台-新建核赔

序号	承保险别名称	保险金额/责任限额	前期累计赔款	理算赔款	核赔操作	核赔建议(100字内)
153	车辆损失险	280000.0	0.0	4500.0	查看理算公式	核赔通过
154	第三者责任险	150000.0	0.0	510.0	查看理算公式	
155	车上人员责任险	50000.0	0.0	300.0	查看理算公式	
156	玻璃单独破碎险	280000.0	0.0	0.0	查看理算公式	
157	全车盗抢险	280000.0	0.0	0.0	查看理算公式	

暂存核赔　完成核赔　取消

赔款=（实际修复费用-残值）×事故责任比例×（1-免赔率之和）
+实际施救费用×事故责任比例×（保险金额/实际施救财产总价值）×（1-免赔率之和）

4500.0 =（7500 -200）×0.75 ×（1-0.2）
+200 ×0.75 ×（280000/280000）×（1-0.2）

出险时车辆实价值	260000.0	投保时新车购置价	280000.0
车损实际修复费用	12000.0	车损残值	500.0
事故责任比例	0.75	免赔率之和	0.25
第三者责任险赔偿金额	2000.0	全车盗抢修理费用	0.0
盗抢追回车辆残值	0.0	玻璃单独破损实际修理费用	0.0
车上货物损失金额	0.0	无过失责任险损失金额	0.0
车辆停驶赔款天数	0.0	自燃损失实际修理费用	0.0
自燃车辆残值	0.0	自燃损失实际施救费用	0.0
自燃损失保险财产价值	0.0	自燃损失实际施救财产总价值	0.0
火灾、爆炸及自燃实际施救费用	0.0	火灾、爆炸及自燃保险财产价值	0.0
火灾、爆炸及自燃损失残值	0.0	火灾、爆炸及自燃实际修理费用	0.0
火灾、爆炸及自燃实际施救财产总价值	0.0	车身划痕实际损失金额	0.0

车上人员责任险应承担的每人赔偿金额

1	0

图13-5　录入核赔信息

4)第四步　提交核赔信息

当将需要进行核赔的险种理算信息核查完毕并检查无误后(见图 13-6),如果核赔员确认该核赔信息可直接进入下一个操作环节,可点击"完成核赔"按钮;如果核赔员确认该核赔信息仍需要进行修改操作,可点击"暂存核赔"按钮,二者都可将核赔信息进行提交,并返回操作结果界面(见图 13-7)。

你当前的位置:核赔平台-新建核赔

序号	承保险别名称	保险金额/责任限额	前期累计赔款	理算赔款	核赔操作	核赔建议(100字内)
153	车辆损失险	280000.0	0.0	4500.0	查看理算公式	核赔通过
154	第三者责任险	150000.0	0.0	510.0	查看理算公式	核赔通过
155	车上人员责任险	50000.0	0.0	300.0	查看理算公式	存在问题数据
156	玻璃单独破碎险	280000.0	0.0	0.0	查看理算公式	
157	全车盗抢险	280000.0	0.0	0.0	查看理算公式	

暂存核赔　完成核赔　取消

每人赔款=应承担的赔款金额

300.0= 300

出险时车辆实价值	260000.0	投保时新车购置价	280000.0
车损实际修复费用	12000.0	车损残值	500.0
事故责任比例	0.75	免赔率之和	0.25
第三者责任险赔偿金额	2000.0	全车盗抢修理费用	0.0
盗抢追回车辆残值	0.0	玻璃单独破损实际修理费用	0.0
车上货物损失金额	0.0	无过失责任险损失金额	0.0
车辆停驶赔款天数	0.0	自燃损失实际修理费用	0.0
自燃车辆残值	0.0	自燃损失实际施救费用	0.0
自燃损失保险财产价值	0.0	自燃损失实际施救财产总价值	0.0
火灾、爆炸及自燃实际施救费用	0.0	火灾、爆炸及自燃保险财产价值	0.0
火灾、爆炸及自燃损失残值	0.0	火灾、爆炸及自燃实际修理费用	0.0
火灾、爆炸及自燃实际施救财产总价值	0.0	车身划痕实际损失金额	0.0

车上人员责任险应承担的每人赔偿金额	
1	0

图 13-6　核赔信息

核赔信息录入成功!

图 13-7　核赔提交结果提示

项目 2　核赔更新

1　项目说明

核赔员完成新建核赔操作后,考虑到一些信息尚未确定,不能确定该核赔信息是否进入下一个操作环节，故选择了暂存核赔，此时核赔员可以对前期录入的核赔信息进行修改，以使其符合条件，进入下一个操作环节。本项目将对考核项目中产生的核赔信息进行修改。

2 操作步骤

1)第一步　进入核赔更新操作界面

(1)选择核赔平台中的“核赔更新”选项，进入核赔信息搜索界面(见图13-8)。

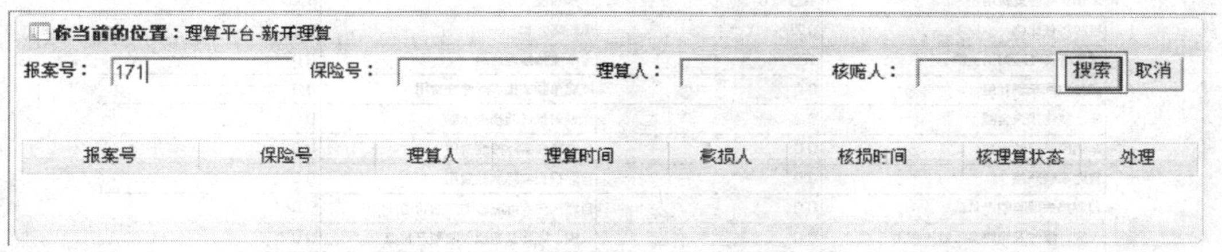

图13-8　核赔信息搜索界面

(2)在核赔信息搜索界面中录入报案号、保险单号等检索信息后，点击“搜索”按钮，返回可进行核赔更新操作的案件信息列表(见图13-9)。

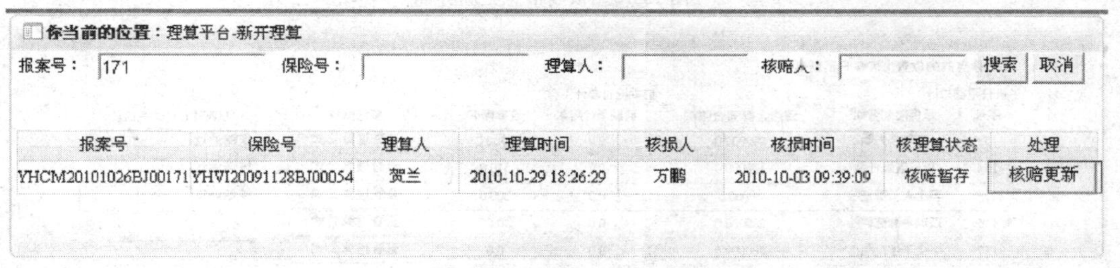

图13-9　案件信息列表

2)第二步　确定并进入核赔更新界面

在需要进行核赔修改操作的案件信息中，点击“核赔更新”按钮，进入核赔信息更新界面(见图13-10)。

3)第三步　修改核赔信息

在核赔信息更新界面的车上人员责任险对应的核赔建议栏中，修改核赔意见(见图13-11)。

4)第四步　修改核赔信息

在确认核赔更新无误后，如果核赔员确认该核赔信息可直接进入下一个操作环节，可点击“完成核赔更新”按钮；如果核赔员确认该核赔信息仍需要进行修改操作，可点击“暂存核赔更新”按钮，二者都可将核赔更新信息进行提交，并返回操作结果界面(见图13-12)。

你当前的位置：核赔平台-新建核赔

责任限额总计：　　前期赔付总计：

序号	承保险别名称	保险金额/责任限额	前期累计赔款	理算赔款	核赔操作	核赔建议(100字内)
153	车辆损失险	280000.0	0.0	4500.0	查看理算公式	核赔通过
154	第三者责任险	150000.0	0.0	510.0	查看理算公式	核赔通过
155	车上人员责任险	50000.0	0.0	300.0	查看理算公式	数据错误
156	玻璃单独破碎险	280000.0	0.0	0.0	查看理算公式	
157	全车盗抢险	280000.0	0.0	0.0	查看理算公式	

暂存核赔更新　完成核赔更新　取消

出险时车辆实价值	260000.0	投保时新车购置价	280000.0
车损实际修复费用	12000.0	车损残值	500.0
事故责任比例	0.75	免赔率之和	0.25
第三者责任险赔偿金额	2000.0	全车盗抢修理费用	0.0
盗抢追回车辆残值	0.0	玻璃单独破损实际修理费用	0.0
车上货物损失金额	0.0	无过失责任险损失金额	0.0
车辆停驶赔款天数	0.0	自燃损失实际修理费用	0.0
自燃车辆残值	0.0	自燃损失实际施救费用	0.0
自燃损失保险财产价值	0.0	自燃损失实际施救财产总价值	0.0
火灾、爆炸及自燃实际施救费用	0.0	火灾、爆炸及自燃保险财产价值	0.0
火灾、爆炸及自燃损失残值	0.0	火灾、爆炸及自燃实际修理费用	0.0
火灾、爆炸及自燃实际施救财产总价值	0.0	车身划痕实际损失金额	0.0

车上人员责任险应承担的每人赔偿金额

1	0

图 13-10　核赔信息更新界面

你当前的位置：核赔平台-新建核赔

责任限额总计：　　前期赔付总计：

序号	承保险别名称	保险金额/责任限额	前期累计赔款	理算赔款	核赔操作	核赔建议(100字内)
153	车辆损失险	280000.0	0.0	4500.0	查看理算公式	核赔通过
154	第三者责任险	150000.0	0.0	510.0	查看理算公式	核赔通过
155	车上人员责任险	50000.0	0.0	300.0	查看理算公式	核赔通过
156	玻璃单独破碎险	280000.0	0.0	0.0	查看理算公式	
157	全车盗抢险	280000.0	0.0	0.0	查看理算公式	

暂存核赔更新　完成核赔更新　取消

每人赔款=应承担的赔款金额

300.0= =300

出险时车辆实价值	260000.0	投保时新车购置价	280000.0
车损实际修复费用	12000.0	车损残值	500.0
事故责任比例	0.75	免赔率之和	0.25
第三者责任险赔偿金额	2000.0	全车盗抢修理费用	0.0
盗抢追回车辆残值	0.0	玻璃单独破损实际修理费用	0.0
车上货物损失金额	0.0	无过失责任险损失金额	0.0
车辆停驶赔款天数	0.0	自燃损失实际修理费用	0.0
自燃车辆残值	0.0	自燃损失实际施救费用	0.0
自燃损失保险财产价值	0.0	自燃损失实际施救财产总价值	0.0
火灾、爆炸及自燃实际施救费用	0.0	火灾、爆炸及自燃保险财产价值	0.0
火灾、爆炸及自燃损失残值	0.0	火灾、爆炸及自燃实际修理费用	0.0
火灾、爆炸及自燃实际施救财产总价值	0.0	车身划痕实际损失金额	0.0

车上人员责任险应承担的每人赔偿金额

1	0

图 13-11　修改核赔信息

核赔信息录入成功！

图 13-12 核赔更新结果提示

项目3 新建结案

1 项目说明

当结案人员在车险理赔估损系统中查询到需要进行结案操作的案件信息后，首先应通过查询该案件的查勘、立案、定损、理算等信息，了解该案件手续材料是否正常完成，然后对案件进行结案封档操作。本项目将对张明先生在 2010 年 10 月 26 日上午 9 时发生的车险事故案件进行结案处理。

2 操作步骤

1)第一步 进入结案操作界面

(1)在系统主界面中点击“结案平台”按钮，系统会自动展开结案平台的功能菜单(见图 13-13)。

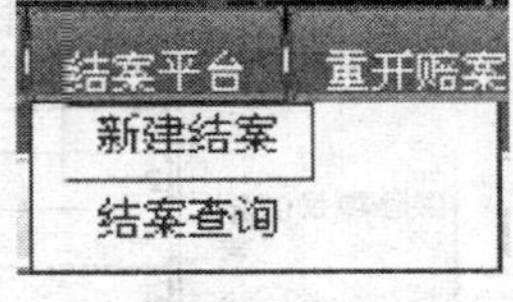

图 13-13 结案平台功能菜单

(2)选择功能菜单中的“新建结案”项，进入案件搜索界面(见图 13-14)。

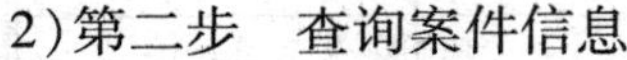

2)第二步 查询案件信息

在案件搜索界面中录入保险单号、报案号等搜索信息，点击“搜索”按钮，返回搜索到的案件信息列表(见图 13-15)。

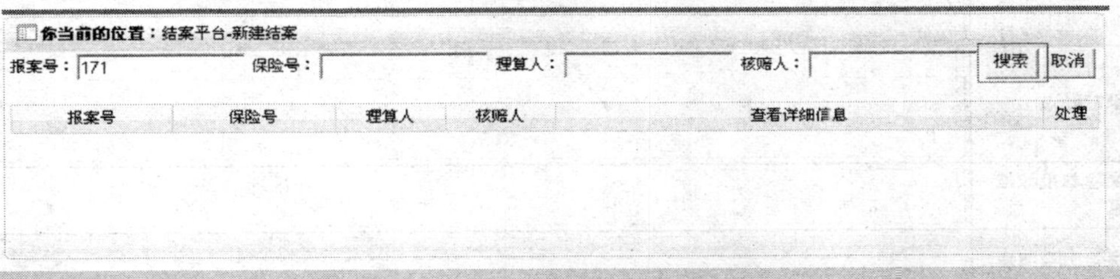

图 13-14 案件搜索界面

你当前的位置：结案平台-新建结案

报案号：171 保险号： 理算人： 核赔人： 搜索 取消

报案号	保险号	理算人	核赔人	查看详细信息				处理
YHCM20101026BJ00171	YHVI20091128BJ00054	贺兰		案件信息	查勘信息	定损信息	理算信息	提交结案

图 13-15 案件信息列表

3)第三步　查看案件信息

(1)在需要进行结案操作的案件对应的查看详细信息栏位里,点击“案件信息”按钮,进入案件详细信息界面(见图13-16)。

机动车保险报案单

保险号	YHVI20100805BJ00054	被保险人	张明	号牌号码	京N5××××
厂牌型号	福特翼虎3.0LM1	牌照底色	蓝	报案方式	电话
报案人	张明	报案时间	2010-09-15	出险时间	2010-09-15
案件联系人	张明	联系人电话	1890123××××	出险原因	路面湿滑
是否第一现场	是	出险地点	上海 ×× 路	驾驶员姓名	张明
准驾车型	A1	初次领证日期	2007-08-01	驾驶证号	11010119580818××××
VIN码	LGWEF3A517B012345	发动机号	V6CYL24VALVE DO	车架号	LGWEF3A517B012345
处理部门	交警	客户类别		承保公司	中国人保
车辆初次登记日期	2009-11-25	已使用年限	0.0	新车购置价	280000.0
车辆使用性质	非营运	核定载客	5	核定载重	1500.0
车辆行驶区域	跨省行驶	车辆种类	越野车	基本条款类别	商业保险A款
争议解决方式	诉讼	保险费	7785.0	保险限期	2009-12-05 至 2011-12-04

约定驾驶人:

驾驶人姓名	主/从	驾驶证号码	准驾车型	初次领证日期
张明	主驾驶员	11010119580818××××	C1	2007-08-01

保险项目信息:

序号	承保险别名称	责任限额	保险金额
1	车辆损失险	280000.0	4123.0
2	第三者责任险	150000.0	1060.0
3	全车盗抢险	280000.0	1604.0
4	车上人员责任险	50000.0	130.0
5	玻璃单独破碎险	280000.0	868.0

特别约定					
事故经过					
保险单批改信息					
保险出险信息					
涉及损失类别	第三者车上财产损失,本车车上人员伤亡,本车车上财产损失,本车车损				
车辆出险次数	0	赔款次数	0	赔款总计	0.0
被保险人住址	北京市海淀区中关村 ×× 新园				
邮编	1001××	保险联系人	张明	保险联系人电话	010-6293××××
备注					

关　闭

图13-16　案件详细信息

(2)点击案件详细信息界面中的“关闭”按钮,将该界面关闭。

4)第四步 查看查勘信息

(1)在需要进行结案操作的案件对应的查看详细信息栏位里,点击“查勘信息”按钮,进入查勘详细信息界面(见图13-17)。

机动车保险事故现场查勘单

报案号	YHCM20100916SL00010	保险号	YHVI20100107S▤00048	出险时间	2010-09-16
案件性质	自赔	厂牌型号	福特翼虎3.0LM1	发动机号	V6CYJ24VALVE56
号牌底色	蓝	号牌号码	沪N1××-×	车架号	LGWEG3A452Q012345
初次登记日期	2008-11-13	出险地点	北京××中路	查勘地点	北京××中路
驾驶员姓名	李凯	驾驶证号	11010119780813××××	初次领证日期	2007-09-06
准驾车型	A1	性别	男	联系方式	13564895621
第三者车辆基本信息					
厂牌型号		号牌号码		交强险保单号	
驾驶员姓名		驾驶证号		初次领证日期	
准驾车型	A1	起保日期		联系方式	
性别	男				
事故基本信息					
出险原因	碰撞				
事故类型					
涉及三方机动车数	0	是否需要施救	是	车上人员伤亡数	伤 1人; 亡 0人
第三者伤亡数	伤 1人; 亡 0人	事故责任划分	主要	事故处理方式	交警
核定施救费金额	300.0				
事故详细信息					
被保险机动车出现时的使用性质					家庭自用
被保险机动车驾驶人是否持有有效驾驶证					是
被保险机动车驾驶人准驾车型与实际驾驶车辆是都相符					是
驾驶专用机械车、特种车及营业性客车的人员是否有相应的有效操作证、资格证					是
被保险机动车驾驶人是否为酒后驾驶					否
被保险机动车发生事故时的驾驶人是否为合同约定的驾驶人					是
出险地点是否发生在合同约定的行驶区域以外					否
是否存在其他条款规定的责任免除或增加免赔率的情形					否
免赔说明					
查勘意见					
案件处理等级		访问笔录 3张，现场草图12张，事故照片 20张			
责任判断及损失估计					
涉及险种	车上人员责任险,商业三者险,商业车损险,				
立案建议	交强险 拒赔		商业保险 立案		
事故估损金额信息					
本车车损		3000.0	第三者车辆损失		0.0
本车车上人员伤亡		500.0	第三者人员伤亡		800.0
本车车上财产损失		0.0	第三者车上财产损失		0.0
第三者其他财产损失		300.0	其他		500.0
本车车上财产损失		0.0	第三者车上财产损失		0.0
第三者其他财产损失		300.0	其他		500.0
总计		5100.0			
		返回			

图13-17 查勘详细信息界面

(2)点击查勘详细信息界面中的“关闭”按钮，将该界面关闭。

5)第五步 查看定损信息

(1)在需要进行结案操作的案件对应的查看详细信息栏位里，点击“定损信息”按钮，进入定损详细信息界面(见图13-18)。

机动车保险车辆损失确认书

报案号：	YHCM20101026BJ00171	保险号：	YHVI20091128BJ00054	出险时间：	2010-10-25 17:00:00
号牌号码：	京N5XXXX	事故责任：	主要	厂牌型号：	福特翼虎3.0LM1
发动机号：	V6CYL24VALVE	车架号：	LGWEF3A517B012345	出险地点：	北京海淀区XX中路
送修时间：	2010-10-27 10:00:00	修复竣工时间：	2010-10-30 12:00:00	报价公司：	总公司
定损地点：	北京XX汽车销售服务有限公司				
损失部位及程度概述:	前保险杠、左前门外把手、前风窗玻璃、前隔壁板、雾灯总成损坏严重需要更换维修。				

换件信息：

序号	零件名称	零件号	最大用量	选购件数	定损价格	工时数	定损工时费	所属部位	定损备注	核损价格	核损工时费	核损意见	核损后价格	核损后工时费
178	前保险杠杠体A	5L8Z 17757-AA	1	1	700.0	6	0.0	前保险杠	林肯默寇利系列	750.0	700.0		750.0	700.0
179	前门外把手	3L8Z 7822404-EAM	2	1	265.0	5	0.0	前门		265.0	265.0		265.0	265.0
180	雾灯总成	5E6Z 15200-AA	1	1	1150.0	3	0.0	前照灯		1150.0	1150.0		1150.0	1150.0
181	前风窗玻璃	3L8Z 7803100-AA	1	1	2550.0	16	0.0	前风窗		2550.0	2350.0		2550.0	2350.0
182	前隔壁板	5L8Z 7801610-AA	1	1	5300.0	24	0.0	前隔壁板		5300.0	4800.0		5300.0	4800.0

维修信息：

序号	工位	项目名称	工时	工时费	定损备注	核损工时费	核损意见	核损后价格
261	喷漆	前保险杠左支架	4	10.0		10.0		10.0
262	喷漆	左后门锁及锁芯	6	10.0		10.0		10.0
263	喷漆	左前门	16	10.0		10.0		10.0
264	喷漆	散热器格栅	4	10.0		10.0		10.0

辅料信息：

序号	辅料名称	用量	定损价格	核损价格	核损意见	核损后价格
348	砂纸	10.0	1.5	1.5		1.5
349	机油	1.0	75.0	75.0		75.0
350	石蜡	1.0	12.0	12.0		12.0

核损总体意见：

关 闭

图13-18 定损详细信息界面

(2)点击核赔详细信息界面中的“关闭”按钮,将该界面关闭。

6)第六步 查看理算信息

(1)在需要进行结案操作的案件对应的查看详细信息栏位里,点击“理算”按钮,进入理算详细信息界面(见图13-19)。

机动车保险事故理算信息

序号	承保险别名称	保险金额/责任限额	前期累计赔款	本次理算赔款
1	车辆损失险	280000.0	0.0	4500.0
2	第三者责任险	150000.0	0.0	510.0
3	车上人员责任险	50000.0	0.0	0.0
4	玻璃单独破碎险	280000.0	0.0	0.0
5	全车盗抢险	280000.0	0.0	0.0

关 闭

图13-19 理算详细信息界面

(2)点击核赔详细信息界面中的“关闭”按钮,将该界面关闭。

7)第七步 提交结案

(1)在需要进行结案操作的案件对应的处理栏位里,点击“提交结案”按钮,打开结案意见面板,并在该面板中录入结案建议(见图13-20)。

图13-20 结案意见面板

(2)在检查结案意见录入准确无误后,点击该面板中的“确定”按钮,即可将结案信息提交,并返回操作结果界面(见图13-21)。

结案信息录入成功!

图13-21 结案结果提示

项目4 结案查询

1 项目说明

当结案员需要对某个事故案件的结案信息进行详细的了解,可在车险理赔估损系统结

案平台下进行相关的关键字搜索，并查看详细结案信息。

2 操作步骤

1）第一步　进入结案查询操作界面

选择结案平台中的“结案查询”选项，进入案件搜索界面（见图 13-22）。

你当前的位置：报案平台-案件查询

报案号：	171	保险单号：		被保险人：	
号牌号码：		厂牌型号：		VIN码：	
车架号：		报案人：		驾驶员姓名：	
驾驶证号：		车辆使用性质：		车辆种类：	
事故联系人：		准驾车型：		发动机号：	
报案方式：	------------	立案状态：	------------	案件状态：	------------
客户类别：		出险地点：		搜索	取消

报案号	保险单号	被保险人	号牌号码	厂牌型号	报案时间	报案人	状态	选择

图 13-22　案件搜索界面

2）第二步　查询结案信息

在案件搜索界面中录入保险单号、报案号等搜索信息，点击“搜索”按钮，返回搜索到的案件信息列表（见图 13-23）。

你当前的位置：报案平台-案件查询

报案号：	171	保险单号：		被保险人：	
号牌号码：		厂牌型号：		VIN码：	
车架号：		报案人：		驾驶员姓名：	
驾驶证号：		车辆使用性质：		车辆种类：	
事故联系人：		准驾车型：		发动机号：	
报案方式：	------------	立案状态：	------------	案件状态：	------------
客户类别：		出险地点：		搜索	取消

报案号	保险单号	被保险人	号牌号码	厂牌型号	报案时间	报案人	状态	选择
YHCM20101026BJ00171	YHVI20091128BJ00054	张明	京N5××××	福特翼虎 3.0LM1	2010-10-26 09:00:00	张明	结案锁定	详细

图 13-23　案件信息列表

3）第三步　查看案件详细信息

在需要进行结案查看操作的案件信息中，点击“详细”按钮，进入案件详细信息界面（见图 13-24）。

4）第四步　关闭案件详细界面

点击案件详细信息界面中的“关闭”按钮，将该界面关闭。

机动车保险报案单

保险号	YHVI20100805BJ00054	被保险人	张明	号牌号码	京N5××××
厂牌型号	福特翼虎3.0LM1	牌照底色	蓝	报案方式	电话
报案人	张明	报案时间	2010-09-15	出险时间	2010-09-15
案件联系人	张明	联系人电话	1890123××××	出险原因	路面湿滑
是否第一现场	是	出险地点	上海××路	驾驶员姓名	张明
准驾车型	A1	初次领证日期	2007-08-01	驾驶证号	11010119580818××××
VIN码	LGWEF3A517B012345	发动机号	V6CYL24VALVE DO	车架号	LGWEF3A517B012345
处理部门	交警	客户类别		承保公司	中国人保
车辆初次登记日期	2009-11-25	已使用年限	0.0	新车购置价	280000.0
车辆使用性质	非营运	核定载客	5	核定载重	1500.0
车辆行驶区域	跨省行驶	车辆种类	越野车	基本条款类别	商业保险A款
争议解决方式	诉讼	保险费	7785.0	保险限期	2009-12-05至 2011-12-04

约定驾驶人：

驾驶人姓名	主/从	驾驶证号码	准驾车型	初次领证日期
张明	主驾驶员	11010119580818××××	C1	2007-08-01

保险项目信息：

序号	承保险别名称	责任限额	保险金额
1	车辆损失险	280000.0	4123.0
2	第三者责任险	150000.0	1060.0
3	全车盗抢险	280000.0	1604.0
4	车上人员责任险	50000.0	130.0
5	玻璃单独破碎险	280000.0	868.0

特别约定					
事故经过					
保险单批改信息					
保险出险信息					
涉及损失类别	第三者车上财产损失,本车车上人员伤亡,本车车上财产损失,本车车损				
车辆出险次数	0	赔款次数	0	赔款总计	0.0
被保险人住址	北京市海淀区中关村××创新园				
邮编	1001××	保险联系人	张明	保险联系人电话	010-6293××××
备注					

关　闭

图13-24　案件详细信息界面

三、学 习 评 价

1 理论考核

1)选择题

(1)关于新建核赔操作步骤,以下描述正确的是(　　)。

A. 新建核赔包括以下操作步骤:进入核赔操作界面、录入核赔信息、提交核赔信息

B. 新建核赔包括以下操作步骤:进入核赔操作界面、查看理算公式、提交核赔信息

C. 新建核赔包括以下操作步骤:查看理算公式、录入核赔信息、提交核赔信息

D. 新建核赔包括以下操作步骤:进入核赔操作界面、查看理算公式、录入核赔信息、提交核赔信息

(2)关于新建核赔操作描述正确的是(　　)。

A. 针对一个案件的核赔操作,新建核赔可以不进行

B. 只能对进行了理算公式计算的险种执行查看理算公式操作

C. 每一个险种都可以执行查看理算公式操作

D. 针对一个案件的核赔操作,新建核赔可以进行多次

(3)以下关于新建核赔中提交核赔操作描述正确的是(　　)。

A. 在新建核赔中执行(暂存核赔)操作,该核赔信息可在核赔更新中进行修改操作

B. 在新建核赔中执行(完成核赔)操作,该核赔信息可在核赔更新中进行修改操作

C. 在新建核赔中执行(暂存核赔)操作,该核赔信息可在新建核赔中进行修改操作

D. 在新建核赔中执行(完成核赔)操作,该核赔信息可在新建核赔中进行修改操作

(4)以下关于新建核赔中对理算公式核赔描述正确的是(　　)。

A. 核赔员可以直接修改理算数据

B. 核赔员可以直接修改理算公式

C. 核赔员可以录入核赔意见

D. 核赔员可以直接修改理算赔款

(5)关于能进行核赔更新操作案件的描述错误的是(　　)。

A. 在新建核赔中执行(暂存核赔)操作的案件

B. 在新建核赔中执行(完成核赔)操作的案件

C. 在核赔更新中执行(暂存核赔更新)操作的案件

D. 在重开赔案中执行重开至(核赔处理)的案件

(6)对能够执行核赔查询操作的案件描述错误的是(　　)。

A. 在新建核赔中执行(完成核赔)操作的案件

B. 在核赔更新中执行(暂存核赔更新)操作的案件

C. 在核赔更新中执行(完成核赔更新)操作的案件

D. 在重开赔案中执行重开至(核损处理)的案件

(7)结案操作中需要查看的内容不包括哪些方面?(　　)

A. 报案信息　　　　　　B. 查勘信息

C. 定损信息　　　　　　D. 交通路况监控信息

(8)以下关于新建结案操作描述正确的是(　　)。

A. 操作步骤包括:进入结案操作界面、查询案件信息、查看案件信息、查看查勘信息、查看定损信息、查看理算信息、提交结案

B. 查看案件信息、查看查勘信息、查看定损信息,查看理算信息必须按顺序依次进行

C. 提交结案必须在查看理算信息之后进行

D. 查看查勘信息操作必须执行

(9)关于结案锁定状态描述正确的是(　　)。

A. 进入新建结案界面的案件进入结案锁定状态

B. 执行新建结案中的提交结案操作后,案件进入结案锁定状态

C. 在新建结案中查看查勘信息后,案件进入结案锁定状态

D. 在新建结案中查看理算信息后,案件进入结案锁定状态

(10)关于结案操作描述错误的是(　　)。

A. 提交结案后,案件进入结案锁定状态

B. 提交结案后,案件一定不能进行核赔更新操作

C. 提交结案后,案件就可以进行结案查询操作

D. 提交结案后,案件可以进行重开赔案操作

2)思考题

(1)核赔员在核赔过程中发现理算员理算公式存在错误该怎么办?

(2)提交结案信息后,客户提出对案件的定损不满意,该如何处理?

2 技能考核

考核项目:在结案员发现核赔案件出现重大失误后,向上级汇报,经批准需要进行重开赔案操作,请你根据需要执行重开至核赔处理的操作。

3 考核评价表

考核评价表见表13-1。

核赔、结案平台操作项目评分表　　　　表13-1

<table>
<tr><td rowspan="2">基本信息</td><td>姓名</td><td></td><td>学号</td><td></td><td>班级</td><td></td><td>组别</td><td></td></tr>
<tr><td>规定时间</td><td></td><td>完成时间</td><td></td><td>考核日期</td><td></td><td>总评成绩</td><td></td></tr>
<tr><td rowspan="2">任务工单</td><td>序号</td><td colspan="2">步骤</td><td>标准分</td><td colspan="3">评分标准</td><td>评分</td></tr>
<tr><td>1</td><td colspan="2">考核准备:
成功启动电脑
成功启动车险理赔估损系统
正确登录车险理赔估损系统</td><td>5</td><td colspan="3">确保定损操作正常进行,根据实际情况酌情扣分</td><td></td></tr>
</table>

续上表

	序号	步骤	标准分	评分标准	评分
任务工单	2	进入核赔操作界面	5	没有正确进入核赔操作界面扣5分	
	3	查看理算公式	5	没有正确查看理算公式扣5分	
	4	录入核赔信息	5	没有录入核赔信息扣5分;录入错误,每处扣1分	
	5	提交核赔信息	5	没有进行提交核赔信息的操作扣5分	
	6	进入核赔更新操作界面	5	没有正确进入核赔更新操作界面扣5分	
	7	确定并进入核赔更新界面	5	没有正确进入核赔更新界面扣5分	
	8	修改核赔信息	5	没有修改核赔信息扣5分;修改错误,每处扣1分	
	9	提交核赔更新信息	5	没有提交核赔更新信息扣5分	
	10	进入结案操作界面	4	没有正确进入结案操作界面扣4分	
	11	查询案件信息	5	没有正确查询案件信息扣5分	
	12	查看案件信息	5	没有查看案件信息扣5分	
	13	查看查勘信息	5	没有查看查勘信息扣5分	
	14	查看定损信息	5	没有查看定损信息扣5分	
	15	查看理算信息	5	没有查看理算信息扣5分	
	16	提交结案	5	没有进行提交结案操作扣5分	
	17	进入结案查询操作界面	3	没有正确进入结案查询操作界面扣3分	
	18	查询结案信息	5	没有正确查询结案信息扣5分	
	19	查看案件详细信息	5	没有正确查看案件详细信息扣5分	
	20	关闭案件详细界面	3	没有正确关闭案件详细界面扣3分	
团队协作			5	根据实际情况酌情扣分	
总分合计			100	评分合计	

学习评价选择题答案

学习任务 1

1	2	3	4	5	6	7	8	9	10
B	A	B	D	C	D	A	D	D	D

学习任务 2

1	2	3	4	5	6	7	8	9	10
B	A	D	D	C	B	B	D	C	D

学习任务 3

1	2	3	4	5	6	7	8	9	10
B	D	A	C	A	A	A	A	A	A

学习任务 4

1	2	3	4	5	6	7	8	9	10
C	C	A	C	B	B	A	D	C	C

学习任务 5

1	2	3	4	5	6	7	8	9	10
D	A	A	C	C	C	A	A	C	D

学习任务 6

1	2	3	4	5	6	7	8	9	10
D	A	B	D	B	D	D	D	A	D

学习任务 7

1	2	3	4	5	6	7	8	9	10
A	D	B	A	D	C	B	A	C	D

学习任务 8

1	2	3	4	5	6	7	8	9	10
A	D	D	B	C	D	D	C	A	C

学习任务 9

1	2	3	4	5	6	7	8	9	10
C	A	C	B	D	A	D	B	D	A

学习任务 10

1	2	3	4	5	6	7	8	9	10
A	D	B	D	B	B	A	D	D	D

学习任务 11

1	2	3	4	5	6	7	8	9	10
B	B	D	A	C	C	A	C	B	B

学习任务 12

1	2	3	4	5	6	7	8	9	10
C	D	A	B	C	D	D	B	B	A

学习任务 13

1	2	3	4	5	6	7	8	9	10
D	B	A	C	B	D	D	A	B	B